正誤表

무엇이든 물어보세요 2권
139페이지 위에서 15번째 줄 문장입니다.

물론 申중의 壬水 官星은 어떻게 합니까?

↓

물론 申(배우자 자리)의 官星은 어떻게 합니까?

박청화의 실전강의 시리즈

무엇이든 물어보세요

박청화 강의

2

서 문

　방금 상담 테이블에 앉은 고객의 운명을 한 순간에 알아차리고 나아가 미래를 추리, 예언하여 주는 일은 쉽지 않은 일이다. 물론 오랜 세월 역업(易業)에 종사하다보면 관상학을 깊이 궁리하지 않아도 그 사람이 풍기는 이미지, 기골, 인상, 표정, 걸어오는 자세, 첫 음성 등에 따른 경험치로 대략의 라이프 스타일, 그릇 등을 파악할 수 있는데 필자만의 경험은 아닐 것이다. 가까운 과거나 현재의 컨디션은 비교적 쉽게 파악할 수 있다고 치더라도 정작 미래를 정교하게 예측하는 일은 쉽지 않은 일이다.
　천체 운동과 인력 작용, 사시(四時)의 변화 기준에 따른 분석법인 사주는 참으로 많은 운명적 작용을 해석, 예측하는 도구로 손색이 없다. 하지만 무릇 한 개인의 운명을 섬세하고 정밀하게 논할 때에는 사주를 위주로 한 천시(天時) 요소, 태어난 지역·국가와 국가 운영체제·문화·경제적 환경 등을 포괄하는 지리(地理) 요소, 어떤 직업이나 활동을 가지는 가에 따른 인위(人爲) 요소 등의 조합에 따른 종합적 접근법이 필요하다. 이는 여러 가지 연결 고리와 비중 차이를 고려한 운명 감정의 필요성을 밝혀주는 것이다.

많은 사람들이 다양한 미래 예측에 관련된 많은 학술 체계나 방법을 접하면서도 원리 이해, 원리의 적용에 한계성을 느끼는 것이 일반이다. 대동소이의 속성이 있더라도 현장의 수많은 케이스를 각각 잘 대응하고 고객의 선택을 도와주려면 조금 더 큰 시각과 섬세한 기법들이 필요한 것이 현실이다. 아무리 좋은 칼을 손에 쥐어도 칼의 상대가 어떤 것인지에 따라 칼을 쓰는 방식과 내용이 달라지듯이 수많은 응용이 필요한 것이다. 누구나 직업적으로 활동하는 사람이라면 공감하리라 생각된다.

제법 긴 세월 현장에 같은 일을 하는 분들을 만났을 때 받는 질문들이 모이다 보니 언젠가 자주 많이 듣는 질문에 대한 답이나 정리 성격의 강의를 계획하게 되었다. 이에 강의를 통해서 상당 부분 연구자나 직업적 프로들에게 나름의 답을 정리하여 전달하려고 하였다. 내친 김에 강의를 글로 정리하여 책까지 만들게 되었으니 감회가 새롭다.

현장에서 가장 경계를 쉽게 나누기 어려운 주제들을 중심으로 집중했기 때문에 초심자나 과정에 있는 분들은 읽기가 불편할 수 있겠지만 일정 기간 현장의 내공을 다진 분들은 유용성이 적지 않을 것이라 생각된다. 단순히 길흉론 중심으로 운의 해석을 하기보다 운의 속성(작용)이 주는 범주와 종류, 만사형통(萬事亨通)이 없는 원리, 대운과 세운의 조합, 운의 음양론, 주기에 따른 운의 분석 등 다양한 시각을 제시하여 운을 좀 더 입체적으로 해석하도록 정리하였다. 신살론의 도식적(圖式的) 이해, 배우자 인연법의 특수·변용 케이스 정리, 인연의 만남과 이별 시기에 관한 논리 기준, 직업 형성의 주기와 변동, 부동산 변동, 지장간의 별도 해석, 사주와 풍수 관계, 건강과 수명, 개운법 등 다양한 주제를 이론과 실제 모두 다루었다.

필자가 경험하였던 것이 원리의 전부라 말하기 힘들고, 아직 완전한 경지와 거리가 많지만 이론과 현장 경험에서 어김이 없었던 것들을 최대한 밝히려고 하였다. 현장에서 실제 고객을 많이 상담하는 분에게는 상당한 도움이 될 것이라 생각되는데, 설사 독자의 생각과 다른 부분이 있더라도 꼭 일독(一讀)은 하시기를 추천한다.

누구라도 이 분야의 학문적 발전에 관심을 두고 나름의 정보를 제공하는 것은 이 업계 전체에 유익할 일이 될 것이라 생각해왔다. 수많은 선배들과 동시대 연구자들의 혁혁한 노력이 쌓여 오늘과 내일이 되는 것이라 다함께 애착과 관심을 가졌으면 하는 바람이다. 필자가 34년간 직업적 무대를 달리면서 느낀 점들이 적지 않지만 만고천추(萬古千秋)의 학문을 제대로 그 위상을 찾아주는 것이 우선이라 생각한다. 이런 측면에서 이 책의 내용을 활용하고 역술가의 위상을 조금이라도 더 드높였으면 하는 바람이다.

필자의 안일함 때문에 또 주변 분들의 도움을 통하여 책의 형태가 되었으니 송구한 마음 가득하다. 내용이나 원리의 설명에서 부족한 부분이 있거나 더 궁금한 부분이 있다면 주저 말고 연구 차원에서 숙제를 내어 주시길 바란다.

독자 여러분의 선택으로 다함께 업그레이드된 아카데미 세상을 만든다면 더없이 좋겠다. 독자제현께서 각 지역과 분야에서 세상의 빛이 되시기를 간절히 기원한다.

이 책이 나올 수 있도록 애를 써 주신 '박청현 대표님, 장미경, 권수진, 유인재 그리고 도움을 주신 많은 분들께 거듭 감사의 말씀을 전한다.

2020. 1.

박 청 화 근배

목 차

제 2 권

서문 — 2

3. 배우자 인연법 확장 버전 — 16

1) 인연법에서 六親과 神殺의 의미
- 1-1. 인연법 六親의 의미 — 34
- 1-2. 祿의 의미 — 40
- 1-3. 合의 의미 — 46
- 1-4. 沖의 의미 — 51
- 1-5. 刑, 破, 害, 空亡의 의미 — 64
- 1-6. 인연의 배척과 기준 — 70
- 1-7. 부득불인연론 — 74

2) 인연법 이론과 기준들
- 2-1. 록(祿) 인연 — 76
- 2-2. 투간(透干), 투지(透支), 투간 록(祿) 인연 — 77
- 2-3. 三合: 三合중 이자(二字) 출현, 年支, 日支, 時支 三合 因緣 — 81
- 2-4. 空亡 인연 — 91

2-5. 開庫 인연 : 자고(自庫), 자묘(自墓), 재고(財庫),
　　　　관고(官庫)에 대한 개고(開庫)인연　91
2-6. 拱挾인연　92
2-7. 進神 退神 인연　93
2-8. 日支인연　98
2-9. 時支인연　98
2-10. 二字 合緣　99
2-11. 二字 冲緣　99
2-12. 貴人인연　102
2-13. 去留원리 인연　118
2-14. 同志, 同氣 기운 유도 원리 인연　124
2-15. 숙연(宿緣) 원리 인연　127
2-16. 調候 有情 인연　129
2-17. 초(初) 대운 인연　132
2-18. 通關인자 인연　135
2-19. 食傷 최용 인연　136
2-20. 神殺요소 석봉 인연 원리　141
2-21. 日, 時 인연 장구(長久)원리　149

4. 배우자 인연, 만남의 시기와 헤어짐의 시기 정리

4-1. 배우자 인연 만남의 시기

1) 남명중심

- 1-1. 年支 기준의 기운 적용 논리 ——— 166
  - 1-1-1. 淫慾殺 ——— 167
  - 1-1-2. 年支와 三合을 이루는 해 ——— 170
  - 1-1-3. 年支를 冲하는 해 ——— 172
  - 1-1-4A. 年支를 기준으로 桃花殺에 해당하는 유년 ——— 173
  - 1-1-4B. 1-1-4A 케이스를 皆花論의 논리로 확장 ——— 174
  - 1-1-5A. 年支를 기준으로 亡身殺 ——— 175
  - 1-1-5B. 1-1-5A의 적용을 皆花論으로 확장 ——— 176
- 1-2. 日干 六親 인연 ——— 184
  - 1-2-1. 日干을 기준으로 正財, 偏財 天干이 들어오는 해 ——— 184
  - 1-2-2. 日干을 기준으로 正財, 偏財 地支가 들어오는 해 ——— 184
- 1-3. 日支 기준 ——— 185
  - 1-3-1. 日支를 기준으로 三合 ——— 185
  - 1-3-2. 日支를 기준으로 六合 ——— 186
  - 1-3-3A. 日支를 기준으로 冲 ——— 186
  - 1-3-3B. 1-3-3A의 경우에 해당하면서 日支가 사주 내의 다른 地支와 三合 또는 六合에 해당할 경우 ——— 188
  - 1-3-4. 日支를 기준으로 刑(刑: 三刑, 自刑) ——— 192
  - 1-3-5. 日支를 기준으로 元嗔, 六害, 相破 ——— 192
- 1-4. 六親의 상호 작용 ——— 195
  - 1-4-1. 開庫인연, 自庫, 財庫를 冲 ——— 195
  - 1-4-2. 사주에 財星이 드러나 있을 때 財星을 합
    (합 : 三合, 六合)하는 자 ——— 196
  - 1-4-3. 사주에 官星이 드러나 있을 때 官星을 합
    (합 : 三合, 六合)하는 인자 ——— 197

1-4-4. 사주에 食傷이 드러나 있을 때 食傷을 合
      (合 : 三合, 六合) 하는 인자 ──────── 197
1-4-5. 사주에 劫財가 드러나 있을 때 劫財를 合
      (合 : 三合, 六合, 天干合)하는 인자 ──── 198
1-4-6. 사주에 劫財가 드러나 있을 때 劫財를 冲하는 인자 199
1-5. 進神 退神원리 : 刑 冲 破 害 인자를 만나서 財星이나
    여러 인자가 안정되지 않을 때 (특히 相冲일 경우)
    이것을 해소 시키는 시기 ──────────── 200
1-6. 祿인연 : 日干에서 보아 地支에 五行 세력이 무력하여
    命이 身弱한 경우 ─────────────── 202
1-7. 貴人인연 : 天乙貴人이나 각종 貴人의 작용이 있는 시기 203

2) 여명중심
2-1. 年支 기준의 기운 적용 논리 ──────────── 208
  2-1-1. 淫慾殺 ────────────────── 208
  2-1-2. 年支와 三合을 이루는 해 ─────────── 213
  2-1-3. 年支를 冲하는 해 ──────────── 214
  2-1-4A. 年支를 기준으로 桃花殺에 해당하는 流年 222
  2-1-4B. 2-1-4A 케이스를 皆花論의 논리로 확장 224
  2-1-5A. 年支를 기준으로 亡身殺 ───────── 224
  2-1-5B. 2-1-5A의 적용을 皆花論으로 확장 ─── 225
2-2. 日干 육친 인연
  2-2-1. 日干을 기준으로 正官, 偏官 天干이 들어오는 해 226
  2-2-2. 日干을 기준으로 正官, 偏官 地支가 들어오는 해 226
2-3. 日支 기준
  2-3-1. 日支를 기준으로 三合에 해당하는 인자 ── 227
  2-3-2. 日支를 기준으로 六合이 들어오는 해 ── 227
  2-3-3A. 日支를 기준으로 冲 에 해당하는 인자 ── 228
  2-3-3B. 2-3-3A의 경우에 해당하면서 日支가 사주 내의
      다른 地支와 三合 또는 六合에 해당할 경우 230
  2-3-4. 日支를 기준으로 刑 (刑 : 三刑, 自刑) ── 230
  2-3-5. 日支를 기준으로 元嗔, 六害, 相破 ──── 231

2-4. 六親의 상호작용 ——————————————— 233
  2-4-1. 開庫인연: 自庫, 官庫를 冲 ————————— 233
  2-4-2. 사주에 官星이 드러나 있을 때 官星을 合
      (合 : 三合, 六合)하는 자 ———————————— 234
  2-4-3. 사주에 食傷이 드러나 있을 때 食傷을 合
      (合 : 三合, 六合)하는 인자 ——————————— 235
  2-4-4. 사주에 財星이 드러나 있을 때 財星을 合
      (合 : 三合, 六合) 하는 인자 —————————— 238
  2-4-5. 사주에 劫財가 드러나 있을 때 劫財를 合
      (合 : 三合, 六合, 天干合)하는 인자 —————— 240
  2-4-6. 사주에 劫財가 드러나 있을 때 劫財를 冲하는 인자 — 241
  2-4-7. 사주에 食傷이 드러나 있을 때 食傷을 入墓하는 인자 — 244
  2-4-8. 사주에 食傷의 투출이 天干, 地支 어디에도 없을 때
     流年에서 食傷 인자가 들어 올 때 ———————— 246
2-5. 進神 退神원리: 刑 冲 破 害 인자를 만나서 財星이나
     여러 인자가 안정되지 않을 때 (특히 相冲일 경우)
     이것을 해소 시키는 시기 ———————————— 248
2-6. 祿인연 : 日干에서 보아 地支에 五行 세력이 무력하여
     命이 身弱한 경우 ——————————————— 255
2-7. 貴人인연 : 天乙貴人이나 각종 貴人의 작용이 있는 시기 — 256

4-2. 배우자 인연 헤어짐의 시기

1)남명중심

- 1-1. 年支 기준의 기운 적용 논리 — 260
  - 1-1-1. 攀鞍殺 작용 — 260
  - 1-1-2. 年支와 三合을 이루는 해 — 263
  - 1-1-3. 年支를 冲하는 해 — 264
  - 1-1-4A. 年支를 기준으로 桃花殺에 해당하는 유년 — 265
  - 1-1-4B. 1-1-4A. 케이스를 皆花論의 논리로 확장 — 265
  - 1-1-5A. 年支를 기준으로 亡身殺에 해당하는 유년 — 266
  - 1-1-5B. 1-1-5A의 적용을 皆花論으로 확장 — 266
- 1-2. 日干 六親인연 — 268
  - 1-2-1. 日干을 기준으로 比肩 劫財의 天干이 들어오는 해 — 268
  - 1-2-2. 日干을 기준으로 比肩, 劫財의 地支가 들어오는 해 — 268
  - 1-2-3. 日干을 기준으로 正財, 偏財에 해당하는 (드러난 天干, 가상의 天干 포함) 六親이 地支의 入墓가 들어오는 해 — 269
  - 1-2-4. 日干을 기준으로 正財, 偏財 地支의 隔角이 들어오는 해 — 273
- 1-3. 日支기준 — 274
  - 1-3-1. 日支를 기준으로 冲에 해당하는 인자 — 274
  - 1-3-2. 日支를 기준으로 刑(刑 : 三刑, 自刑)에 해당하는 인자 — 274
  - 1-3-3. 日支를 기준으로 元嗔, 六害, 相破에 해당하는 인자가 들어올 때 — 275
- 1-4. 六親의 상호작용 — 277
  - 1-4-1. 開庫인연 논리 — 277
  - 1-4-2. 사주에 財星이 드러나 있을 때 財星을 合 (合 : 三合, 六合)하는 인자가 들어 올 때 — 278
  - 1-4-3. 사주에 官星(官星: 번식 무대)이 드러나 있을 때 官星을 合 (合 : 三合, 六合)하는 인자가 들어올 때 — 279
  - 1-4-4. 사주에 劫財가 드러나 있을 때 劫財를 冲하는 인자 — 279
- 1-5. 羊刃작용 : 日干에서 보아 유년에서 羊刃의 기운 — 280
- 1-6. 三合, 陰陽 大運 작용 — 280

2) 여명중심 — **281**
처자인연법 활용 예제 〈빔프로젝트 수업〉 — **284**
샘플1) 남편 1952년 음력 3월 8일(양력 4월 2일) 巳時生
부인 1963년 음력 7월 1일(양력 8월 19일) 卯時生 — **284**
샘플2) 남편 1965년 음력 8월 22일(양력 9월 17일) 辰時生
부인 1968년 음력 1월 21일(양력 2월 19일) 戌時生 — **290**
샘플3) 남편 1971년 음력 8월 28일(양력 10월 16일) 丑時生
부인 1972년 음력 9월 18일(양력 10월 24일) 辰時生 — **299**
샘플4) 남편 1963년 음력 9월 13일(양력 10월 29일) 酉時生
부인 1965년 음력 4월 1일(양력 5월 1일) 巳時生 — **312**
샘플5) 남편 1973년 음력 2월 7일(양력 3월 11일) 亥時生
부인 1977년 음력 7월 9일(양력 8월 23일) 辰時生 — **315**
샘플6) 남편 1963년 음력 11월 14일(양력 12월 29일) 申時生
부인 1965년 음력 9월 13일(양력 10월 07일) 申時生 — **319**
샘플7) 남편 1967년 음력 4월 16일(양력 5월 24일) 未時生
부인 1970년 음력 11월 3일(양력 12월 01일) 辰時生 — **322**
샘플8) 남편 1985년 음력 10월 26일(양력 12월 7일) 불명時生
부인 1986년 음력 4월 23일(양력 5월 31일) 午時生 — **327**
샘플9) 남편 1972년 음력 12월 21일(73년 양력 1월 25일) 寅時生
부인 1986년 음력 12월 21일(87년 양력 1월 20일) 甲子時生 — **330**
샘플10) 남편 1957년 음력 3월 9일(양력 4월 8일) 未時生
부인 1960년 음력 8월 28일(양력 10월 18일) 亥時生 — **337**

14 • 박청화의 무엇이든 물어보세요. **2**

3 배우자 인연법 확장 버전

3 배우자 인연법 확장 버전

이것은 뒤에 다시 제가 4 타이틀을 해 보니까 이 내용이 열 몇 장이 나왔습니다. '만남의 시기', '헤어짐의 시기'를 거의 다 만들어 놨는데 '언제 만난다.', '언제 헤어진다.' 그다음에 '어떤 속성 때문에 이런 양상이 생긴다.' 그런 것을 정리해 보니까 다시 그 뒤의 사례에서 설명할 것인데 제일 포괄적이고 큰 의미만 먼저 정리를 해 보겠습니다.

時	日	月	年	坤命	壬午	辛巳	庚辰	己卯	戊寅	丁丑	丙子	大運
甲	癸	乙	己									
子	巳	亥	巳		63	53	43	33	23	13	3	

이 경우에 마주친 사람이 丙寅생 이었죠? 그러면 六親상으로 丙은 財星은 되지만 官星도 아니고, 寅은 오히려 官星의 작용을 훼손하는 傷官이 되지 않습니까? 그럼에도 불구하고 冲의 해소라는 것 때문에 六親에 상관없이 이렇게 견인이 되어서 오는 그런 작용이 발생하더라는 것입니다.

여러분이 배우자 띠의 구성을 연구할 때 일반론적인 六親에 의한 해석 이런 것은 오히려 제쳐놓고 팔자 내에 불안정한 어떤 요소 이런 것들을 해소할 수 있는 것 그리고 제일 그 기운을 잘 구현해 주는 인자 이런 것들을 위주로 해석을 해 나가야 된다는 것입니다.

인연법에서 六親은 표준에서는 무엇을 삼느냐 하면 원래 己巳生의 己는 偏官이고 亥월의 劫財에 의해서 간격(間隔) 즉 떨어져 있지만, 己가 내려와 있는 地支의 午 이것이 가장 六親的 의미의 짝이지 않습니까? 이것은 표준이라고 하는 것입니다.

표준이지만 실제로 짝을 이룰 때에는 이렇게 불안정성을 해소하는 인자를 찾아서 짝을 얼마든지 삼기 때문에 六親的인 기준만 가지고 '좋다, 나쁘다, 바람직하다.' 이렇게 해석을 해서는 안 된다는 것을 '인연법 六親의 의미'라는 제목 속에 필요한 개념이라서 제목을 달아 놓은 것입니다.

'춘하추동 신사주학'에는 六親의 일반적인 뜻을 가장 표준으로 해서 적어놓은 것이죠. 여명에서는 官星을 당연히 남편으로 삼는다는 것이죠? 官星이 지상에서는 가장 힘을 이루는 것을 표준으로 삼는다. 이렇게 되어 있죠?

그런데 그것이 실제 현실에서는 표준적인 모양의 짝을 구성하고 사는 사람이 10명 중의 4명 정도밖에 안 됩니다. 그렇다고 만족도가 높으냐? 그것도 아닙니다. 살아갈수록 답답하다는 것입니다. 그래서 아무튼 六親的인 의미를 일반적인 의미대로 이해해서는 안 된다는 것을 아세요.

祿의 의미는 상당히 큽니다. '춘하추동 신사주학'에서도 祿은 반드시 인연법에서 중요하게 여긴다고 설명을 해 드렸지만, 남성에게서는 임종의 성적 밭기와 같은 것입니다.

본인이 자기가 무엇인가 성적인 에너지를 일으켜서 땅에 무엇인가 구현을 하려고 하는 에너지와 어울리는 것을 말하는 것입니다. 그래서 아까 남자 팔자 있었죠?

時	日	月	年	乾命
甲	辛	壬	丙	
午	卯	辰	寅	

己	戊	丁	丙	乙	甲	癸	大運
亥	戌	酉	申	未	午	巳	
66	56	46	36	26	16	6	

時	日	月	年	坤命
甲	癸	乙	己	
子	巳	亥	巳	

壬	辛	庚	己	戊	丁	丙	大運
午	巳	辰	卯	寅	丑	子	
63	53	43	33	23	13	3	

이렇게 '명이 身弱하면 祿을 짝으로 삼는다.' 그래서 '祿의 시기에 가까이 오면,' 인데 그나마 格이 혼잡성이 없거나 無財가 아닌 모양 즉 표준적인 모양일 때는 祿운에 결혼을 합니다.

그런데 앞에서 설명한 팔자는 어떤 모양이었습니까? 財星 혼잡이 되어 있지 않습니까? 財星혼잡이 되어 있으니까 우리가 표현은 조금 그렇지만 운명에서는 약간 섞여 있으니까 잡놈으로 보인단 말입니다.

그런 잡놈은 祿 또는 祿을 보좌하는 인자 그러니까 酉 祿이 되지 않습니까? 祿을 돕는 인자가 申하고 戌이지 않습니까? 申에 본인이 들이대어서 되는 것입니다.

'들이대'가 되어서 팔자 자체에 寅卯辰이 다 있지 않습니까? 方合이 되어 있는데, 어느 강의에선가 方合의 의미에 대해 설명했었죠? "이런 젠장!" 이런 것 하지 않았습니까? "온 곳이 봄이네! 내가 언제 삽질을 해서 가을로 갈까?" 그것이 方合이라고 했지 않습니까?

왜 方合法을 인연법에서 중요하게 여기느냐 하면 卯辰이 있는 사람이 寅이 오는 것을 꺼린다는 것입니다. 方合을 기피하려고 한다는 것이죠.

"안 그래도 우리 집에 풀이 자라서 지랄 난리인데 풀을 또 심는다는 말인가?" 그런 효과를 준다고 했죠. 그것은 인연법에서 배성(配星)을 삼는 것을 기피하는 조건 속에서 인연조건입니다.

학생 – 자식이 方合으로 오는 것은 괜찮습니까?

선생님 – 자식이 많은 것은 혈육이니까 그리고 부모 자식은 레벨이 다르지 않습니까? 위아래 단계니까 별문제가 없는데 자기 운명에서 짝은 어깨를 나란히 하는 것이지 않습니까? 어깨를 나란히 해야 할 존재가 우리 집에 풀이 자라서 늘 잔디를 깎느라 피곤한데 또 풀을 심는다. 이런 효과가 되는 것입니다. '이런 빌어먹을!' 해 드렸을 것인데.

祿이 오니까 결혼에 대한 의지를 드러내기 시작을 합니다. 그것이 이제 申酉戌년이 오면서 마무리 짓습니다. 맨 마지막에 걷어차고 그다음에 또 있으면 그다음으로 넘어갑니다. 巳가 있으면 亥년까지 간다는 것입니다. 이것도 神殺論 강의를 하면서 정리를 해 드렸습니다.

冲한 것이 있으면 그 시기에 다 이루지 못하고 그다음 冲에 마무리라고 했죠. 장판을 다 걷었다는 것이 있거든요. 冲에 대해서 강의할 때 다 정리를 합니다.

祿의 의미는 남자에게서는 성적인 의지를 본격적으로 드러내게 되는 것을 유도하게 되고 여자는 祿 그 자체가 번식력을 보여주는 힘도 되고 몸뚱이가 되고 그렇습니다. 팔자에 祿이 있는 사람이 祿을 冲한다면 내 의지와 무관하게 상대방이 이성적인 어프로치를 한다는 것입니다.

여자 명에서는 祿이 食傷으로 자연스럽게 合이 되어 나갈 때 즉 食傷으로 合이 되어 나갈 때는 뭡니까? 자식을 얻으려고 하는 에너지와 연결이 될 때 그다음에 祿을 冲하는 자가 왔을 때, 그다음에 偏官에 의해 合이 될 때가 되는데 예를 들어서 庚申 일주가 巳가 偏官이지 않습니까? 偏官에 의해서 合이 될 때 내가 그렇게 꺼리지는 않는 그런 애정사가 발생하는 것이죠.

그다음에 刑이라든지 害라든지 이런 것이 올 때도 마찬가지지만 刑이나 害 이런 것이 오면 상대방 남자가 약을 올립니다. "얼레리 꼴레리" 이러면서 약을 올리는데 그렇게 함으로써 일반적인 것보다 못한 애정사가 발생합니다. '나 잡아 봐라!' 하는 것 있지 않습니까?

그런 것들이 여인에서 祿이 명에 드러나 있을 때 그렇고 또 명에 드러나 있지 않더라도 이 조건에 들어가면 또 여인이 바보처럼 내 몸뚱이를 밀어 넣는 것입니다.

時	日	月	年	坤命
	庚			
	戌	巳	巳	

예를 들어서 庚戌 일주에 巳巳가 있는데 이때 申 祿을 만나면 징그러운 놈(巳巳)이 있는 곳에다가 내 몸뚱이를 밀어 넣는

것입니다. 申이 亡身殺이 됩니다.

祿을 만나면 여인들이 자꾸 몸뚱이를 쓸 일이 생긴다는 뜻이고 비즈니스로 연결될 때는 뭐라고 해석을 하느냐 하면 육탄 돌격의 기세를 가진다는 의미입니다. 육탄돌격이 뭡니까?

논개 작전입니다. 내 몸을 던져서 목적을 이룬다는 뜻입니다. 巳巳와 같은 징그러운 놈이 있는데 내가 내 몸뚱이를 밀어 넣음으로써 관계성이 발생하는 이런 것들이 작용을 하기 때문에 祿의 해석은 인연법을 해석할 때 중요하게 여긴다는 것입니다.

학생 – 남자 祿에서 財를 보는 것은 무엇을 의미합니까?

선생님 – 남자 祿에서 財를 본다는 것은 어차피 財星을 추구하게 되죠. 평상시에 이런 것이죠. 남자가 祿이 있다는 것은 祿 자체를 亡身으로도 해석합니다.

늘 워밍업 된 상태다. 준비된 사람 이런 뜻입니다. 財가 보이면 財를 따르는 행위가 발생하는데 그런데도 祿자체가 爭財의 삶을 만들지 않습니까? 그래서 더 많이 쟁취는 합니다. 늘 워밍업 되어 있고 쟁취에 익숙하기 때문에 그렇습니다.

남자 팔자에 比肩 劫財가 많으면 여자가 없다고 표현하면 안 되고 '많은 여자를 추구한다.' 이렇게 봐야 됩니다. 많은 여자를 추구하니까 제대로 된 내 것이 없는 것입니다. 祿의 의미는 해석할 때 상당히 중요한 의미를 가진다는 것입니다.

合은 일반적인 의미가 있지만, 合이 된다는 것은 '관계성이 만들어진다.'는 의미입니다. 보통 六合이 사실은 陰陽 合이니까 이성교합의 뜻이 가장 잘 반영되어 있는 뜻입니다.

　三合은 너와 내가 만난 사회적인 이유가 있다. 가족적인 목적이 있다는 뜻인데 그것이 자식을 유도해 주기 위한 인자로서 관계성을 가지는데, 어찌 되었든 그 관계성이라고 하는 것이 자식을 유도하는 것이든지 둘이 애정적인 접근이든 되는데 暗合 같은 경우가 보통 비밀스러운 애정사 같은 것으로서 실제 사주 감정에서 많이 쓰이기는 쓰이죠.

　暗合은 많이 있었지 않습니까? 丑寅도 있었고 卯申도 있었고 子巳도 있었죠. 이런 暗合들중에서 申卯같은 경우가 아주 희한한 경우가 됩니다. 겉으로는 元嗔관계이지 않습니까? 元嗔관계라고 하는 말은 상대를 바른 눈으로 쳐다보지 않고 눈을 흘기면서 본다는 것입니다. 그런데 흘긴다는 것은 상대를 양에 덜 차서 불만스러워하는 모양과 상대를 유혹하려고 하는 눈이 있는 것이죠. 눈 좀 똑바로 뜨라고 하잖아요?

"너는 왜 왼쪽 눈을 깜빡거리는데?" 이러면 그것이 元嗔殺이라는 겁니다. 약간 추잡사가 깔려 있는 이런 것들이 있는 것이죠. 그런 것을 여러분이 合의 속성 중에서 다룰 필요가 있죠.

　方合은 남녀의 애정관계에서는 작용력이 두드러지지 않는다는 것입니다.

학생 – 方合에 未申도 들어갑니까?

선생님 – 未申酉 이런 것에서는 애정 관계에 그렇게 많이 쓰이지 않는 그런 것으로 보면 됩니다. 물론 未 중의 乙木도 있고

庚金도 있고 해서 서로 연결고리를 가지고 있는데 서로 필요에 의해서 끌어당기는 것보다는 옆에 붙어서 이어주는 작용이 더 많이 있습니다.

方合은 오히려 더 깊이 하는 속성이 생긴다고 생각하십시오.

冲의 의미는 뒤편에도 제목을 달아 놨을 것 같네요. '2-13. 거류(去留) 원리 인연'이라고 해놨죠? 去留法이 뭐냐고 하면 이렇습니다.

時	日	月	年	命
	庚			
	申	酉		

여자 팔자에서 이런 모양일 때 卯생을 짝으로 삼는다. 이런 것들이 '劫財를 冲하여, 남편을 빼앗아 갈 수 있는 대상을…'

일반적으로는 丙丁巳午가 짝으로서 六親的 표준이지만 丙丁巳午를 쓰지 않고 오히려 卯생을 견인하여 쓰는 이런 것들이 劫財를 冲해버리는 것, 그다음에 辰이 와서 酉를 合하여 끌어가는 것 이런 것들도 씁니다. 이것도 去留法에 들어가죠.

辰자체는 偏印이지만 劫財의 작용을 못 하게 묶어 버리지 않습니까? 그렇게 함으로써 남겨지는 작용이 있음으로써 冲은 劫財를 冲하거나 아니면 묶여서 변화성을 많이 일으키기 어려웠을 때 冲을 주어서 짝을 이루는 그런 것도 방법적으로 쓰인다는 것입니다.

단순하게 사주보는 법을 배우면서 처음부터 배우는 것이 甲乙丙丁... 배우고, 무엇을 배우고 그다음에 合 冲 刑 破 害 배우지 않습니까? 그것을 처음에 천자문 배우듯이 배우는데 그것이 인간의 운명이나 여러 가지 이벤트에서 어떤 작용을 유도해 내고 운명적으로 결과를 만들어 내느냐? 이런 것을 정리를 해 나가는 것으로서 처자인연법이 매우 중요하다는 것입니다.

학생 – 卯띠가 들어올 때나 卯年이 들어오는 것이나 똑같이 사용할 수 있습니까?

선생님 – 그렇죠.

時	日	月	年	命
	庚			
	申	酉		

卯가 冲 // 辰, 戌이 구경꾼 // 子午는 卯酉의 중간

이 주변에 구경꾼이 몰리지 않습니까? 연습 한번 해 봅시다. 卯 冲이 오면 辰이 구경꾼이죠? 戌 구경꾼이죠? 辰과 戌은 進神 退神이고 그렇죠? 그리고 중간에 있는 것이 子와 午인데 통관인자는 子가 조금 더 강하죠?
卯와 酉의 뒤에 숨어 있는 辰과 戌이 있는데 상기의 경우에는 辰戌이 1그룹, 子가 2그룹, 午가 3그룹이 되죠?
이런 이벤트가 이 시기에 발생하면서 짝이 찾아지는 그런 경

우가 되는데 그래서 卯자체를 그대로 인자로서 去留를 해주는 인자가 되니까 卯를 그대로 쓰고 辰戌子가 1등이나 2등 그룹에 들어가고 午를 3등 그룹으로 쓰는 것입니다.

이럴 때 용띠 이런 사람이 꼭 배우자가 아니라도 卯띠 해에 용띠가 중신하거나 다리를 놔서 짝을 이루기도 합니다. 그리고 토끼의 해에 용을 만나서 짝을 이루거나 하죠.

辰戌子午 이것이 다 입고 있는 옷입니다. 각자 아디다스 신발, 나이키 신발 이런 식으로 신발을 각각 또는 옷을 이렇게 입고 있다고 보면 되는 것입니다.

여러분이 그 기준을 가지고 관찰을 해 보십시오. 관찰해 보면 "合이라고 하는 것이 이렇게 저렇게 따라 붙는구나! 冲이 이렇게 펼쳐졌다가 다시 수습되는구나!" 이런 것을 현상 속에서 보실 수 있을 것입니다.

일단 내용을 더하기에는 시간이 어중간하고 오늘 수업 중에 궁금하신 것이나 연관성이 있는 질문 중심으로 하겠습니다.

학생 – 午未나 子丑 같은 경우에 좋은 六合으로 볼 수 있습니까?

선생님 – 사실은 좋은 六合은 아닙니다. 부득불 六合입니다.

그림 51)

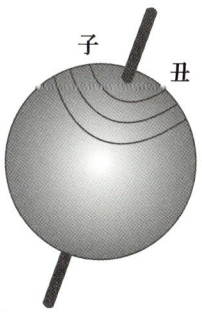

원래 午未나 子丑은 부득불 六合이지만 이것이 지축의 궤도에서 그림처럼 견인되는 것입니다. 陰陽의 의미로서 작용은 약하지만 부득불하게 일단 六合으로서 작용을 하는 것인데, 물하고 언 땅하고 짝은 지워지지만, 陰陽 본래의 뜻을 가지고 있는 것은 아닙니다.

午未는 지나치게 발산되는 것을 그냥 끌어당기는 인력(引力) 작용 정도입니다. 이것들이 본래의 陰陽작용의 뜻을 가지고 있지 못하지만, 상대를 괴롭히는 것은 열심히 합니다. 子未 간에 서로 害가 발생하고 丑午간에 六害가 발생을 하고 이런 것들은 그대로 작용을 합니다.

해석할 때는 편중성이 있는 것이지만 다른 글자와 작용을 할 때는 자기가 짝으로서 뚜렷하게 드러나고 상대의 합을 방해하는 작용으로는 뚜렷하게 드러납니다.

학생 — 엄마가 쥐띠고 딸이 소띠입니다. 그런데 둘이 잘 지낼 수 있습니까?

선생님 — 상하관계이기 때문에 괜찮습니다. 그런데 부모가 申子辰이고 자식이 巳酉丑이면 이것은 대체로 편하게 키우는 관계로 보는데, 에너지 패턴상 三合의 무리에서 낮으니까 키우기는 편한데 '번영을 더디게 하고' 이렇게 해석을 하면 됩니다.

남자 여자의 子丑은 잘 붙습니다. 쥐띠 남자에 소띠 여자 이렇게 하면 子丑은 기본 작용 자체가 응결작용이니까, 쥐띠 남자와 소띠 여자는 서로 아웅다웅하면서도 잘 삽니다.

午未는 서적에 無五行이라고도 써놓았지 않습니까? 발산하는 것이니까 서로 당기는 힘이 약한데 지나치게 발산하지 못하게 진공상태가 되어 있어서 잡고 있는 것입니다.

午도 陽氣가 발산하는 운동이고 未도 陽氣가 더 유여한 상태인데 午와 未 사이에는 진공(眞空)이 발생한다고 봅니다. 진공이 흩어지는 것을 잡아 주는 것이지 않습니까? 좋다고 보지만 다른 것보다는 못합니다.

학생 − 운이 좋을 때는 空亡이 와도 그냥 넘어간다고 하는데 그것을 12운성으로 판단을 하는 것인지? 12神殺로 하는 것인지? 六親을 가지고 하는 것인지? 五行을 놓고 하는 것인지? 어느 것을 더 좋은 운으로 보고 판단을 하는 것입니까?

선생님 − 그것이 우리가 하는 공부 전부 다 아닙니까? 종합적으로 우리가 운세를 판단할 때 대체로 格에 따른 格用論的인 안정성이 주어져 있느냐? 이것은 格이 成格이 되어 있느냐 하는 것이죠.

두 번째가 六親과의 조화성이 유지되고 있거나 地支흐름이 원만하냐? 지금은 이렇게 포괄적으로 밖에는 설명할 수밖에 없습니다.

그다음에 立春 立秋의 순환 주기성에서 전체 주기가 立夏 이후에 立秋로 가는 시기라든지, 立秋 이후에 立冬으로 가는 시기라든지 이런 전체적인 맥락을 보고 그 맥락 속에 한 해 한 해가 있지 않습니까? 그 1년 중에 空亡에 걸리면 이것은 문제성이 발생하더라도 뭉개고 간다는 것입니다. 그런데 사람은 통증을 당연히 느끼죠. 이런 것들을 그 사람의 삶의 요소로 다 감안해서 봐 줘야 됩니다.

예를 들어서 六親 조화에서는 陽대운 陰대운 이런 것도 있는데 이런 것이 立秋를 지나서 寒露 霜降 가까이 갔는데도 陽대운에 걸린 사람들은 돈을 벌기는 법입니다. 벌기는 버는데 죽을 고생을 하면서 번다니까요. 집에 오면 매일 "죽겠다."라고 합니다.

그런 것들이 서로 다 팔자의 운명적 인자로서 따라붙는 것입니다. 그런 것들을 종합적으로 볼 때 좋은 흐름인데 올해 내년에 空亡이 왔다면 이것은 일시적으로 정체나 지체가 생기더라도 더 발전할 수 있는 발판도 된다는 것입니다.

학생 – 우리가 좋아하는 食神 대운인데 食神 대운이 空亡이 되면요?

선생님 – 그것은 한 글자만 가지고 해석을 하면 안 됩니다. 甲이 食神인 사람도 있고 巳가 食神인 사람도 있고 여러 가지이지 않습니까? 그것은 다 다른 것입니다.

학생 – 食神을 자기에게 좋게 쓸 것이 아닙니까?

선생님 – 그러니까 너무 喜忌論的으로 책을 보셔서 그러시는데, 甲을 食神으로 쓰는 사람과 乙을 食神으로 쓰는 사람과 戊를 食神으로 쓰는 사람과 戌을 食神으로 쓰는 사람이 다 다릅니다. 춘하추동 신사주학 앞부분에 다르다고 강조를 해 놓았습니다.

甲과 寅, 乙과 卯는 五行으로 木으로 처리하지만, 그 작용과 변화성은 다 다르다는 것입니다. 지금 그렇게 질문을 하시면 판단하기 어려운 것이죠.

학생 – 책에 子丑生寅하고 午未生申에 대해서 간단하게 설명을 부탁드립니다.

선생님 – 子丑이라고 하는 것을 설명하려고 하면 굉장히 많은 인자적인 배경을 설명해 드려야 되는데 子에서 1陽이 始生하지 않습니까? 丑에서 2陽이 되죠. 이때는 1과 2가 즉 홀과 짝이라서 陰陽으로 보는 것이죠. 홀짝이지 않습니까? 그런데 一陽과 二陽이 畜氣가 됩니다. 기운이 축적되어서 三陽에 이른다고 봅니다.

子丑이 결국 견인하여 서로 끌어안아 畜氣해서 결국 범 寅 즉 三陽이 올라간다는 것입니다. 이런 개념으로 이해하시면 됩니다. 그러니까 천체운동에서 冬至를 지나서 땅은 얼어 있고 춥고 엉기어 있는데 햇빛은 길어지지 않습니까? 그다음에 丑이 되면 볕이 더 길어지지 않습니까?

三陽에 이르면 陰을 상대할 수 있는 힘을 얻었다고 보는 것이죠. 그래서 어느 자리에 가서 짝을 짓느냐 하면 六陰之處에 가서 짝을 짓는 것입니다. 六陰之處가 어디입니까? 돼지 亥 그렇죠?

그러니까 어린놈 보고 "너 저 여자하고 살아라!" 하면 살아집니까? 안 되겠죠? 陽氣가 충분히 형성되어서 세상과 대응을 할 수 있는 상태가 寅 三陽에 이른 상태가 되죠. 이때부터는 六陰과 짝을 이루고 가버리는 것이죠.

그다음에 四陽 卯는 五陰 戌과 짝을 짓죠? 그래서 成 九數 즉 九라는 것이 중요한 것입니다. 九라고 하는 것이 다 채우는 것을 의미하는 것입니다. 마찬가지로 午未도 一陰 二陰이 畜氣되어서 三陰에 이르러서야 되는 것인데 이런 것과 같습니다.

이해를 위해서 우스갯소리로 설명하겠습니다. 야한 농담입니다. 축기(蓄氣)가 얼마나 중요한지 야한 농담으로 해 드리겠습니다. 요즘은 하도 무서운 시대가 되어서 그렇기는 한데 하여튼 농담입니다.

어느 영감님이 힘을 쓰고 싶은데 공원에 앉아 있는데 친한 친구가 와서 비아그라를 주는 것입니다.

"이게 어디에 쓰는 것이고?" 물어보니 "그것을 먹으면 좋은 일이 있을 것이다. 이렇게 저렇게 된다." 해서 그것을 소중하게 생각하고 봉지에 싸다가 떨어트려 버린 것입니다.

그 공원에 있던 비둘기가 비아그라를 먹어 버린 것입니다. 비둘기가 그것을 먹이로 알고 먹었는데 무엇인가 소식이 이상하거든요. 조금 있으니까 뭐라고 하느냐 하면 하늘을 보고 "야!~~~" 하는 거예요. 하늘에 독수리가 날아가고 있는데 "독수리 이년 너 기다려라."

그게 뭐냐하면 축기(蓄氣)가 있어야 짝을 이룰 수 있다는 것입니다.

학생 – 그러면 子丑 合은 生寅의 合이라고 하는 것입니까?

선생님 – 그렇죠. 一陽과 二陽 자기들끼리는 홀짝이지 않습니까? 陽의 1단계, 陽의 2단계 짝은 되는데 이것만 가지고는 "독수리 이년들…" 못한다는 것입니다. 자기가 어느 정도 몸집이나 에너지를 가져야 짝을 지으러 갈 수 있는 운동성이 발생한다는 것입니다.

학생 – 비록 운동성 자체는 약하지만 나쁜 쪽으로 흘러가는 것은 아니지 않습니까?

선생님 – 그렇죠. 이렇게 축기(蓄氣)라고 하는 것이 굉장히 중요합니다. 자연의 운동에서 丑을 여러분이 공부해 보려고 하면 정말로 섣달에 논에 수확하고 남은 벼 주변 있지 않습니까? 그 주변을 다녀보면 땅이 일어서 있습니다. 땅을 밟으면 '빼드득' 소리가 납니다. 丑에는 땅바닥에는 이미 봄이 왔다는 것입니다.

얼음이 얼면서 일어섭니다. 얼음이 얼면서 일어서는 이 작용이 二陽작용입니다. 그리고 그것을 밑에서 잡고 있는 것이 子입니다. 그래서 축기(蓄氣)의 과정을 거쳐서 즉 丑이 얼음을 들어줌으로써 寅을 열어주는 작용이 되는 것입니다.

丑에 庚金이 入庫하지 않습니까? 庚金이 열매요 씨앗인데 씨앗을 보면 주름이 있지 않습니까? 주름 사이에 수분이 들어서 얼었다가 녹았다가 하는 것인데 그래서 나온 것이 북어국 아닙니까? 얼었다가 풀렸다가 하지 않습니까? 씨앗도 마찬가지로 얼었다가 녹았다가 하면서 틈이 갈라지면서 균열이 만들어지는 것입니다.

이것이 陽氣를 두 단계로 쌓아 나가는 것으로 봅니다. 그래서 제가 AMP과정 같은 곳을 가서 이야기하기를 "그 딱딱한 씨앗을 부드럽고 연한 풀이 찢고 나오는데 그것이 사람의 손으로 할 수 있는 일입니까?" 질문하면 "제가 안 그랬는데요." 합니다.

그것이 丑에서 陽氣를 축적하는 과정에서 생기는 것입니다. 단지 우리 눈에 가시적인 영역이 안 들어와 있어서 놓치는 것일 뿐이지 모든 것이 다 그런 것입니다.

만약에 씨앗을 방에 두었다고 합시다. 물론 수분작용도 있지만 이렇게 얼었다가 풀렸다가 하는 이런 작용이 없는 공간에 두었다면 봄에 싹을 틔우지 않습니다. 그래서 우리가 씨앗을 보관하지 않습니까?

학생 – 명조가 굉장히 찬데 예를 들어서 子子子子가 있는 것과 子子子丑이 있는 것에서 丑이 들어있으면 陽氣가 열리는 것으로 봅니까?

선생님 – 子丑이 있다는 것은 결국은 축기(蓄氣)의 단계를 거쳐서 寅을 쉽게 연다고 보시면 됩니다. 丑이라고 하는 것이 겉은 추워도 안으로는 내용이 다릅니다. 그래서 탕화살(湯火殺)에 해당하는 것입니다. 丑午寅이 있으면 丑을 왜 湯火殺에 넣었을까? 왜냐하면, 얼음이 죽 밀고 올라오는 것입니다. 흙이 丑이 되면 뜹니다. 밀고 나오는 힘도 湯火之氣와 같은 것으로 보면 됩니다.

학생 – 日支에 辰이 있는 사람이 戌년에 결혼을 하지 않습니까? 日支가 戌이 있는 사람도 戌년에 결혼을 하지 않습니까?

선생님 – 合으로 끌어넣으면 되니까 결혼을 하죠.

학생 – 로타리 효과를 이야기하셨는데 戌년에 결혼을 하는 것은 로타리 개념과 반대되는 개념이 되는 것 같아서요.

선생님 – 그것을 회전문이라고 생각을 하시면 됩니다. 있는 것은 빠지고 자리가 빈 것은 들어가고 그것이 로타리 효과입니다. 그것은 네 번째 주제에 있습니다. '만남의 시기, 헤어짐의 시기' 이것을 정리할 때 거기서 중복이 많이 발생합니다.
"冲오는데 만난다고 해놓고 冲 오면서 헤어지네?" 해 놨거든요. 그 차이점들을 그때 싹 다 정리 할 것입니다.

원래 스케줄은 4강으로 가고 있어야 되는데, 지난 시간에 정리했던 것들을 시험 삼아 정리해 보셨습니까? 특히 冲 변화, 刑 변화 이런 것들을 가지고 직접 본인 것을 해 보셔도 좋고 아니면 사례를 중심으로 정리해 보셔도 좋을 것입니다.
그런 논리들이 실제로 인연법이라든지 유년의 해석에서 어떻게 적용되는지 다시 한 번 정리해 볼 것인데, 사례로서 인연법 이런 것이 굉장히 중요한 어떤 해석 모양새, 사례 이런 것으로 이해하실 수 있을 것입니다.

1) 인연법에서 육친과 神殺의 의미

　인연법(因緣法)은 선연법(善緣法)이 아닙니다. 인연법을 공부하시는 분들이 선연(善緣)으로 이해하시는데 善緣의 반대말은 무엇이겠습니까? 사실은 善緣 惡緣을 다 묶어서 因緣法이라고 논리를 명칭을 정한 것이니까 "안 좋은데 왜 이렇게 살아갑니까?" 이렇게 물으러 오죠. 그때는 뭐라고 합니까? "악연도 인연이다." 그렇게 대답을 하죠.
　악연임에도 불구하고 짝이 되어 살아가는 이유 이런 것들이 인연법 논리를 정리를 해보면 干支나 글자의 움직임이 어떤 식으로 작동을 한다 이런 것을 조금 더 논리적으로 해석할 수 있어서입니다.

1-1. 인연법 六親의 의미

　인연법을 나눌 때에 기본적으로 팔자 자체의 기본 형식을 나눌 필요가 있는데 표준이라고 하기도 용어가 애매합니다. 표준내지는 일반이라고 하는 것은 남자에게서는 財星이 안정되어 있는 경우 그다음에 여자일 경우에 일반적으로 官星이 안정되어 있는 이런 경우가 아주 표준적이고 일반적인 패턴에 들어간다. 또는 뒷날에는 우리가 논리를 쓸 때 이런 논리는 대체로 표준적인 모양일 때 쓴다는 것을 알 수 있죠.
　그다음에 無財 無官은 표준에서는 조금 벗어나 있는 것이죠. 無財나 無官에 쓰는 인연법 논리 즉 남자 팔자를 봤는데 財가 없는 모양에서 "저는 무슨 띠가 제일 좋습니까?"

"글쎄올시다."

無財 無官이라고 하는 것이 조금 특수한 형태에서 더 쓰는 논리 이런 것들을 여러분이 염두에 두시고 이 논리는 六親중심으로 쓴다고 한다면, 이 사람은 대체로 표준이나 일반에 해당하는 경우에 써야겠구나 하는 것을 여러분이 감안을 해 주셔야 될 것입니다.

제가 내용 중에 이 논리는 이런 케이스에 더 많이 쓴다는 것을 분류는 해 드리겠지만 제가 놓치더라도 이것은 無財 無官에 써야 된다는 것을 여러분이 감각적으로 구별하면서 이 논리를 정리하면 될 것입니다.

그다음은 혼잡이 있는데 財星혼잡, 官星혼잡이 있죠? 혼잡이 되어 있는 그런 사람에게 더 쓸 수 있는 논리가 됩니다. 남자중심의 표현이니까.

처자인연법이라고 하는 것이 남자 중심의 표현이니까 정확한 표현은 아니죠. 배우자와 자식 즉 配子因緣法이라는 것이 더 맞을 것이고, 지금 다루는 것은 자식을 다루는 요소는 아직 감안하지 않고 있기 때문에 '配偶者因緣法'이라고 보면 되겠죠?

거기서 표준 형태일 때에 이상적인 배우자의 띠, 리스트 이런 것을 정리해 보고 그다음에 無財 無官 그리고 混雜의 케이스 이렇게 3가지로 나누어서 이 논리는 대체로 어디에다가 더 쓴다? 이런 혼잡 케이스에 더 많이 쓴다는 식으로 비중 차이를 두고 이해를 할 필요가 있을 것입니다.

인연법 六親에서 당연히 표준적인 모양은 남자 팔자에서 正財, 여자 팔자에서는 正官을 무엇으로 삼습니까? 배우자 인연의 표준으로 삼는다는 것이죠. 正財 正官 이것들이 어떻게 잘 어우러질 수 있느냐?

ⓐ
時	日	月	年	命
辛	壬			
丑	午	申		

ⓑ
時	日	月	年	命
辛	壬		丁	
丑	午	申		

ⓒ
時	日	月	年	命
辛	壬	壬	丁	
丑	午	申		

　예를 들어서 남자 팔자에 壬午라고 하는 일주가 형성되어 있다고 합시다. 다른 곳에 財星이 드러나 있지 않은 모양이면, 午 正財 하나가 안정되어 있는 모양이거나 또는 하나가 드러나더라도 년에 丁하나가 드러나는 정도라면 무난하죠.
　물론 丁년에 壬申월이 없지만 壬申월이라고 칩시다. 이런 식으로 比劫이 투출되어 버리면 년의 丁은 내 것이 아니라고 보는 것이죠. 그러나 무엇에 가깝습니까? 드러난 것이 正財 밖에 없으니 표준적인 모양에 가깝다 이렇게 보는 것입니다.
　왜냐하면, 정신적인 추구면이나 조화도면에서는 어울리기는 하지만 내 것이 아니었으므로 ⓒ정도의 혼잡의 모양은 표준에 가깝다는 것입니다. 그리고 그 표준적인 기준을 가지고 여기 있는 많은 논리들을 표준 기준으로 해석해준다고 보시면 됩니다.
　마찬가지로 원리는 여자도 正官이 안정되어 있는 경우가 되고, 正官이 드러나 있다고 하더라도 하나가 순일하게 드러나 있는 경우 이런 경우에는 표준이나 일반에 해당하는 논리로서 해석한다고 보시면 됩니다.

ⓓ
時	日	月	年	命
辛	壬	乙	丁	
丑	午	巳		

이렇게 어지럽게 놓이기 시작을 한다면 이것은 어디에 집어넣어야 됩니까? 혼잡에 집어넣어서 혼잡에서 쓰일 수 있는 논리 중심으로 여러분이 조금씩 더 확장을 해 나가는 것이 맞다는 것을 전제해 두실 필요가 있습니다. 물론 항목마다 조금씩 분류를 해 드리겠습니다.

六親의 의미에서 표준으로 쓰는 六親과 無財나 無官에서는 이런 六親하고는 조금씩 그 의미를 달리 해석을 한다는 것이죠.

時	日	月	年	命
丙	庚			
子	申	酉	辰	

예를 들어서 남자 팔자에 酉월에 庚申일 丙子시라고 합시다. 이런 식으로 구성되어서 財星이 투출되지 못했을 때에 子가 비록 空亡이지만 空亡의 의미를 제외하고 '傷官을 부득불 無財 無官에서 財星을 대용한다.'

| 時 | 日 | 月 | 年 | 命
|---|---|---|---|
| 乙 | 庚 | | |
| 酉 | 申 | 酉 | 辰 | 戌

傷官이 드러나지 않은 경우에는, 물론 開庫의 인자가 있기는 하지만 戌의 開庫에 가장 원척적인 운동은 무엇입니까? 주로 辰중에 있는 癸水가 亥水모양으로 드러나는 것이 되겠죠? 이것도 辰 庫藏에 숨어 있기는 하지만 완전한 開庫요소는 아니지 않습니까?

이 모양은 乙이 드러나 있네요. 財星이 드러나는 모양이 되니까 안 드러나는 모양으로 가 봅시다.

| 時 | 日 | 月 | 年 | 命
|---|---|---|---|
| 辛 | 庚 | | |
| 巳 | 申 | 酉 | 辰 | 戌

상기와 같은 모양이 되면 辰중의 乙木요소를 차치하고 이런 경우에 부득이 무엇으로 취용을 한다는 것입니까?

부득이 食傷이 들어있는 辰과 申, 이 둘 중의 하나로 끌어다 쓸 수밖에 없는데 가까이 붙어 있는 놈은 申이지 않습니까? 그러면 申중의 壬水를 부득이 財星의 대용이든 食傷의 長生處로 申을 부득이 대용해서 쓰게 되는데, 이렇게 比劫을 부득이 끌어다 쓰는 논리가 발생하게 되는 것이죠.

그것이 수업 중에 보면 '부득불하다.'라고 하는 논리를 몇 개

소개를 해 드리는 것입니다. 이렇게 無財 無官에 쓰는 논리는 일반적인 논리를 적용하는 것에 제한적으로 쓸 수밖에 없다는 것입니다.

여자 팔자에서는 官星을 대용하는 인자로서 財星을 대용하는 것이죠. 여자 팔자에서는 또 하나 특이한 것이 무엇이냐 하면 그 財星도 없으면 어떻게 하라는 것이냐? 죽으라는 것은 아니지 않습니까?

그것은 단순하게 자식을 유도해주는 인자 중심으로만 하는 수 없이 짝을 지어 쓰는 원리로 넘어가 버리는 것이죠.

여자는 조금 더 구조가 복잡하죠. 官星이 안되면 財星으로 대용하고 財星이 안되면 食傷으로 대용하는데 食傷도 없으면 어떻게 합니까? 食傷을 돕는 比肩으로 대용하고 이런 논리로 넘어가는 것이니까, 六親을 쓰는 원리가 표준적이고 일반적인 어떤 기준에서 쓰는 논리만 그대로 인연법에서 적용하지 않는다는 것을 여러분이 전제할 필요가 있습니다.

그런 것들이 많이 있습니다. 목차의 뒤에 '1-7. 부득불 인연론'이라고 있지 않습니까? 부득불 인연이라고 하는 것이 결국은 '어쩔 수 없이'라는 뜻인데 官도 없고, 財도 없고, 食傷도 없어서 어쩔 수 없이 比肩으로 삼는다는 것입니다. 이런 六親의 유도인자를 여러분이 융통성 있게 열어 놓고 인연법을 해결하는 것이 논리적인 기준이라고 보시면 됩니다.

사실은 전부 텍스트로 만들어서 드릴 수도 있는데 그렇게 하면 공부를 안 하실 것 같아서 이렇게 수업을 합니다. 뒤에 한번 프린트된 것으로 드릴까요? 오늘 하는 것 중에 프린트 내용을 보면 4-1.을 보면 오해의 소재가 있는 이런 것들은 글로 만들어 놨습니다.

1-2. 祿의 의미

'1-2. 祿의 의미'에서 옛날에는 글로 정리해 놓고 그냥 막 외 웠습니다. 명이 '身弱하면 祿으로 配星을 삼는다.'

時	日	月	年	命
戊	癸			
午	巳	未	卯	

地支구성이 이렇게 되어 있을 때에 보통 일반에서는 표준으로 어떻게 됩니까? 日支에 있는 巳가 正財이지 않습니까? 正財면서 天乙貴人이지 않습니까?

그래서 일단 巳생이 후보로 올라오기는 하는데 1번 원칙은 대체로 앞쪽에 있는 것이 표준이고 조금 더 유도되어서 짝이 되어서 바람직한 것을 앞쪽에 써 놨다고 보시면 됩니다.

祿을 일단 쥐띠로서 삼는다. 두 번째가 표준의 노양에 가까운 것인데, 여기에 있는 공식들이 2~3개가 겹치는 것들이 있습니다. 그런 것들이 강하게 짝으로 또는 인연으로 유도된다고 보시면 됩니다. 그래서 巳생이 되는 것이죠.

그다음에 年支나 日支에 三合되는 자가 되는데 상기에는 卯와 未가 三合이 되어 드러나지 않았습니까? 드러나 있음으로써 亥생이 되고 그룹으로서는 未생이 되겠죠?

巳하고 三合을 이루는 丑이나 酉가 그다음 그룹으로 가고,

시에 있는 것이 시간적으로 대체로 늦게 마주쳐지는 인연으로서 시에 있는 그 자체를 財星으로서 쓰기도 하고, 午가 空亡이기 때문에 空亡에 의한 유도인자가 조금 더 강하게 유도됩니다.

그래서 子생, 巳생, 亥생, 未생, 午생 이런 순으로 배우자 인연법이 유도되게 되어 있는 것이죠. 그런데 보통 운의 흐름이 좋을 때에 1등, 2등을 만납니다. 운의 흐름이 부족하면 1등 인연을 만나는 경우는 매우 드물고 그다음에 巳생이나 3등 그룹에서 주로 만난다고 보시면 됩니다.

논리의 중복이 있는 것들이 亥와 未처럼 똑같은 논리에 있더라도 亥는 어디에 부딪히죠? 巳에 부딪히죠? 그다음 未는 月支에 있는 것이 뒤의 목차에 보면 '숙연법(宿緣法)'이라고 있습니다. 월에 있는 그것을 그대로 취한다는 것입니다.

뒷날에 묶어서 나오겠지만, 그것이 '오리엄마' 효과라는 것입니다. 오리 엄마 이야기 아십니까? 오리가 부화해서 고개를 쳐들고 봐서 처음 본 새 닮은 놈이 있으면 그것을 엄마인 줄 알고 평생을 쫓아다니는 것입니다.

그것이 두 군데에서 쓰이는데 월에 있는 것을 그대로 취용하는 것이 있고 목차에는 없지만, 첫 대운의 干支가 자기 年支를 기준으로 +−5에 들어가면 그것을 오리엄마처럼 쫓아다니는 효과가 생깁니다.

時	日	月	午	坤命
壬	甲	丁		
子	辰	未		

己	戊	丁	丙	乙	大運
酉	申	未	午	巳	

이런 팔자가 있다고 하면 첫 대운이 乙巳 丙午로 가죠. 辰도 官이고 未도 官이고 한데 正官 偏官이 혼잡 되어 있지 않습니까? 혼잡 되어 있는데 日支는 또 劫財가 들어와 있네요.

成格 破格이라고 하는 큰 단위로 묶으면 당연히 破格으로 분류되는데 成格者 중에서 인연적 成格者도 거의 없다고 보면 됩니다. 다 잡것이라고 보면 됩니다. 그리고 辰이 寡宿殺에 해당됩니다.

그림 52)

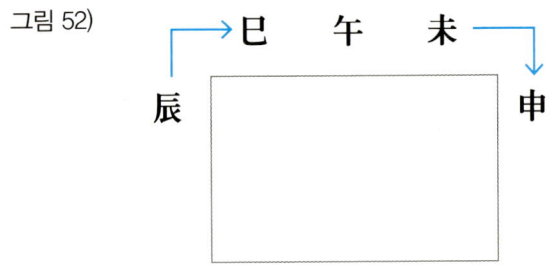

巳午未 앞에 辰이 꺾여 있지 않습니까? 각도가 다르지 않습니까? 여자 말고 남자에게 쓰는 申은 무엇입니까? 孤辰殺입니다. 동그라미 각도를 기억하시라고 했고 사각형 그림을 기억하시라고 했죠?

이럴 때 丁未생도 나를 좋다고 하는 이유가 食神 入墓를 유도하는 자가 원래는 강하게 이성적 역할을 일으키게 되는 그런 기운에 해당합니다.

食神 甲이 자식을 낳아주게 하는 인자가 되지만 혼전에는 남자를 밀쳐내는 작용을 하지 않습니까? "꺼지라"하는 것이죠. 맞잖아요? 食傷이 官을 친다면서요? 甲이 꺼지라는 작용을 하

는 것입니다. 그런데 이상하게 양띠만 만나면 꼬리를 내린다는 것이죠. "꺼져라." 이것이 안되는 것입니다. 그래서 양띠도 지분이 있습니다.

그다음에 辰생은 自墓 즉 자기 자신이 入墓를 해 버렸잖아요? 이상하게도 고개를 숙이는 그런 작용이 유도됨으로써 辰생도 인연법으로서 강하게 작동을 하고 있고 未생도 강하게 작동을 하고 있는데, 정작 대운의 초입에 들어와 있는 뱀띠하고 결혼하더라는 것입니다.

왜? 丁未 +-5 , 丁未 바로 앞이 丙午, 乙巳, 甲辰... 이렇게 올라가지 않습니까? +-5안에 있는 것이, 이 세상에 대운이라고 하는 공간에 세상에 밖에 나왔더니 乙巳가 먼저 기다리고 있네요. 그래서 未와 辰에 엇갈리다가 乙巳생에게 가는 것입니다. 이런 논리도 있다고 아시면 됩니다.

祿의 의미로 돌아와서 저렇게 祿이 무엇이냐 하면 지난 시간에도 설명했었지만, 祿이라고 하는 것이 남자가 일종의 성적인 힘을 발휘하려고 하는 의지적인 면이 생겨나려고 하는 것을 의미하기 때문에 보통 유년에서 남자들은 명이 크게 身旺한 모양이 아닐 때, 身旺도 强弱이 있지 않습니까? 아주 身旺이 아닌 경우에는 祿운에 자꾸 짝을 찾으려고 한다는 것입니다. 그것은 자기라고 하는 존재를 이 세상에 화현시키는, 태어나게 하려는 동작이나 기질로 기운이 작동을 하기 때문에 祿자체를 亡身殺로도 처리를 합니다.

우리가 일반적으로 12神殺상 亡身殺이 있지 않습니까? 巳酉丑이 申을 만날 때 이렇게 亡身을 쓰지만 日干이 祿을 그대로 내려다보는 것도 바로 亡身으로 처리합니다.

"저놈이 돌았나? 왜 저렇게 벗고 돌아다니면서 설치냐?" 이런 것이 祿이라는 것입니다. 그런데 자기는 이 세상에 무엇인가 모양을 만들고 싶다는 것입니다. 그래서 祿이라고 하는 것이 에너지나 동작을 유도하게 함으로써 짝을 지으려고 하는 동작이나 기운으로 발생하고 드디어 그 모양을 찾았다 해서 짝을 짓는 것이 祿 인연법으로 갑니다. '2-1.祿 인연'이라고 목차를 적어 놨죠?

지난 시간에 설명했지만 여인은 祿이 자기 몸뚱이라고 했지 않습니까? 자기 몸뚱이에 번식행위를 할 수 있는 밭, 몸통, 그릇 이런 것을 가지고 있는 셈이니까 祿 자체가 자기 몸이라고 보면 되는데, 거기에 무엇이 와서 冲을 하면, 官이 와서 冲을 해도 남자가 나타나고 財가 와서 冲을 해도 남자가 나타나고, 祿에 冲하는 자가 나타나면 그것이 강하게 오게 되고, 그다음에 刑이 발생을 해도 자꾸 누가 집적이는 작용이 발생하기 시작을 합니다.

12神殺의 六害殺말고 刑冲破害에서 말하는 六害에 와도 이것은 오히려 고독성을 불러주지 않습니까? 여인이 辛酉일주에 戌이 왔다면 戌이 六害작용을 일으킵니다.

원래는 辰하고 陰陽짝을 이루어 안정하려고 하는 것이 많은데 戌이 와서 차버리면 내가 기대고 있던 벽이 무너져 버리지 않습니까? 벽이 무너지니까 갑자기 외롭다는 것입니다.

"아씨! 외로워죽겠는데," 하면서 막 찾게 되는 것이죠. 이럴 때도 이성을 불러들이는 그런 동작으로도 본다는 것입니다. 그런데 있는 놈은 오히려 깨는 작용이 옵니다.

만남의 시기와 헤어짐의 시기가 논리적으로 거의 같이 나옵니다. 거기에 六害의 일반적인 의미는 오히려 깨는 것이거든요. 부부간에 풍파나 환란을 겪을 때 일반적으로 冲에 의해서 그런 일이 많이 발생하기도 하고 六親的으로 祿과 羊刃에 의해 발생하기도 하는데, 그다음에 官星 入墓, 財星 入墓 이런 것에 의해서도 발생하기도 하는데 六害에 의해서도 있는 놈은 깨어지고 없는 사람은 지독하게 외롭게 만들어서 짝을 막 찾게 만드는 그런 에너지 작동을 일으키게 된다는 것이죠.

時	日	月	年	命
	辛			
	酉			卯運

여인 辛일주가 卯를 만나면 財星이 와서 冲을 한 것이지 않습니까? 財星이 와서 冲을 한다는 것은 내 몸뚱이에 누군가 자꾸 돈을 주면서 관계성을 만들자는 것이지 않습니까?

"내 것 줄게 네 것 달라." 아시겠죠? 여인이 돈을 받고 거기에 따라가는 것이 시집가는 것입니다. 그렇지 않습니까? 祿의 의미 이런 것들이 상기에 설명한 것과 같은 기본적인 논리가 된다는 것입니다.

학생 – 刑이 오면 직접 걸리는 것이 있습니까?

선생님 – 그것을 견인해 주는 글자가 있는가를 봐야 되죠. 辛酉일주는 酉자체가 또 刑이 되지 않습니까? 自刑인데 흘러오는

流年에서 辰과 같이 운에서 온 酉를 끌어들이는 자, 즉 辰과 같이 글자가 다른 곳에서도 작동을 해 주느냐? 아니면 卯와 같이 운에서 온 酉를 밀어내는 놈이 따로 있느냐? 옆에 있는 이런 조건들을 봐 주어야 됩니다.

時	日	月	年	命
	辛			
	酉	卯		

卯는 부모 형제가 있는 자리에서 酉酉 自刑 작용을 손쉽게 되지 못하도록 오히려 작동하게 되는 역할도 하는 것이죠. 그래서 위치상 해석도 하고 六親상 해석도 하는 것이죠. 그래서 옆에 있는 조건들이 무엇이 끌어 붙여 주느냐 아니면 불안한 상태로 그 기간 동안 겪게 만드느냐? 이런 것의 기준이 된다고 생각을 하시면 됩니다.

1-3. 合의 의미

合이라고 하는 것이 가장 자연스러운 인연관계의 형성, 合의 목적이라고 하는 것이 궁극적으로 무엇입니까? 생산이니까 보통 合이 이루어졌을 때는 어떻게 생각해야 하느냐 하면 '그릇을 갖추게 한다.' 이렇게 보면 됩니다.

그림 53)

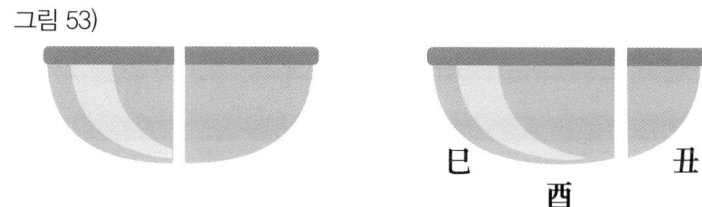

그릇의 반쪽을 가지고 있다가 반쪽을 채우는 것이 있고 그릇의 3분의 2가 있다가 나머지가 채워지기도 하고, 이렇게 채워질 때 예를 들어서 巳酉가 있을 때 丑 자체가 견인되고 丑년에 들어오면 '그릇이 갖추어졌다.' 이렇게 보고 그릇에 다양한 것이 담길 수 있다 이렇게 보면 되죠.

그런데 巳酉丑인자와 다른 인자가 담기는 것은 조금 드물기는 한데, 이때는 三合에 의해서 온다든지 六合에서 올 때는 일반적인 배우자 인연법에서 우선순위로 ①②③… 순위를 매기는데 대운 자체가 좋으면 보통 1~2등 그룹, 대운 자체가 부실하면 2~3등 또는 3~4등 이런 그릇에서 상기의 그릇 그림에 담긴다고 이해를 하시면 됩니다.

時	日	月	年	坤命
丁	己	辛	己	
卯	亥	未	未	

丙	乙	甲	癸	壬	大運
子	亥	戌	酉	申	
43	33	23	13	3	

예를 들면 이런 명조의 여명에서 이 사람이 32세 庚寅년에 日支 合을 하게 됩니다. 이렇게 하면 陰陽이 드러나서 그릇을 갖추지 않았습니까?

물론 그전에도 2002년 壬午년에 오는 이유가 '만남의 시기'

의 논리를 보면 淫慾殺이 됩니다. 淫慾殺에 인연을 만나서 연애하다가 깨어지고, 32살 庚寅년에 合을 해서 누구하고 짝을 짓느냐? 이 경우도 표준에 넣기기 참 애매하죠?

드러난 것은 偏官, 年月에 比肩 劫財 이렇게 亥卯未라고 하는 것을 구축하고 있는 모양인데 그래서 인연법을 쓴다고 하면 즉 여기서도 二者合緣法을 붙여 놨는지 모르겠네요.

二者合緣法이 '2-10. 二字合緣' 목차에 있네요. 年月에 있는 二者合緣으로 끌고 올 수 있는 것이 卯생 亥생 그렇죠?

卯생이나 亥생 중에 인연법을 삼는 것이 일반적인데 워낙 未 未 羊刃작용이 卯의 작동을 원활하게 하는 모양이 아니죠. 그래서 차선으로 삼는 논리들을 봐야 되는데 상기 팔자에서 이렇게 土가 중중하게 있을 때는 소통처가 뭐가 됩니까?

金이 되지 않습니까? 金에서도 申 아니면 酉인데 酉가 견인되어 들어오기는 힘이 들지 않습니까? 亥卯未와 어울리지 않지 않습니까? 酉를 빼고 申이 있는데 申은 무엇에 걸리느냐 하면 貴人하고도 같이 맞물립니다.

그래서 申생이 거기에 해당하고 卯와 亥는 자격이 비슷하다고 보면 됩니다. 그런데 亥가 시기적으로 일에 있는 놈이 조금 더 인연이 빠를 수 있고, 그다음이 시에 있는 놈이 卯에 해당하죠.

그다음에 官庫를 여는 자 丑, 正官이 入庫하는 자리가 未죠. 入庫를 여는 자가 丑 이렇게 되는 것이죠. 대체로 견인력에서 亥卯 차선, 申(酉)차선, 丑 차선으로 내려간다고 보면 됩니다. 庚寅년에 庚申생 남편을 만납니다.

乙亥대운 중반부 즈음에 가니까 즉 乙亥대운 중반부 즈음이 언제냐 하면 2014년~15년이 됩니다. 2014년~15년의 干支가 甲午 乙未가 되죠. 결혼을 하고 있는 사람이 다시 무엇을 만납니까? 淫慾을 만나죠. 淫慾殺 이런 것이 올 때 내가 컨트롤 할 수 없는 여러 가지 영역의 운동, 흐름 이런 것이 발생한다고 보면 되는 것이죠.

乙未년이나 甲午년의 하반기 즈음에 원숭이띠 남자가 가출해서 연락이 두절되고 있다고 합니다. 그것이 무슨 작용도 있느냐 하면 乙亥대운의 작용 때문에 그렇습니다.

亥대운이라고 하는 것이 陰운동 陽운동으로 치면 기본적으로 陽운동에 속하지만, 亥가 가지는 속성이 亥와 卯는 무엇이든지 반타작, 완전하지 않게 만드는 그런 작용이 있습니다. 그래서 보통 '부귀빈천을 정하기 어렵다.', '짝이 있다, 없다 말하기 어렵다.' 이런 식의 기운을 조성시킨다는 것입니다.

그래서 질문이 "지금 가출중인데 돌아올지 돌아오지 않을지?" 하는데 일단은 庚子년까지 대운이 걸립니다. 2020년까지 亥대운이 오는데 이때까지는 그 사람과의 관계성이 안정화되는 것을 장담하기 어렵다 하게 되는 것이죠.

남자의 생년월일시가 있으면 그것을 참조해 볼 것인데 그 자료는 없고 본인만 기준으로 물었기 때문에 그렇다는 것이죠. 저런 경우도 官星이 하나만 드러났지만, 표준적인 논리를 다 쓰기 어려운 이유가 未未 比肩이 중첩하고 己 比肩, 未 羊刃 이런 것들이 에워싸져 있기 때문에 그렇습니다.

상기의 명조 같은 경우 정말 착한 짝이 무엇입니까? 우리가 하나로 상정했을 때 甲이 되는 것 아닙니까? 甲이 年月에서 살아납니까? 못살아납니까? 초창기에는 이 未의 기운을 많이 쓰게 되지 않습니까? 甲이 入墓해 버리니까 일찍 결혼하면 반드시 문제성이 발생하게 되어 있는 것이죠.

甲이 살아남기 위해서는 乙(卯)의 모양으로 하니까 서로 사니 못사니 하는 소리를 할 수밖에 없는 것이죠. 그것 말고도 여러 가지 케이스들이 있으니까 그것은 이론을 먼저 정리를 하고 사례를 해 보도록 하겠습니다.

학생 – 저 사람은 申酉戌亥대운이 반타작이었고 그다음 대운이 子丑이지 않습니까? 저 여자는 짝을 찾는데 쉽지 않습니까?

선생님 – 매우 어려운 과정을 거친다. 丙子대운 丁丑대운이 오는데 이것도 대운 자체가 陰대운에 갇히지 않습니까? 그러면서 官星을 가리키는 곳에 子卯 刑이 가해져 있지 않습니까?

그러니까 이것이 卯가 子丑 대운에 가면 어떻게 됩니까? 모양이 그대로 유지됩니까, 안 됩니까? 그러니까 이런 경우에 남편이 건설업을 하든지 해외출입을 왔다 갔다 하면서 하는 기술사업이든지 그런 것을 하고 있으면 그나마 형태는 유지한다 이렇게 보는 것이죠.

일단 合이라고 하는 것은 局을 갖추어 준다. 그릇을 만들어 준다. 무엇을 채울 수 있는 조건을 갖추어준다. 이렇게 보면 됩니다.

合 자체가 궁합에서 여러 가지 견인력이 좋다고 해석을 하는 것도 그릇을 채워주는 작용 때문에 그렇겠죠? 유년에서 合의 의미를 많이 해석한다고 보시면 되죠.

1-4. 冲의 의미

　冲은 지난 시간에도 했지만, 인연법에서 冲은 이렇습니다. 冲이 발생을 할 때 무엇을 쓴다고 했죠? 인연법 논리에서는 進神 退神을 쓰는 것인데 뒤에 사례는 다시 정리하겠지만 기억하고 있는 것으로 해 보겠습니다.

Ⓐ 坤命

時	日	月	年
丁	丙	辛	癸
酉	寅	酉	卯

大運

丁	丙	乙	甲	癸	壬
辰	寅	丑	子	亥	戌
56	46	36	26	16	6

Ⓑ 坤命

時	日	月	年
庚	庚	丙	庚
辰	寅	戌	戌

大運

庚	辛	壬	癸	甲	乙
辰	巳	午	未	申	酉
59	49	39	29	19	9

　상기의 명조들은 어제 오늘 본 명조들이니까 제가 별도로 자료정리 없이 일러줄 수 있는 명조입니다.

　Ⓐ명조는 년의 卯가 월의 酉와 시의 酉가 卯酉가 冲이 되죠? 이때에 年干에 癸水 官星이 하나 있기는 한데 세력이 있습니까, 없습니까? 물론 癸水가 卯에 앉아서 자체로 長生의 모양을 띠고 있지만 五行的인 대세가 약한 모양이 되고, 地支에 세력이 조금 약한 모양이지 않습니까?

　보통 癸水가 寅卯정도에 이르면 기운이 마지막으로 드러냈다가 다시 꺾이는 작용이 발생하는데, 冲이 있으면 天干을 지워도 됩니다. 辰生 戌生 이것이 뭡니까? 辰戌은 둘 다 進神이기는 하지만 進神 退神의 작용이 되는 것이죠. 卯 다음에 辰, 酉 다음에 戌 그렇죠?

그다음에 끌고 오는 것이 子나 午라고 했죠? 그다음에 日支 三合이 되는 인자라든지 日支 그 자체 寅, 日支 六合의 亥, 日支 三合 이런 것들이 3그룹에 들어갑니다. 辰戌이 1그룹, 子午가 2그룹, 寅亥午가 3그룹이 되죠? 辰戌 子午 寅午戌과 그다음에 돼지 亥 六合자인데 물론 이것도 운의 간섭을 받기는 받습니다.

그런데 甲辰生 남편을 만났습니다. 남편하고 살면서 못 살겠다고 해서 정리를 하고 亥生 남편을 만났습니다. 亥生남편을 만나서 잘살아보려고 했죠.

乙未년에 年支 卯와 三合자 있죠? 미국에서 건너옵니다. 己亥생 남자를 만나서 잘살아보자고 해서 밀양에다가 집을 지은 것입니다. '저 푸른 초원 위에'라는 노래도 있지 않습니까? 그림 같은 집을 지었는데 戊戌년 들어오기 전 癸丑월에서 甲寅월 넘어올 때 己亥생이 사고로 세상을 떠나버립니다.

그리고 또 亥生 남자가 나타난 것입니다. 亥生이 인연법으로는 중복적으로 걸리지 않습니까? 天乙貴人도 되고 空亡도 되고 논리에 여러 개가 걸리지 않습니까?

새로 온 돼지띠는 가정이 있는 사람입니다. 뒤로 갈수록 시간에 있는 丁 劫財의 영향을 받지 않습니까? 짝이 있는 사람이죠. 원래 집을 지은 사람도 가정을 가지고 있던 사람인데 정리하고 乙未년에 자기가 미국에서 들어와 한국에 살면서 丙申년부터 같이 살았는데, 丙申 丁酉 戊戌 해서 불과 한 2년 반 정도

남짓 살고 땡 해버린 것이죠.

학생 – 뒤에 만난 돼지띠도 살아집니까? 아니면 또 죽는 것입니까?

선생님 – 또 죽는 것은 아니죠. 이 사람 고유의 운명적인 주기성이 있으니까 또 죽는 것은 아닌데, 지금은 인연법이 이렇게 중복으로 걸리는 인연들 속에 온다는 것이죠.
空亡, 空亡자, 戌과 亥가 空亡이지 않습니까? 戌亥 空亡에 걸리죠? 그다음에 天乙貴人이 되고, 월의 寅과 六合, 日支 三合 이렇게 공식의 중복이 3~4개가 발생을 하면 그 사람은 반드시 살아가면서 마주치게 되거나 인연으로 삼게 되는 것입니다.

학생 – 그 남자는 살 운이 있으면 선을 안 넘기는 것이죠?

선생님 – 혼인 신고는 안 하고 공식화를 안 하는 것이죠. 혼인이 이루어지는 것은 3가지입니다. 첫째로 주변에 공식화를 하는 형태로 알리고 사진을 찍었느냐 하는 것이고, 두 번째 법적으로 혼인신고가 되어 있느냐 하는 것 그리고 세 번째는 한집에 살고 있느냐 즉 동거하여 있느냐 이것이 세 가지가 다 맞아떨어져 있을 때에만 결혼 상태에 있는 것으로 본다는 것입니다.
사진도 찍고 혼인 신고가 되어 있었다 그런데 직업 때문에 집에 없다면 이것은 '완전한 성혼이 아닌 것으로 봄'이 됩니다. '공식화된 결혼이 아닌 것으로 봄'으로 해서 서류가 하늘에 올라갑니다.

이 서류작업을 누가 하는지 아십니까? 저승사자가 합니다. 저승사자가 내려와서 "천상의 장부에는 너의 짝이 없다." 하는데 짝이 있네요? 그러면 동사무소 뛰어가서 등본 떼어 봅니다. 약간 모자란 형사라고 보면 됩니다.

그다음에 마지막 확정증거가 무엇이냐 하면 사진을 찍은 앨범이 있는 것이에요. 이 세 가지가 다 있으면 천상의 장부와 어울리지 않으면 반듯이 저승사자가 그 혼인관계를 훼손합니다.

학생 – 결혼사진을 이벤트로 매년 찍거나 그런 것은 운을 땜하는 그런 것이 되나요?

선생님 – 글쎄요? 그런 논리는 이때까지 못 봤고 일단은 저승사자가 체크하는 것은 3가지입니다. 이것이 완전히 이루어졌느냐, 불완전하냐? 불완전하다면 좋지 못한 천상의 계산표에 의거해서 "이것은 짝도 없으니까 놓아놔라!" 이렇게 하는 것이죠.

학생 – 연예인들은 일부러 웨딩드레스를 가지고 리마인드로 새로 하고 그렇게 한다던데요. 소용없나요?

선생님 – 예식업자들이 마케팅 차원에서 그런 이벤트를 해서 그런 것 아니겠습니까? 오히려 천상계에서는 노발대발할 수도 있습니다. 실제로 똑같은 짝과 3번을 결혼하신 분이 있습니다.
제가 아는 고객 중에 이분이 서면에서 고급 의상실 같은 것을 하는 분인데 요즘은 해외에서 가지고 와서 하시는 분인데,

원래 남편과 헤어지고 다시 결혼하고 또 헤어지고 마지막으로 다시 결혼했습니다. 법적으로 끊어졌다가 이어졌다가 다시 끊어졌다가 이어졌다가 이렇게 한 것이죠. 2~3번째는 잔치를 안 했습니다. 그래서 운명적으로 본인이 시집을 거듭할 것을 땜을 하는 것은 봤다는 것입니다.

학생 – 부부가 남처럼 사는 것도 있던데요.

선생님 – 그렇죠. 그것이 기가 막히는 원리인데 우리가 절충해 준 것 중에 가장 잘살고 있는 모양이 있습니다.

이분은 분당에 살고 있는 사람이고 지금은 부산의 센텀에 사는 사람이 있습니다. 그런데 이 양반은 "아버지 어머니 입장 생각하고 아이들 얼굴을 봐서 이혼은 못 하겠다. 그런데 이 양반하고 살면 내가 죽을 것 같다." 라고 하는 것이죠. 그래서 어떻게 했느냐?

"법적으로 이혼을 하라!"하고 아이를 봐주는 값을 받는 것입니다. 자기 아이이기도 하지만 자기가 아이를 봐주면 경제활동을 못 하지 않습니까? 그래서 아이 봐주는 값을 월급식으로 받고 아이를 봐주고 그다음에 아이를 케어하는 분야 외에는 전혀 남으로 삽니다.

그렇게 산 지 2007년 정도부터 약 6년 정도 되었을 때 아이들이 중고등학교에 가지 않습니까? 중고등학교에 갔을 때 우연히 연락되어서 물어보니까 자기는 너무 좋잖아요?

위자료 받았고 매달 아이 봐주는 값 받는 것이죠.

"원장님, 딱 한마디로 정리를 할게요." 해서 "뭔데요?" 물어보니 "이대로…이대로" 너무 좋다는 것입니다. 아이를 기르는 육아 문제 외에는 서로 간섭할 일이 없지 않습니까? 그런 것이 서로 살 수 없는 운일 때 한집에 살면서 가정의 틀을 겉으로 유지를 시켜주는 방법입니다.

학생 – 법적으로 손을 안 대고 방금 설명해주신 3가지 조건을 다 지키고 실제로 남남처럼 살면 어떻게 됩니까?

선생님 – 그것은 저승사자의 장부에 올라갑니다. 물론 각방을 쓰면 조금 누그러지기는 하는데, 한쪽편이 羊刃이 들어왔을 때 저승사자가 와서 원하는 것이 돈, 피, 짝 이것입니다. 정진반 수업에도 나오는 내용인데 저승사자가 돈을 내어 놓으라고 하는 것이죠.

"돈이 없다."고 하면 "그러면 피라도 내놔라." 하는데 피를 흘리려면 수술 같은 것을 하지 않습니까?

그것도 싫다고 하면 짝을 내어 놓으라고 할 때 짝이 장부에 있으면 데려간다는 것입니다. 그 짝에 대해서 짝한테도 처음에 와서 협상합니다. 논, 피, 짝 이 세 가지 중에 하나를 내어 놓으라고 하거든요.

두 가지 다 못 내놓겠다고 하고 둘이 너무나 야물게 살고 있다. 피도 눈물도 없는 놈이라고 하면 그 집안에 식솔이나 가족에 해당하는 사람들 중에 氣가 제일 약한 사람의 목숨을 노린다는 것입니다. 이 순서로 꼭 넘어가게 되어 있습니다.

학생 – 아까 법적으로 이혼한 경우에 각방을 쓰면서 한때는 부부였으니까 선을 넘을 수 있지 않습니까?

선생님 – 그것은 무효입니다. 그것은 부부생활에서 무효로 봅니다. 그렇죠. 불장난으로 봅니다. 그것은 남과 남끼리 행위를 한 것이기 때문에 그렇습니다.

학생 – 돈, 피, 짝을 뺏어 가는 것이 언제 옵니까?

선생님 – 羊刃이 오면 그렇죠. 그래서 12년 중에 日干이 똑같지 않으면 12년 중에 2번이 온다는 것 아닙니까?
저승사자가 그때 와서 조사하는데 羊刃이 오기 바로 그 한 해 전에 祿이 오는데 祿이 저승사자의 꼬봉이 내려오는 것입니다. 저승사자의 꼬봉이 내려와서 보고서를 작성하고 있습니다. 그렇게 보면 됩니다.

학생 – 아까 같은 남자와 3번 결혼을 한 경우에 선생님이 쓴 어느 책에서인가 한 여자를 사귀면 고물론이 되어서 다시 안 오잖아요. 그것 하고는 어떻게 차이가 있습니까?

선생님 – 그것이 특이한 사례이기 때문에 제가 이야기를 해 드리는 것이죠. 그래서 그 양반이 "아이 때문에, 아이 때문에." 그런 것이 어떤 것이 오느냐 하면 앞의 예 Ⓐ명주 같은 경우 개띠가 오면 억지로 버티고 삽니다.
왜냐하면, 冲을 보면 무엇을 떠올리라고 했습니까? 맷돌을 갈아야 직성이 풀리지 않습니까? 내 마음에 드는 짓거리를 할 때까지 갈아 제치는 것이지 않습니까? 그런데 맷돌을 세워주는 놈이 누구입니까? 최초에 용띠 남자가 왔죠. 그래서 맷돌이 멈추었으니까 이제 안 돌리고 "너하고 잘 지내자." 했는데 결국 운이 다시 辰生의 작용이 꺾이는 이런 때가 오면 다시 맷돌은 돌아가는 것이죠.

거기에 개띠 자식이 있으면 맷돌을 세우는 것입니다. 이런 경우가 억지로, 억지로 하는 것이지만 지탱을 해 나가는 그런 경우에 똑같은 사람과 한번 맷돌을 세웠다가 다시 돌리다가 맷돌을 또 세웠다가 하는 것입니다. 그런 식의 작용이 있더라는 것입니다.

학생 – 새로 들어오는 사람이 자기 사주가 완벽하고 잘 나가는 사람이면 저 여자하고 같이 합치더라도 그 남자가 당하지 않고 도로 여자가 당할 수도 있지 않습니까?

선생님 – 그런 경우가 있기는 하지만 완벽하게 좋은 놈이 무엇 때문에 이런 사람을 만나겠습니까? 그런 일이 있을 확률은 거의 제로에 가깝죠.

학생 – 자기 대운도 좋고 자기 사주 格도 좋고 그런데 우연히 저런 여자하고 저런 관계로 엮이었는데 저 여자 사주에 의해서 남자에게 큰 문제가 생길 수도 있지 않습니까?

선생님 – 그것은 아니죠. 그럴 일은 없습니다. 뒤에 가서 배웁니다. 그런 경우에는 여자가 못 버티고 세상을 떠나면서 보험

금을 남기고 그 양반에게 주고 가더라는 것이죠. 그래서 궁합이 좋다고 해서 짝이 되는 것이 아닙니다.

　어느 중소기업 사장님 이야기 해 드리겠습니다. 진짜 나하고 궁합이 좋은 여인은 룸살롱의 김양이라는 겁니다. 그렇다고 그 사람이 자기의 부인이 되느냐 이것입니다. 안 되는 겁니다.

　한 그릇에 담길 수 있는 인연법의 통로가 있다는 것입니다. 그다음에 격차가 심한 경우에는 한시적으로 그 인연이 이어질 지라도 반드시 그 격차를 실현시키는 시기에 가면 한쪽이 희생을 당합니다. 우리가 그런 케이스도 몇 케이스 봤는데 딱 그런 시기입니다.

학생 – 둘 다 좋으면 어떻게 됩니까?

선생님 – 둘 다 좋은데 왜 헤어집니까?

학생 – 아니 둘 다 서로 冲을 하지 않고?

선생님 – 둘 다 좋다는 표현보다는 둘 다 나쁘지 않으면 무엇인가 자기가 아직도 살아가면서 구현해야 될 것이나 이루어야 될 것이 남아 있으면 헤어진다는 것입니다. 제가 그렇게 격차가 심한 케이스를 봤습니다. 그것이 1988년도 이야기입니다.

　물론 그때는 어느 정도 명리를 공부해서 체계가 잡혀가고 있을 때였지만 관상학적으로 편차가 심한 것이에요. 남자는 부자의 관상입니다. 여인은 빈상(貧象)이라는 겁니다. 그런데 둘이서 결혼을 해서 아이를 둘이나 낳았다는 것입니다. 이해가 안 되는 것입니다. "한 사람은 부자의 관상이고 한 사람은 가난한 상이 한집에 살고 있을까?"

정말 연구대상이라고 생각해서 이 두 분에게는 평생 무료이용권을 드릴 테니까 한 해에 한 번씩 오라고 했습니다. 몇 해를 오다가 어느 해부터는 안 왔습니다. 92~3년 정도까지 2~3년을 안 왔습니다.

그래서 96년도에 왔는데 부인이 바뀌어서 왔더라는 겁니다. 그래서 그 사이에 무슨 일이 있었느냐 물어보니 부인도 직장생활을 하면서 열심히 일하고 아이 케어해주고 아이를 적당하게 초등학교 5학년 중학교 1~2년까지 키운 것이에요. 아이들 손이 조금 덜 갈 때이지 않습니까? 그때 부인이 산업재해를 당해버린 것입니다. 그런데 보험도 많이 들어 놓은 것이죠. 그때는 산재보상금도 많이 주었어요.

그 돈으로 아파트 2채를 사고 피아노 선생을 하고 있던 처녀 부인을 맞이해서 그렇게 해서 잘살고 있습니다. 이것이 리얼스토리입니다. 인생의 인연법이라고 하는 것이 그만큼 복잡한 것입니다.

時	日	月	年	坤命
庚	庚	丙	庚	
辰	寅	戌	戌	

庚辰	辛巳	壬午	癸未	甲申	乙酉	大運
59	49	39	29	19	9	

춘하추동 신사주학 맨 뒤편을 보면 처음에 사주를 볼 때 구성요소를 보라고 했죠? 寅申巳亥 子午卯酉 辰戌丑未 어느 것들로 구성되어 있느냐?

그다음에 合沖刑破害 구성요소를 보라고 했는데 辰戌丑未로 구성이 많이 되어 있지 않습니까? 그리고 그 안에 辰戌 沖이 발생해 있지 않습니까?

進神 退神 이런 것은 天干을 볼 필요가 없습니다. 辰戌이 왔지 않습니까? 辰戌에 進神 退神의 원리가 무엇입니까? 卯生 酉生 그리고 맷돌 가운데에 무엇이 떨어집니까? 丑生 未生이지 않습니까?

운이 비교적 안정적으로 좋을 때는 卯酉 이 그룹으로 갑니다. 맷돌을 안정시키기 위해서인데 시집을 빨리 가야 합니까, 늦게 가야 됩니까? 당연히 늦게 가야 되지 않습니까? 늦게 가야 좋은데 언제 가느냐 하면 24살 癸酉년 봄에 결혼합니다.

癸酉년의 酉가 무엇입니까? 淫慾, 羊刃, 皆花 亡身이 되는데 羊刃이니까 벼락치기로 결혼을 합니다. 그해 癸酉生 자식을 얻는데 丁未生하고 짝을 짓습니다.

이 경우도 부득불이죠. '食傷 없음'. 食傷이 辰중에 들어있지 않습니까? 그래서 食傷없고 比劫이 중중한 모양이죠. 그리고 형태상 偏官이 하나 드러나 있는데 寅하고 어우러지거나 丙戌 魁罡과 함께 어울려 버리지 않습니까? 그래서 소스source로 들어오는 丑生 未生, 天乙貴人, 맷돌 재료 보이시죠? 오늘 온 손님입니다.

학생 – 그런데 丙 偏官이 戌에 入墓를 하는데요?

선생님 – 丙火가 入墓를 하는데 어디에서 받쳐주고 있습니까? 寅에서 받쳐주고 있지 않습니까? 그래서 공직생활 조금 하다가 나와서 본인하고 동업하다가 슈퍼를 합니다. 食傷이 숨어 있고 財星만 드러나 있지 않습니까?

그래서 기본 의식주 유통을 하면서 식품, 연료유통도 됩니다. 연료유통이 되는 이유는 뭡니까? 寅이 뭐냐고 하면 '화기엄금'입니다. 그래서 앞으로 돈을 벌면 주유소를 할 것이냐고 물어보니 옛날에 가스배달도 했다고 합니다.

일반적으로 기본 의식주 품목 중에서 식품이 주로 많지 않습니까? 타잔 팬티, 연료, 식품 유통을 할 것이다. 그런데 이것을 가지고는 시기 따라서 들쑥날쑥할 것이다. 그러면 결국은 무엇을 할 것이냐? 자격증을 하게 되는데 辰戌의 조화가 무엇입니까? 부동산, 건축 등이 되는데 무엇을 하고 있느냐 물으니 부동산업을 하고 있는 것입니다.

슈퍼를 열심히 했는데 큰 재미는 없었고 그냥 먹고 산 것입니다. 그래서 부동산으로 크게 승부가 날 것이라고 하니까

"정말로 예?" 이렇게 묻는데 "진짜로 된다." 는 것이죠.

그리고 팔자에 辰戌 相冲이 있고 進神 退神으로 들어온 丑未 이런 것들이 六親이 아니지 않습니까? 官星도 아니고 그렇죠?

물론 未 이런 것은 正官이 五行 대세를 가지고 있지만, 인연법에서 六親원리는 그렇게 표준적인 六親원리를 쓰는 것이 아니라는 겁니다. 앞의 명조처럼 辰戌 冲이 올 때 설명처럼 이런저런 인연이 오게 되어 있다고 하는 것입니다.

冲이 어떤 논리로 쓰이는지 이제 눈에 보이시죠? 저런 논리를 자주 쓰다가 어느 날 답이 하나로 보이는 날이 있습니다. 그때 소위 재주가 들어가는 것인데 손님들 줄을 세우시려면 재주를 쓰시라는 것입니다. 대강 이런저런 인연 안에 있다고만 말해

도 줄 서는 것은 지장이 없습니다.

저는 아예 말도 하지 않습니다. 이런저런 인연의 순서로 일부로 묻어 넣는 것이죠. 묻어 넣으면 일반론적인 우선순위 그리고 저것에 의한 우선순위를 넣으면 저런 논리가 보통 2등~4등 사이에 들어오거든요. 그러면 "아! 나는 3등하고 사는구나!"하는 것이죠.

"너, 3등 누구하고 살고 있지?" 하고 싶지만 그렇게 하면 안 됩니다. 상담 기법이니까 누구와 인연이 된다는 것도 상대방으로 하여금 자연스럽게 마음으로 수긍하게 하는 기법은 필요하다는 것입니다.

제산 선생님 같은 경우에는 이런 기법에서 "자네 인생은 1등급 짝이 없어" 그래서 소띠와 양띠 중에 둘을 나누면 양띠가 官星에 대해서 무리짓는 인자가 되지 않습니까? 丑은 오히려 官星 入庫를 하는 글자이지 않습니까? 그래서 양띠 하나로 찍어주는 것이죠. 그러면 손님 입장에서는 "와!"하는 것이죠. 그런데 제산 선생님의 숨은 논리가 또 있는지는 모릅니다.

저런 정도의 논리 속에서 이미 큰 리스트는 정리를 하고 있어야 상대방과 대화를 이어갈 수 있습니다. 그다음에 이것이 가지는 六親的인 의미는 조금씩 보태어서 해석하실 수 있습니다. 未가 印星작용이면서 偏財 入庫이지 않습니까?

偏財 入庫라는 것은 서방이 장사하려고 땅에 내려오면 돈이 되니까, 안 됩니까? 다시 지장생활을 하고 있더라는 것이죠. 둘이서 슈퍼를 하다가 다시 남편은 직장생활을 하고 본인은 부동산이나 건축에 관련된 비즈니스를 하고 있다. 그래서 여러분들이 그런 것을 보태어서 확장해도 된다는 것이죠.

1-5. 刑, 破, 害, 空亡의 의미

이제 刑, 破, 害인데 이것은 지난 시간에 다 해본 것이죠. 운에서 만나는 시기와 같이 맞물리기 때문에 뒷부분까지 미리 나누어 드린 것입니다.

 刑

刑의 레벨이나 방향 차이가 있죠?

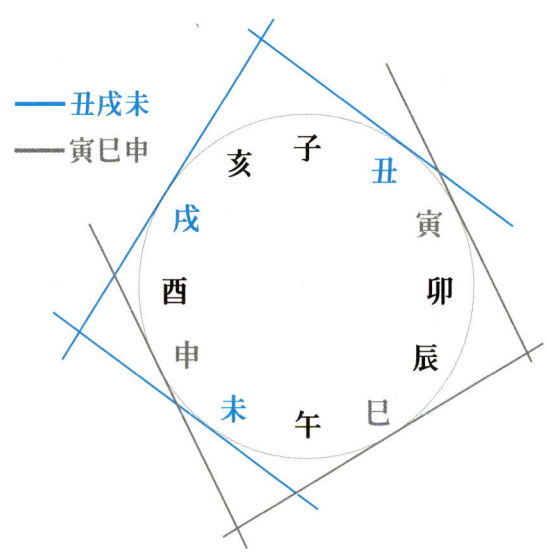

刑의 각도를 재면 그림과 같이 나오지 않습니까? 그림처럼 양립하기 어려운 조건 때문에 서로 늘 인생관 차이를 가지는데 12神殺상 위치가 여자를 중심으로 했을 때 天殺 그룹, 즉 예를 들어서 여자가 未고 남자가 戌이라면 이것은 刑이 되죠.
 이런 경우에 남자가 조금 더 레벨이 앞섬으로서 갈등을 겪더

라도 비교적 가정적인 틀은 오래갈 수 있는 조화성을 가지고 있다는 것입니다.

거꾸로 되면 즉 남자가 개띠가 되고 여자가 소띠라면 도리어 여자가 많은 부분을 주관하거나 주도해야 되는 에너지 레벨차이가 발생한다는 것입니다. 그것이 인연법에서 刑의 의미가 됩니다.

◼ 破

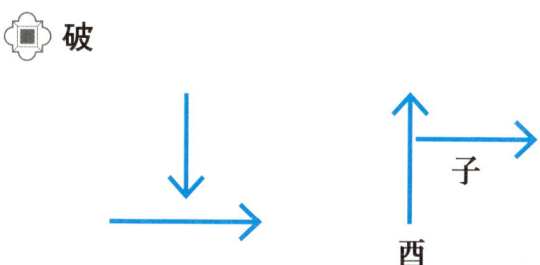

破라고 하는 것은 破도 刑에서 그렸던 그림과 같은 것이죠. 子가 → 방향이라면 酉는 ↑ 이렇게 화살표 방향으로 찌르는 것이죠. 거의 刑에 준하는 것인데 외부적인 모양을 손상시키지 않고 내부적인 파괴, 흔들림, 손상 이런 것들이 발생하는 것이니까, 그것도 12神殺의 레벨차이로서 조금 더 길하거나 흉한 것을 나눌 수 있는 것입니다.

여자가 소띠가 되고 남자가 개띠가 되면 조금 더 힘든 포지션으로 간다는 것입니다. 그래서 여자가 더 앞장을 서고 역할을 많이 하게 되죠.

남자도 불만이 있습니다. "네가 잘 났다. 네가 다 해라!" 이렇게 되는 것이죠.

학생 – "너 다해라." 그리고 집을 나간다는 것이죠?

선생님 – 그렇죠. 남자의 자격지심이라고 하는 것이 발동할 수 있는 조건에 해당하기 때문에 시기적으로 불안한 시기를 만나면 그럴 수 있는 것이죠.

학생 – 여자가 덕이 없는 시기로 가면 그렇다는 것이죠?

선생님 – 그렇죠. 그런 식으로 가는 것이죠.

학생 – 저번에 방송에서 이슈가 되었던 것인데 어떤 여자가 남자 세 명을 독살시킨 사건이 있었지 않습니까?

선생님 – 그렇죠. 밖으로 째는 것이 아니고 안으로 넣어서 파괴시키는 작용이니까 그래서 "엿 먹어라." 하지 않습니까?

학생 – 그것이 대운일 때와 세운일 때와 어느 것이 더 강하게 작용을 하는 것입니까?

선생님 – 대운은 지속성이라고 보면 됩니다. 대운은 지속적이다. 그래서 그 지속성 때문에 오히려 破를 지나오면 그 사람의 인격이 묘하게 바뀝니다.
破를 겪었다는 것은 고문을 가하는데 밖으로는 흔적을 남기지 않고 고문을 가하는 능력입니다.

학생 – 대운이 破일 때입니까?

선생님 – 그렇죠. 대운이 破일 때입니다. 자기와 중요한 기물과 破가 되어 있을 때 그럴 때인데, 그것이 지금은 기억하실지 모르겠지만, 옛날에 도시락 안에 계란후라이와 여러 가지를 넣어서 도시락을 흔들면 안에 것이 뒤섞이지 않습니까? 여학생들도 그랬는지 모르겠네요.

흔들어서 안이 변성해서 섞어서 써먹는 힘이니까 그것이 지속이 되면 그것이 능력이 됩니다. 팔자 안에 破가 있는 사람도 보통 사람이 보기에는 약간씩 사차원적인 면이 있는 것이죠. 저 친구는 겉은 멀쩡한데 왜 저러느냐? 이것이 속에 破작용이 있어서 그렇다는 것입니다.

학생 – 경찰이 범인 심문을 할 때와 비슷합니까?

선생님 – 심문하는 것과 마찬가지입니다. 그래서 경찰, 기자 이런 쪽에 破의 작용이 많다는 것입니다.

학생 – 그 破 작용이 干支 地支별로 구분을 할 때 강약은 없습니까? 무조건 破면 똑같은 형태가 됩니까?

선생님 – 일단 작용이 있는데 강하냐, 약하냐? 하는 것은 대운이냐, 명이냐, 세운이냐? 이런 것을 봐야 되는 것이죠. 그것은 운의 단위를 봐야 되는 것이죠.

명은 평생 그런 기운이 붙어 다니는 것이고, 대운은 긴 단위로 직업적인 영역, 자기가 살고 있는 동네의 속성 이렇게 보면 되는 것이고, 세운은 그 해에 일어나는 이벤트 이런 것을 보는 것이고 인연법에서는 破의 해가 올 때에도 연애사 이런 것들로 유도되는 것이죠.

"왜 남의 속을 뒤집어 놓으시나요?"

학생 – 그 破도 좌표상에서의 작용도 봐 주어야 됩니까? 강약의 차이가 있지 않습니까?

선생님 – 당연히 좌표상의 문제도 해석해 주어야 되는 것이죠. 年月에 있는 것이냐 아니냐? 따라서 다 차이를 두는 것이죠.

학생 – 年月에 있는 것이 가장 강한 것입니까?

선생님 – 그것은 어렸을 때 많이 본 것을 의미하는 것입니다. 그래서 총칼 잘 쓰는 동네에 태어난 놈은 즉 어제인가 SNS에 올라와 있던데 병정놀이를 많이 한 놈은 자기가 그것을 능력으로 쓴다는 것입니다. 그렇게 생각을 하면 됩니다.

 害

害는 아까 살짝 언급이 되었지만 고독성을 유도하는 것이지 않습니까? 오히려 운에서 싱글일 때 害가 오면 도리어 짝을 지우려고 하는 에너지 형성을 시킵니다. 그래서 그럴 때도 이성을 찾는 동작이나 행위가 활발하여진다 이렇게 보면 됩니다.

학생 – 흠가 아까 여자 분에 대해서 예를 들었는데 남자도 똑같은 원리입니까?

선생님 – 당연하죠. 남자는 안 외롭습니까? 남자라고 하는 것은 벌어져 있는 것이지 않습니까? 陰이라고 하는 것이 모아져 있는 것이니까 陽이라고 하는 것은 고독성이 태생적으로 더 많이 깔리는 것입니다. 그래서 앞의 논리대로 그대로 쓰시면 됩니다.

空亡

空亡은 말 그대로 채우면 이루어질 것 같은 동작이 발생하는데, 그것이 이제 인연법에서도 空亡자 있었죠? 아까 丙寅일주가 여러 가지 다른 인자들의 간섭 속에서 아까 3그룹에 있는 午戌亥 이런 것에 있어서 六合, 空亡 이런 것을 더 따르는 작용이 발생하는 것이 바로 空亡의 견인력이라고 보면 되거든요.

그것이 나쁘다는 개념은 아닙니다. 유년에서 空亡이 발생할 때에도 사람은 자꾸 채워 넣으려고 하는 동작이 있는데 空亡의 무늬가 있는 통에다가 자꾸 담으려고 한다는 것입니다. 그래서 空亡의 해에도 인연의 논리가 잘 발생을 한다고 보면 됩니다.

空亡이 짝이 되면 잘 살아요. 空亡이 짝이 되었다는 것은 무엇이냐 하면 내가 채운 듯한 착시 효과를 가지게 되는 것입니다. 팔자 내에 어떤 인자가 空亡이라고 합시다.

時	日	月	年	坤命
庚	庚	壬	庚	
辰	寅	午	戌	

庚	辛	壬	癸	甲	乙	大運
辰	巳	午	未	申	酉	
59	49	39	29	19	9	

예를 들어서 이 여인이 丙戌월이 아니라 壬午월이라고 한다면 이것은 표준에 가까워져 버리기는 하지만 壬午가 空亡이지 않습니까? 午생 남자를 만나면 "아무리 생각해도 내가 午生을 채워야지!" 이것으로 간다는 것입니다. 인연을 공고히 하는 작용으로서 空亡도 굉장히 의미가 있다는 것입니다.

1-6. 인연의 배척과 기준

배척과 기준이라고 하는 것은 이렇게 무엇인가 相冲을 해소해 준다고 하더라도

時	日	月	年	坤命
庚	庚	丙	庚	
辰	寅	戌	戌	

庚	辛	壬	癸	甲	乙	大運
辰	巳	午	未	申	酉	
59	49	39	29	19	9	

앞의 명조에서 寅과 辰 사이에 卯가 拱挾되어 있죠? 이것을 부득불 正財로 채워서 씁니다. 拱挾의 논리가 있었죠? 그런데도 여자 팔자에서도 六親을 따지지 말고 卯가 후보자가 될 수 있거든요. 그런데도 卯가 나오면 方合을 하게 함으로써 方合을 가급적으로 회피하려고 하는 것이죠. 옆집에 살고 있거든요. 그

럼에도 卯를 회피하려고 하는 운동이 잘 발생한다고 보면 됩니다.

특히 인연배척의 기준에서 크게 작용을 하는 것이 주로 方合이 되는데 方合이라고 하는 것이, 안 그래도 우리 집 앞뜰에 풀밭이 가득한데 뒤뜰에 또 풀이 있어서 나를 빠져나가지 못하게 하는 界에 갇히게 하는 효과가 생기거든요.

六親같은 경우에는 羊刃같은 경우에 淫慾으로서 인연이 올 수 있지만 酉 자체는 아무리 봐도 저 인간이 돈이 될 것 같다, 안 될 것 같다? 안 될 것 같다고 하는 것이죠.

그다음에 天干의 劫財 辛, "저놈하고 나하고 비슷한 것 같은데 결정적일 때 이상하게 나하고 다투네." 이런 것을 유도하는 것입니다.

그다음에 官星의 入庫자가 무엇입니까? 丑, 天乙貴人이기는 한데 正官 入庫를 유도하죠. 그다음에 戌은 正財의 入庫자로 가지 않습니까? 그래서 이렇게 戌戌 酉 丑 辛 이런 것들이 오히려 배척하려고 하는 에너지가 발생하는 것이고 굳이 인연을 붙인다고 하면 악연법(惡緣法)에 속한다는 것입니다.

만약에 이 양반이 토끼띠를 만났다고 하면 토끼하고 정리가 잘 됩니까, 안됩니까? 戌이 토끼를 껴안아 주지 않습니까? 戌戌이 토끼는 우리 친척이라고 하는 것입니다. 그러니까 항상 卯의 작동을 유도하는데 어떻게 하다가 빌어먹을 이 동네에 이사를 와서 이런 효과를 만들기 때문에 ㄱ 六親이 財星판이라고 해도 본인이 갇혀서 살아야 되는 틀을 만들어 버리는 것입니다.

학생 – 地支가 寅卯辰戌인 사람이 있는데요. 토끼띠와 결혼을 했거든요. 그러면 갇혀서 사는 것입니까?

선생님 – 원래 方合이 있지 않습니까?

학생 – 있는 사람은 괜찮습니까?

선생님 – 원래 方合이 있는 사람은 이런 것과 같습니다. 서부개척시대에 말을 타고 금광을 캐기 위해서 서부에 정착했습니다. 캠프생활을 하겠죠? 그리고 금광을 캐든지 서부로 이동을 해야 하지 않습니까? 가도 가도 끝이 없이 펼쳐진 초원에서 짝을 어떻게 찾는다는 것입니까? 그냥 거기서 찾는다는 것입니다.
 그것이 界에 갇힌 것 아닙니까? 그래서 가도 가도 먹을 것이라고는 버팔로 소밖에 없고 뜯을 것은 풀밖에 없고 그래서 잘 산다는 것은 아니지만, 그냥 열심히 살죠.

학생 – 해결책은 없습니까?

선생님 – 해결책은 이것을 벗어나는 큰 판의 변화가 대운에서 申 지나고 유지나고 戌을 지나야 '寅 목초지를 도시로 바꾸었다.', '卯 도시도 금광으로 바꾸었다.' 그리고 辰까지 다 바꾸고 난 뒤라야 해결이 되는 것이죠.

학생 – 세운에서는 이사하고 움직이게 되고 이런 것들입니다. 자기 활동무대나 주거 이런 것을 옮기게 되는 것인데 戌에 이르러야 方合 이런 것들은 맨 끝에 가야 되는 것이죠.

학생 – 배우자가 죽나요, 바뀌나요?

선생님 – 배우자가 죽는다는 것이 아니고요. 적어도 그런 틀에 매여 살지 않도록 寅卯辰을 다 제쳐 와야 되는 것이죠. 다 제쳤을 때 떨어져 사는 방법이 나오든지 내가 아이들 때문에 아이들을 데리고 외국에 가서 같이 이들을 돌보든지 그런 식의 큰 환경변화가 생기는 것이죠.

학생 – 조금 전에 庚寅일주가 天干의 辛이나 地支의 丑자를 회피해야 되는데 만약에 辛丑생 띠를 만나거나 辛丑일주 日干을 피하는 것이 좋은데 年干과 日干은 똑같이 작용하나요?

선생님 – 일은 괜찮습니다. 좌표법을 또 설명해 드리는데 년은 무엇입니까?

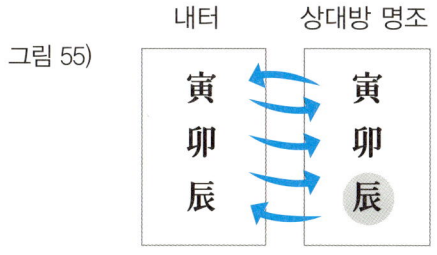

그림 55)

내가 가지고 있는 큰 터의 흙을 상대방에게 퍼주고 상대방의 흙을 퍼와서 농사의 호환성을 만드는데 寅卯가 산성이라고 합시다. 옆집의 辰을 채우면 전부 다 산성 그렇죠?

날과 날은 집과 집 정도의 기운적인 호환성이기 때문에 그 작용이 상대적으로 굉장히 작다고 보면 됩니다. 그래서 상대에게서 기운을 받아 올 때 제일 많이 퍼오는 것이 상대방이 가진 바탕적 에너지를 퍼서 쓰는 것입니다.

날과 날은 상대적으로 그 작용이 매우 작다는 것입니다. 날과 날은 주로 관계성으로 잘 가져다 씁니다. 정신적인 관계성, 그 사람과의 사회적인 추구성 이런 것에 영향을 주었다 이렇게 보시면 됩니다. 그런데 그것까지 다 맞추려고 하면 진짜 어렵습니다.

그러니까 그것까지 다 맞추려고 하니까 어느 분은 김양만 믿는다는 것입니다. 좋다는 사람 찾고 찾다가 결국은 김양으로 가더라는 것입니다.

'인연의 배척기준'은 약간은 악연법이 되는 것이죠. 배척하는 기준에서 羊刃이라든지 중요한 기물의 入庫, 方合의 형성 이런 것들은 배척기준에 들어간다고 보시면 됩니다.

1-7. 부득불인연론

부득불인연론도 아까 설명한 財星이 없는 경우, 官星이 없는 경우 등 순서가 있었죠? 그것이 다 부득이 할 때는 부득이 차선으로 최선을 삼는다는 논리로서 연결된다는 것입니다.

뒤에 부득불 인연이나 사주구성을 할 때 예를 들어서 無財의 남자와 無官의 여자 이것을 설명해 드렸죠? 이것이 '짚신짝'이라고 하는 것입니다. 짚신도 짝이 있다는 것입니다. 그래서 짚신짝을 머릿속에 새겨두세요.

이런 경우는 둘이서 성혼을 하라고 하거든요. 물론 그래도 불량한 경우가 많습니다. 그런데 이 친구 아니고 누구하고 하겠습니까? 이것이 '짚신짝론'입니다.

그래서 이렇게 부득불 인연 요소가 명조의 형태에 따라서 주어질 수 있다고 보고 우리가 최선이나 표준을 따르기는 하지만 실제의 많은 실관에서 100명 중에 92~93명은 다 약간씩은 훼손되어 있고, 훼손의 정도가 심하냐, 덜하냐? 차이만 있다고 생각하시면 됩니다.

그리고 아주 표준적이고 좋은 100명 중에 7~8명은 물어보러 오지 않는다는 것입니다. 정말 괜찮은 것을 보면 시원하게 금방 답을 줄 것인데 그런 사람은 물어보러 오지를 않습니다.

그런 여러 가지 구도를 여러분이 이해해 두시고 조금 쉬었다가 하도록 하겠습니다.

2) 인연법 이론과 기준들

확장버전 이렇게 생각하시면 됩니다. 아까 명조의 구성상 논리적인 적용의 편차나 순위를 조금 염두에 두실 필요가 있다고 했죠.

2-1. 록(祿) 인연

춘하추동 신사주학에서 설명되었습니다. 아까 샘플도 기억이 나시죠? 명이 身弱하면 祿을 인연으로 삼는데 명이 약간 身旺한 모양도 祿이 자기 자신의 존재를 이 세상에 구현시키는 인자이기 때문에 배우자 인연으로서 강하게 유도되게 되고 그런 띠의 인연을 추구하게 된다고 일단 이해를 하시면 될 것입니다.

祿의 進神 退神의 개념보다는 祿의 계절을 이용하는 것도 있습니다.

時	日	月	年	命
己	癸			
未	巳	午	午	

祿의 계절이 뭐냐하면 이런 것입니다. 이런 경우에 癸水가 제일 우선적으로 짝을 삼으려고 하는 것은 子生인데 子의 작용을 원활하게 하지 못하게 하는 자 午午 두 개가 깔려 있죠?

이런 경우에 보통 亥生이나 丑生으로서 대응시키는 작용이 있습니다. 그런데 이것은 進神 退神 개념이 아니고 계절적인 작용이라고 보면 됩니다.

時	日	月	年	命
	壬			
午	辰	巳	巳	

亥가 祿이 되는 것은 壬일주에 이런 식으로 놓여 있다면 亥가 우선하여 짝이 되지 않습니까? 戌을 쓰는 것이 아니고, 물론 戌도 논리에 들어갑니다.

戌은 壬辰의 自庫를 開庫한다는 논리로 쓰는데 子나 丑을 견인해서 쓰는 것을 말하는 것입니다. 그러니까 祿과 무리 짓는 계절, 五行的으로 水에 속하는 계절에 있는 것을 견인해서 오는 것이죠.

그래서 이런 경우에 亥가 기본적으로 우선순위에 해당하지만, 亥의 작용이 원활하지 못할 때는 子나 丑으로 대용해서 쓰는 이런 원리로 넘어간다고 보시면 되니까 일단은 祿이 기준이고 祿의 계절을 차 순위로 쓴다 이렇게 보면 됩니다.

2-2. 투간(透干), 투지(透支), 투간 록(祿) 인연

時	日	月	年	坤命
癸	庚	丁		
未	申	酉	未	

이런 식으로 干支 구성이 되어 있을 때 丁이 땅에 내려오면 무엇이 됩니까? 여자일 경우에 丁이 官星이 되는데 官星의 모양의 祿을 그대로 취해 오는 것, 그다음에 透干된 모양 그대로를 干支를 그대로 가지고 오는 것 그리고 그다음에 상기 명조에서 丁이 없다고 하더라도 午生이라고 한다면 午를 그대로 官星으로 취해 오는 것이 있습니다.

여기서 透干이라고 하는 것은 드러났다는 의미의 透干, 透支 이런 의미가 되니까 天干에 있는 것 이런 개념보다는 '드러났다.', 干으로 드러났든지 支로 드러났든지 그것을 그대로 취해오는 것이 이 경우는 보통 인연법의 표준에서 더 많이 쓰이겠죠? 드러나 있으니 그것을 우선하여 짝으로 삼는다고 보면 되죠.

干支결합이 있는 경우에는 干支결합이 있는 모양도 취해서 쓴다고 보면 됩니다. 상기와 같은 모양일 때 午를 우선하여 透干 祿을 쓰고, 丁酉를 두 번째로 쓰죠. 酉가 걸려들겠죠? 가장 간단하고 보편적인 기준입니다.

학생 – 앞에서 설명한 巳生 巳月 壬辰일주의 경우가?

선생님 – 巳生 巳月 壬辰일주 남자일 경우에 亥 祿을 쓰는데 巳巳가 亥 祿을 허용하지 않는 모양이 되죠? 이런 경우에 하는 수 없이 子나 丑을 끌어다 쓰는 것이죠. 그리고 子는 日支 三合도 걸려들죠?

이렇게 다른 것을 피해서 劫財를 쓰고 있지 않습니까? 劫財가 좋은 인연법보다는 악연법에 가깝다고 했지 않습니까? 그것이 무엇이냐 하면 마누라를 만나서 평생 손재수가 들기는 하는데 결혼생활이라고 하는 자체가 평생 손재수일 수 있습니다.

　부득불하지만 그것을 끌어다 쓴다고 이해를 하시면 됩니다. 보통 이렇게 祿을 주면 대체로 祿에 해당하는 인연이나 祿을 돕는 계절적인 기운을 따르는 경우에는 대체로 수명을 늘려주는 효과가 생긴다고 보면 됩니다. 쥐띠 여인을 만나서 평생 손재수를 겪었으나 수명은 그 여인 때문에 늘어나더라는 것입니다.

　학생 – 그런데 손재수도 정도가 있는 것이지 그럴 정도면 수명이 짧아지는 것 아닙니까?

　선생님 – 그래서 '나는 자연인이다.' 하는 것이 탄생하지 않습니까?

　학생 – 저기서 巳 偏財를 쓰면 안 됩니까?

　선생님 – 巳생 巳월 壬辰일주 남자가 午시가 되면 혼잡으로 가버리지 않습니까? 혼잡하고 혼잡보다 더 중요한 개념은 '명이 身弱하고' 인데 무엇을 祿으로?

　『祿을 우선하여 짝으로 삼는다. 그런데 祿을 끌어다 쓰기에 방해물이 있으니 祿을 돕거나 祿의 기능을 해주는 계절에서 끌고 오다.』하는 이것이 표준 방식에서 약간 변형된 방식이라는 것입니다.

　학생 – 偏財가 인연이 전혀 안 됩니까?

선생님 – 偏財는 내 호주머니에 넣을 수가 없는 것입니다. 일시적으로 마주칩니다. 마주치기는 마주치는데 이럴 때는 貴人論에 가서 貴人論의 변형이 무엇이냐 하면 陽貴 陰貴를 채우는 차라리 卯를 쓴다는 것입니다. 이 내용은 다음 수업에 나올 것입니다.

학생 – 巳巳가 貴人 아닙니까?

선생님 – 巳巳도 貴人인데 드러난 貴人보다는 새 貴人을 원한다는 것입니다. 그래서 신부(新婦)할 때 신자는 무슨 新자입니까? 새로 만난 여인이 신부이고 신랑(新郞)은 새로 만난 사내라는 것입니다. 사내 郞자이지 않습니까? 신사는 고급을 좋아하고 새것을 좋아한다는 것입니다. 그러한 원리에 걸립니다.

巳巳를 그대로 쓰기에는 자기가 辰에도 入墓하는데 巳에 이르면 絕地에 들어갑니다. 내가 힘을 씁니까, 못 씁니까? '그대 앞에만 서면 나는 왜 작아지는가?'

학생 – 본인이 正財를 얻으면 생명에 영향을 받습니까?

선생님 – 당연하죠. 그 반대편에 있는 인자가 무엇입니까? 수명을 늘려 주는 것이죠. 祿의 기능을 돕는 자, 여기서 수명을 늘려 주는 작용을 하는 것이죠.

2-3. 三合 : 三合중 이자(二字) 출현,
　　　　年支, 日支, 時支 三合 因緣

時	日	月	年	命
	癸			
	卯	未		

　예를 들어서 이런 구성인자가 있을 때 기본적으로 무엇을 견인해 옵니까? 방해자가 없으면 亥를 일단 끌고 오는 것이 1등에 준하는 것입니다.

　亥도 六親상으로는 劫財죠? 劫財이지만 卯未의 불안정성 즉 합이라고 하는 것은 그릇을 만들어서 무엇을 채워서 이루게 하는 것인데, 그것을 나머지 부분을 때워주는 것인데 이렇게 三合을 채우는 자는 꼭 배우자가 아니라도 가족구성원이라도 잘 나타납니다.

　가족 구성원으로서 자식으로 오거나 또는 부모나 형제 사이에도 이런 구성원이 발생함으로써 항상 亥와 같은 띠의 관계성을 유지할 때 食神의 안정성을 유도해 준다고 보면 됩니다.

時	日	月	年	命
	癸			
未	卯			

일시에 상기처럼 놓여 있으면 견인력이 조금 더 강해집니다. 癸卯가 가정, 안방이라면 未는 창문입니다. 창문, 도로, 대문입니다.

時	日	月	年	命
壬	癸			
子	卯			

각각 따로 놓여 있을 때 子가 끌고 들어오는 申과 辰, 卯가 끌고 들어오는 亥와 未 이런 것들이 다른 글자의 간섭에 따라서 강약 차이는 생기지만 일단은 일시인연이 됩니다. 날과 시에 있는 것은 인연을 오랫동안 끌고 간다는 것입니다.

왜냐하면 돼지와 양이 안방에 열쇠를 들고 있다는 뜻입니다. 그래서 내 안방의 문을 열고 들어올 수 있는 열쇠가 있는 사람은 기본적으로 그 관계성이 오래간다는 것입니다.

그다음에 時를 여러분이 잘 볼 필요가 있습니다. 時에 있는 인연이라고 하는 것은 늦게 갈수록 그 가치와 역할이 강화된다는 뜻도 되고 그다음에 싸움과 갈등이 왔을 때 "나는 너와 도저히 못 살겠다."하고 나갔는데 "메롱! 메롱! 나는 밖에 있는데…." 대문밖에 까지 따라 나오는 연인이 또 짝이 時에 있는 것과 어우러져 있는 경우입니다. 이런 경우에는 피곤해도 오래 간다는 것입니다.

학생 – 대문 밖에서 만나는 사람도 있지 않습니까?

선생님 — 그것도 포함됩니다. 명조의 구성이 불량하냐, 불량하지 않으냐? 따라서 다른데 時가 창문, 도로, 대문 밖이라고 하지 않았습니까?

대문 밖에서 마주쳐 있는 그런 사람도 時에서 주로 六親的으로 財星이나 官星이 될 때, 이럴 때 상대, 즉 밖에서 뻐꾸기를 띄우는 이성이 되는 것이죠. 그렇게 함으로써 그 관계성이 오래 간다고 생각을 하시면 됩니다.

그런데 쥐가 원숭이를 만났다는 것은 대문 밖의 원숭이를 만나도 우리 마누라와 비슷해서 내가 어떻게 잘 지내봤는데 별 차이가 없더라는 것이죠. 된장찌개 맛도 비슷하고 역할과 기능 면에서 차이가 작음으로써 관계성을 유지하게 된다는 것입니다.

원래 짝으로 되어 있는 사람이 조금 더 차지하게 되는 것이죠. 그래서 도망을 가더라도 따라 나온다고 이렇게 일단 정리를 하시라는 것입니다. 그런데 팔자 안에 무엇이 있으면서 대문 밖에도 있다고 합시다.

時	日	月	年	命
庚	辛			
寅	卯	亥		

예를 들어서 이렇게 되었을 때, 財星의 출현이 곳곳에서 이루어질 수 있는 경우에 안방에는 주로 무엇이 작동하고 있습니까? 偏財가 작동을 하고 대문 밖에는 正財이면서 貴人이지 않습니까?

그런데 하필 어떤 놈이(庚) 에워싸고 있으니 이것은 유부(有

婦)라는 것입니다. 즉 짝이 있는 여자라는 것입니다. 그래서 대문 밖에만 나가면 연락이 되는 것입니다.

그런 작용이 오는데 만약에 寅생 부인을 만났으면 즉 寅생 부인이 日支에 들어오면 무엇이 됩니까? 偏財역할을 하려고 합니다. 그런데 도망을 가려고 하면 또다시 잡으려고 나오는 것입니다.

그런 식의 작용이 유도되는 것이 시에 있는 것과 시에서 三合을 짓는 인자가 그런 작용을 한다고 보면 됩니다.

학생 – 그런 경우에 만약에 인연으로 많이 오게 되잖아요? 그러면 관계를 유지하라고 해야 됩니까?

선생님 – 그래서 목차 중에 달아 놓았을 것 같은데 적어 놓지는 않았네요. 이것은 가치관 문제가 들어가는 것이죠. 그것을 상담할 때는 '부득이성'이 있느냐 없느냐 하는 것을 볼 필요가 있는 것이죠.

부득이성이 사회적인 가치관과 무엇이 맞물리느냐 하면 예를 들어서 남자의 팔자에 官星이 잘 드러나지 못했다가 시에 혼잡이 드러난 것이 있습니다.

命

時	日	月	年
丁	辛		
酉	卯	亥	

예를 들어서 辛卯일주 같은 경우에 丁酉시 이런 것이 드러난

것입니다. 이런 사람이 부인을 통해서 자식을 얻지 못한 경우에는 옛날에는 대문 밖에서 외방 자식을 두었거든요.

요즘은 잘 두지는 않습니다. 시는 말 그대로 담장 밖 또는 사회 그런 공간을 의미하기 때문에 그 사회와의 여러 가지 관계성에서 조절될 수 있다는 뜻이 있습니다. 그래서 어느 것이 좋으냐고 물으면 사실은 곤란한 것이죠.

좋다 나쁘다는 개념보다는 부득이하다. 부득이한데 관계성을 오래 유지하고 말고는 일단 당신의 선택에 달려 있다는 뜻인데 운에서 관계를 끌고 나가는 운들이 열려 있으면 이것이 보통 5년~10년 단위로도 갑니다. 길면 보통 17~18년씩 갑니다.

학생 – 무슨 대운에 그렇습니까?

선생님 – 그것이 양상따라 다른데, 본인이 남자 기준으로 財星이 심하게 훼손되지 않는 그런 운이 주욱 이어져 나간다든지, 그다음에 팔자에 있는 기물이 喜氣論的으로 굉장히 반갑다. 이런 논리에 걸려 있을 때에 보통 20년씩 이렇게도 갑니다. 더 가는 사람도 있기는 했습니다.

조경업을 하는 75세의 제가 아는 분이 있는데 이분이 물론 조경업을 해서 돈도 많이 벌었습니다. 지금도 충분히 갖추고 사시는 분인데 작년인가 재작년에 저하고 밥을 먹으면서 75년 동안 자기가 잘한 일 뭐가 있을까 곰곰이 고민하다가 생각을 해보니까, 옛날에 己亥생 여인이 30대 중반에 가정적으로 풍파를 겪고 나왔을 때 자기가 조건을 걸지 않고 많이 도와주었다고 합니다.

　나이 차이는 있지만, 오빠가 된 것이죠. 그래서 그 양반이 경제적으로 자립도 하게 되고 두 사람이 애인처럼 잘 지냈는데 본인도 나이가 들었을 것 아닙니까? 본인이 60대 중반이 되고 부인이 60대 초반이 되니까 부인이 부부생활을 할 수 없는 컨디션으로 바뀌지 않습니까?

　이분이 자기도 늙어 가니까 자기도 그런 욕망이 없어졌다고 생각을 했는데 계속 몸이 그것을 원하는 것입니다. 그래서 자기가 70대 중반까지 아직도 건강하니까 己亥생 여인을 한 번씩 만나는 것이죠.

　己亥생도 이제 60이 되지 않습니까? 그럼에도 불구하고 근 20년이 다 되어 가는 것이죠. 20년 동안 잘 지내오고 있는데 평생에 잘한 일이 그 일 외에는 없는 것 같다는 것입니다.

　사업도 잘될 때 있고 안 될 때 있고 다 겪어 봤고 아이들 키운다고 애도 써봤고 자기 나름대로 무엇을 이루어 보려고 해 봤다는 것이죠.

時	日	月	年	乾命
己	辛	戊	甲	
亥	卯	辰	申	

　그 양반이 이런 패턴입니다. 甲申생에 이런 모양에 안방에는 偏財가 그리고 時에는 亥중의 甲木이 있는데, 亥 중의 甲木이 辛에게는 예쁘장한 正財가 되는 것이지 않습니까?

　甲은 辛을 약간 귀찮아합니다. 그럼에도 불구하고 己亥가 바지를 입고 있지 않습니까? 그래서 己亥생 여인하고 앞으로 이 대로 계속 가도 되겠느냐? 己亥생 여자 분은 싱글입니다. 그래서 서로 만나도 도덕적으로 미안함은 없는데 남자분이 부인에게는 당연히 미안하겠죠. 그런데 부인은 그것이 안 된다고 하니까 어쩔 수 없는 것이죠. 그런데 이분이 조경업을 하는 분이 되어 놓으니까 힘이 좋은 것 같습니다. 산에 가서 매일 삽질을 하고 이렇게 지내는 것이죠.

그것이 상기의 이런 패턴입니다. 時에 있다는 것은 씨앗이 조금 빨리 뿌려졌다고 하더라도 길게 이어져 나간다는 것입니다. 지금도 이분과 안부 전화는 하기는 하는데 상기의 명조에서 그것이 亥의 인연을 길게 이어가게 하는 힘이 되는 것이죠.

그것이 뒷부분 목차에 나올 것입니다. '2-21' 목차에 보면 '2-21. 日, 時 인연 장구(長久)원리' 라고 되어 있습니다. 일과 시에 있는 것으로서 짝이 된 것은 그 인연이 오랫동안 이어져 나간다.

이것은 인연법이라고 하지 않고 장구(長久)한 원리를 써 놓은 것이지 않습니까? 그래서 태어난 날과 時, 時에서 짝을 지어서 三合인자이든지 글자 그 자체이든 짝으로서 구성되면 오래 간다고 이렇게 기본적으로 보시라는 것입니다.

학생 – 아까 선생님이 예를 드실 때 時에 庚寅이 들어가고 일이 辛酉일주가 되는 팔자는 어떤가요?

時	日	月	年	乾命
庚	辛		甲	
寅	酉	辰	申	

선생님 – 寅과 酉가 元嗔이지 않습니까? 元嗔과 동시에 여러 가지 복합적인 작용이 발생하는데 이런 경우에는 꼴이 온전하지 않다. 이것을 가지고 元嗔의 해석을 시작하라고 했지 않습니까?

꼴이 온전하지 않다는 말은 "야! 너희 둘이 정식 부부맞나?" 이런 식의 조건이나 컨디션을 만드는 것입니다.

학생 – 寅이 월에 있으면 어떻게 됩니까?

時	日	月	年	命
	辛	庚		
	酉	寅		

선생님 – 寅이 월에 있으면 일단 한 번 갔다가 오는 것이죠. 이런 모양은 元嗔일 경우에 '꼴이 온전하지 않다.' 이것부터 시작하라니까요. 10분의 8~9밖에 채워지지 않은 모양이 되죠. 그래서 둘이서 떨어져서 왔다 갔다 하는 삶을 살든지 아니면 한 쪽 사람이 무엇인가 몸이 부실해서 관계가 원활하지 못하든지 한다는 것이죠.

학생 – 한집에 살면서 초반에 아이를 낳고 가 버리든지 그렇다는 것이죠?

선생님 – 그러니까, 그것이 10분의 8이지 않습니까? 각방을 살든지 하고, 그것을 元嗔을 살 달래주는 놈이 辰생이나 亥생 이런 것들이 있으면 "내가 너 때문에 산다. 너 때문에…." 이렇게 하면서 견디는 것이에요.

학생 – 그러면 그때는 元嗔만 해석을 해주고 辛酉일주의 日支 酉 比肩은 어떻게 해석을 해주는 것입니까?

선생님 – 寅이 酉라고 하는 항아리에 담긴다고 생각을 해 보세요. 그러면 胎地가 되잖아요. 어리광을 부리는 놈 외에는 안 된다는 것이잖아요. 어리광을 부린다는 말은 자기 역할을 못 한다는 뜻이잖아요. 그래서 푼수 같은 여인이면 오히려 사이가 좋습니다.

저런 모양에 다른 인자도 안정되지 못했을 때는 두 가지 대안을 두죠. 조선 시대 마누라 같은 여자를 찾으면 좋은데 현대에서는 그런 일은 없을 것이고, 저 멀리 거창군 산청면 골짜기에서 정말로 문명적 혜택도 없이 옛날식 교육을 받아서 산 사람이라는 것이죠. 정말로 그래서 쓰는 말이 촌을 비하하는 말은 아니고 '촌닭'이라는 것이죠. 그렇게 촌닭과 같은 여인과 결혼을 하든지 아니면 해외에 물 건너가 있는 여인이라든지 이런 것을 구하는 것이죠.

寅과 酉 사이에 물이 들어가면 어떻게 됩니까? 어느 정도 金

의 기운이 조금 꺾이고 木의 기운이 살아나지 않습니까? 그래서 해외에 있는 여인을 데리고 와서 살면 그나마 굴곡이 적다는 것입니다. 그것도 10분의 8이기 때문에 그렇습니다.

학생 – 그런데 庚寅이면 강하지 않겠어요? 촌닭이 오겠습니까?

선생님 – 그러니까 '어쩔 수 없는 차선으로'라는 이야기입니다. 어느 정도 만족도를 가지고 짝을 이루어서 살려면 촌에서 몸뚱이 하나밖에 없는 촌닭 여인을 데려오든지 아니면 해외에서 건너온 여인을 구하라는 것입니다.

時	日	月	年	命
	辛	庚		
	酉	寅	丑	

이 사람이 年支에 丑이 있다면 寅을 끌고 오기 어렵지 않습니까? 寅을 끌고 오기 어려우니까 巳生을 부득이 취하는 것, 이런 것들이 年支日支 그렇죠? 三合을 구성해서 일단은 그릇을 갖추어주는 것이죠.

물론 상기 명조는 寅이 중간에 끼어있어서 그렇기는 한데 巳酉丑도 元嗔을 당하면 그릇의 한 부분이 약간 덜 생긴 모양이 되고 이렇게 합니다.

그런데 어찌 되었든 三合을 채워주는 것은 배우자가 되든 자식이 되든 여러 가지 모양을 갖게 해주는 인자가 된다. 이렇게 정리를 하면 됩니다.

2-4. 空亡 인연

명 내에 空亡이 있으면 空亡이 된 그 띠를 짝으로 취한다.

時	日	月	年	命
辛	庚			
酉	寅	丑		

이 경우는 辛酉일주에서 보아 丑이 空亡이 되지 않습니까? 丑생을 그대로 만나서 짝을 취하는 원리가 空亡을 그대로 짝으로 취해 버리는 것입니다.

월 空亡, 년 空亡, 시 空亡 거기에 있는 것을 그대로 짝으로 쓴다는 것입니다. 만족감은 흡족하지는 않는데 그래도 무엇인가 채운 것 같은 뿌듯함을 가지고 절대 채워지지는 않는데 "내가 채워야지, 내가 채워야지." 하면서 챙기게 되는 것이죠.

空亡인연은 춘하추동 신사주학에는 없는 인연이죠.

2-5. 開庫 인연 : 자고(自庫), 자묘(自墓), 재고(財庫), 관고(官庫)에 대한 개고(開庫)인연

地支의 성분을 보는 것이 왜 필요하냐면 開庫 인연 같은 경우에 명을 구성하고 있는 인자가 예를 들어서 이렇습니다.

時	日	月	年	命
	辛			
丑	酉	辰	辰	

 이런 경우에 첫 번째 자고자(自庫者)인데 辰辰같은 경우 地藏干의 구성으로 볼 때는 거의 自墓의 모양이죠. 세력을 가장 잃어버리는 글자가 되지 않습니까? 반대편의 인자가 戌이 되는데 이 戌로서 짝을 지우는 것.
 그다음에 財星의 入庫者는 戌과 未에서 財星의 入庫者가 발생을 하니까 이 모양에서는 없죠?
 상기의 명조가 여자라고 하면 官이 丑에 入庫하는 작용이 발생하죠. 偏官이라도 열어주는 未가 오면 未를 짝으로 삼는데 즉 丁 남편이 丑에 잡혀 들어가 있는 자리를 열어주는 작용이 있는 인자를 우선하여 씁니다. 官에 관한 開庫가 되겠죠?
 入庫와 入墓의 차이를 따져볼 필요가 있다고 밑에다가 해 놓았는데 入庫와 入墓는 앞에서 한번 정리를 했죠? 저렇게 마주치는 모양일 때 開庫者를 쓴다고 정리를 해 보시면 됩니다.

2-6. 拱挾인연

時	日	月	年	乾命
己	丁			
酉	未			

그다음에 拱挾은 어차피 나와 있는데 拱挾의 형태는 나와 있는데, 형태에서 상기의 형태일 때 未와 酉의 사이에 있는 申 正財를 짝으로 삼는 것인데 계절을 한 칸 넘어갈 때도 拱挾작용이 그대로 있다고 보시고 申이 1번, 酉가 2번이겠죠? 그다음에 日支와 三合이 되는 亥생, 卯생이 3그룹이 됩니다.

2-7. 進神 退神 인연

進神 退神은 거듭하여 훈련해 봤으니까 잘 아시겠죠? 進神 退神의 그룹을 冲 하고 같이 그룹을 지어서 정리를 한번 해 볼까요? 연습을 한번 해 봅시다.

```
子 → 冲 → 午
巳        亥
卯        酉
丑        未
```

子午 冲일때 進神 退神이 巳亥로 세트를 이룬다고 했죠? 그다음에 따라 들어오는 것이 卯酉죠? 그다음에 丑하고 未하고 나머지 관전자들이 있죠. 사실 관전자들 여기도 미세한 리스크는 있습니다. 배우자 인연법에도 쓰고 유년에도 쓰고 하는 것이죠.

時	日	月	年	坤命
乙	壬	甲	丁	
巳	戌	辰	未	

辛	庚	己	戊	丁	丙	乙	大運
亥	戌	酉	申	未	午	巳	
63	53	43	33	23	13	3	

배우자 인연법을 설명하는 것이 아니고 冲合작용을 정리해 드리는 차원입니다. 올해 戊戌년이 오면서 戊戌이 辰에 대해서 相冲작용을 일으킵니다.

작년에 무엇이 있었습니까? 丁酉작용이죠? 丁酉년에 進神 退神이 한번 만들어져서 辰戌 冲이 한번 안정이 되지 않습니까? 안정되고 다시 빠져나오는 이런 때에도 운의 흐름에 따라 다르지만 좋은 변화성이 생기는 것이죠.

戊戌년의 戌이 올해 어떤 작용을 합니까? 天殺이죠? 그리고 월을 冲하죠? 그다음에 여러 가지 神殺도 있지만 六親에 의한 偏官 偏官도 있죠.

제가 3~4년 전에 이야기하기를 2018년에 반드시 부동산 변동을 통하여 발전과 보상이 동반한다고 했는데 작년 연말에 부동산을 사서 불과 2달 만에 6천만 원을 번 것입니다. 올해 2월 달에 팔았습니다. 오늘 와서 막 자랑하고 갔습니다.

이분도 역학 공부를 해서 문자나 술어를 이해하는 것입니다. 酉가 冲을 달래는 正印이지 않습니까? 冲을 달래는 正印이 오니까 밀착되게 갈려서(맷돌) 들어오는 印星작용이 있는 것이죠.

물론 壬辰이 立秋라고 하는 큰 주기성 속에서 丁酉가 무엇이 됩니까? 處暑 白露가 되는 것이죠. 白露에 무엇인가 모양새가 나오기 시작을 하는 기운이 들어오는데 작년 하반기에 문서를 잡아서 올해 봄에 가만히 있는데도 자꾸 팔라고 해서 불과 2달 사이에 6천만 원을 벌은 것이죠.

이 작용 冲合이 변해나갈 때 순식간에 만들어지고 변성되어지는 과정이 발생한다는 것입니다. 다시 뒤에는 어떤 작용이 옵니까? 辰戌 冲 때문에 팔았지 않습니까?

戌의 궁극적인 작용 속에는 偏財를 入庫시키는 작용, 偏財를 入庫시키면서 天殺 즉 부동산이나 문서에 관해서인데 그런 작용이 올 것이라고 했는데 벌써 이야기가 오고 가는 것이 무엇이냐 하면 언니가 음식 장사를 시작하려고 하는데 돈이 모자라니까 그 6천만 원을 좀 빌려주면 안 되겠나? 문서를 본인 앞으로 해 주겠다고 하는 것이죠. 그렇게 偏財 入庫작용이 생기면서 다시 天殺의 효과가 동시에 생기는데 할까요? 말까요? 물어보는데 "아마 하게 될걸!" 이렇게 하는 것이죠.

학생 – 어떻게 됩니까?

선생님 – 묶이죠. 만약에 이 양반이 대운이나 이런 것이 나쁘면 반드시 망한다고 하고 그다음에 戌 다음이 무엇입니까? 亥子丑에 묶이지 않습니까?

학생 – 天殺에 부동산과 교육은 된다고 하지 않았습니까?

선생님 – 변동이라고 했죠. 대운이 天殺일 때에는 '성공한다.' 이런 것이 아니고 그런 것을 활용하여 성과를 낼 수 있다는 것입니다. 세운에서는 부동산을 사고팔 일이 생기는 것입니다.

그래서 天殺 대운 같을 때에 부동산에 관련된 것을 운용하거나 교육적인 일에 가담하면 그것은 성과를 낼 수 있다는 뜻이죠.

상기의 예는 한 해의 운에 와 있는 것이지 않습니까? 年에 와 있는 것이니까 부동산에 관한 변동으로 가는 것이죠. 冲合이 왔다 갔다 하면서 이루어지는 현상을 보시라는 것이죠.

時	日	月	年	坤命	辛	庚	己	戊	丁	丙	乙	大運
乙	壬	甲	丁		亥	戌	酉	申	未	午	巳	
巳	戌	辰	未		63	53	43	33	23	13	3	

올해 戊戌년에 辰戌 冲이 거듭하여 발생해 있는 것 아닙니까? 그러면 이때 발생하는 인연법이 卯생, 酉생 그렇죠? 그리고 丑생, 未생 이죠?

예를 들어 卯생이 부동산에 관한 거래, 다리 이런 것을 놓아주는 것입니다. 써먹는 논리를 아시겠죠?

卯생이 올해 부동산 거래를 중간다리를 놓아주어서 팔게 되었다. 그다음에 戊戌이 冲에 의해 동요시키는 辰은 부동산을 사가는 사람이나 인자로 해석하는데 세밀하게 우선순위를 매겨보면 辰생의 역할이 발생하지요. 辰생의 입장에서 보면 올해 戌年을 만났으니까 또 부동산 변동을 만나는 것이지요.

그림표)

子午	丑未	寅申	卯酉	辰戌	巳亥
巳亥	寅(申)	未卯	辰戌(申)	卯酉	午子
卯酉	戌辰	巳亥	子午	丑未	寅申

申 ↗

　그다음에 丑未에서는 寅이 進神 그리고 이론적으로는 未다음의 申이 進神이 되어야 되는데 그렇죠? 寅申이 세트로 놀아야 되는데 申과 丑의 작용이 확률적인 부분이 있고, 그다음에 戌하고 辰하고가 되죠. 그다음에 子와 午가 이런 순서로 움직이게 되는 것이죠. 寅申은 丑과 未하고 그다음에 巳亥가 되죠.

　卯酉사이에는 辰과 戌, 子와 午 그리고 나머지 申이 되겠죠. 卯酉사이의 申도 辰戌의 자리에 올라가 있습니다. 申卯라는 것이 원래 六合자는 아니지만 乙庚작용을 일으킴으로써 강한 견인력을 가지고 있는 것이죠. 그런데 자체적으로 元嗔이지 않습니까?

　辰戌은 卯酉와 丑未 그다음에 巳亥에서는 午子, 寅申이 되죠. 인연법에서 冲의 출현이 저런 것이 잘 발생하고 그다음에 유년에서는 이런 띠가 온다고도 볼 수 있고 중매자가 상기의 그룹 속에서 움직여주는 그런 작용이 잘 발생한다고 보면 됩니다. 이제 잊어버리지는 않겠죠?

2-8. 日支인연

日支는 예를 들어서 辛酉일주가 酉生을 그대로 무엇으로 취합니까? 배우자로 삼는다는 것입니다. 六親이 무엇이든 상관없이 그렇다는 것이죠.

2-9. 時支인연

時	日	月	年	乾命
己	辛			
亥	酉			

時支도 아까 日支인연처럼 亥生을 그대로 취한다는 것입니다. 그런데 원래는 추구성이라고 하는 것은 三合字를 더 많이 추구합니다.

원래 드러난 모양보다는 모양과 다른 것이 어우러져서 새로운 것을 생성시키는 조건을 더 추구하기 때문에 時支 亥보다는 卯나 未를 더 추구하는데 그것은 아까 앞에서 三合인자로 설명이 되었고 그다음에 부득이할 때 時支 글자 자체를 취합니다.

상기의 명조 모양에서 時支의 글자 자체에서 亥 중의 甲木 正財가 있음으로써 충분히 가능한데, 亥와 酉가 隔角되어 있지 않습니까? 그래서 내가 안방으로 모셔오기가 불편한 그런 요소가 깔려 있는 것입니다. 늦게 만났다면 時支의 亥 인연을 안방에 두어도 손상됨이 별로 없다고 보시면 됩니다.

2-10. 二字 合緣

二字 合緣에 대해서는 모두들 잘 알고 계시지 않습니까?

時	日	月	年	乾命
癸	丙	丙		
巳	申	申		

이런 식의 干支구성에서 丙丙이 끌고 오는 것이 天干에 辛이 붙어 있는 인연 또는 地支에서 2개가 붙어 있는 申申이 끌고 오는 巳, 辰, 子 이런 것들이 合緣의 인자로서 작용한다는 것입니다.

2-11. 二字 冲緣

冲의 모양은 대체로 거류법(去留法)하고도 맞물리기도 하는데 표준적인 모양에는 잘 쓰지 않습니다.

위의 丙申生의 예는 대체로 표준적인 모양입니다. 財星이 드러나 있는 모양에서 巳를 그대로 취하는 것, 巳가 合緣法에 의해서 걸려 있지 않습니까? 巳를 취하느냐 아니면 다른 것(辛)을 취하느냐 했을 때 표준적인 모양일 때 주로 많이 씁니다.

時	日	月	年	乾命
辛	丙	丙		
酉	申	申		

예를 들어서 劫財가 2개나 에워싸고 있을 때 내가 이성을 취하려고만 하면 劫財의 작용 때문에 원활하지 못하지 않습니까? 그러니까 그것이 寅生이 되죠. 冲을 해서 劫財의 작용 또는 부실한 기물의 작용을 없애는 것이죠.

時	日	月	年	命
	辛	丁	丁	
	酉	未	未	

예를 들어서 이럴 때 年月이 劫財는 아니지만 어떤 작용을 일으킵니까? 正財의 入庫작용을 하죠? 正財의 入庫작용을 열어주는 것이 丑이 되겠죠? 이렇게 해서 二字를 冲해서 入庫작용을 되돌리는 인자를 짝으로 삼는 것이 冲에 의한 因緣입니다.

아주 일반적인 모양보다는 표준에서 약간 벗어난 모양이 되고 그다음에 二字 冲緣 중에서 이런 것도 있습니다.

時	日	月	年	命
丁	壬	辛	乙	
未	午	巳	巳	亥

예를 들어서 이런 모양에서 원래는 亥가 祿에 걸려버려서 그렇기는 한데 祿을 巳巳가 冲하는 인자가 되어 버리잖아요? 팔자에 財星이 혼잡이 되어 있을 경우에, 丁未시가 되어서 財星이 혼잡 되어 범벅되어 버렸다고 했을 때 巳巳 偏財를 冲을 하는 자로서 쓴다는 것이죠.

이것을 거류(去留)원리라고도 하는데 正財 偏財가 혼잡 되어 있을 때 偏財를 冲하여 正財만 남기는 것인데, 이때 亥가 祿이라서가 아니고 혼잡성을 표준으로 되돌려 주는 측면에서 돼지 亥자를 귀하게 여긴다. 하는 논리가 '두 글자를 冲해서 인연을 삼는 것' 이렇게 됩니다.

학생 – 年支만 그렇습니까? 日支는 안 됩니까?

선생님 – 일도 포함이 됩니다.

時	日	月	年	命
戊	癸	辛	乙	
午	巳	巳	巳	亥

이렇게 되면 午가 空亡이기는 하지만 正財가 거듭 있음으로써 하나를 결정을 못 하는 모양이죠. 그다음에 偏財가 있음으로써 결정하지 못하는 것 이럴 때 거듭하여 드러난 글자를 冲해서 "당신은 그냥 正財가 없다. 偏財하고 살아라!" 이런 식으로 하는 것이 거류(去留)원리인데 하나로 보낼 것은 보내고 챙길 것은 챙기고 이런 원리로 쓸 때입니다. 일시에 있는 것도 마찬가지입니다.

時	日	月	年	命
庚	辛			
寅	卯	卯		

이럴 때에 닭 酉자가 오면 偏財를 작동을 제대로 하지 못하도록 만들고 寅으로서 짝을 짓는데 寅의 작용을 하게 하기 위해서는 酉를 짝으로 삼는 것이죠. 이럴 때 酉生을 짝으로 삼는다는 이런 원리를 말합니다.

2-12. 貴人인연

貴人은 주로 天乙貴人을 주로 많이 쓰고 그다음에 文昌貴人이 되는데, 남녀공이 天乙貴人과 文昌을 제일 貴人格으로서 많이 쓴다는 뜻이 됩니다.

보통 天乙은 보통 하늘에서 보호막을 잘 쳐주고 계급장을 올려주는 이런 작용으로 쓰인다고 보면 됩니다. 그다음에 文昌은 주로 秀氣의 流行을 만들어 줍니다. 자기가 가지고 있는 기운이 가장 정상적인 패턴으로 순환적인 흐름을 만들어 줄 수 있는 통로 역할을 하여 주는 것이 文昌貴人으로 보면 됩니다. 天乙이나 文昌 이것을 貴人중에서는 가장 많이 활용해 쓰는 원리가 貴人이라고 보면 됩니다.

학생 - 天乙을 財나 官으로 취했을 때입니까?

선생님 - 아니요. 財官을 취하지 않아도 그렇습니다.

학생 - 天乙貴人을 제가 官이나 財로 취했을 때 어떤 면에서는 내가 모시고 살아야 되는 것 아닙니까?

선생님 – 그렇죠. 貴人이니까. 그런데 내가 최소한 보호막 역할을 받고 살아서 그 양반 때문에 내가 대우를 해주어야 되는 불편함은 있지만 내가 서 있는 공간을 보호해주고 시기에 따라서는 보통 수준에서 내가 접근해 보기 어려운 계급장이나 삶의 내용을 끌어 올려주는 이런 작용을 하는 것입니다.

학생 – 부모 자식으로 와도 그런 역할을 합니까?

선생님 – 부모 자식으로 와도 그런 역할을 합니다. 文昌은 말 그대로 자기가 가지고 있는 에너지를 가장 자연스럽게 순환적으로 기운을 소통시켜주는 그런 역할을 함으로서 '食神有氣면 勝財官이다.' 이런 말이 있지 않습니까? 文昌이라고 하는 것은 食神이 세력이 있으면 財官보다 우월하게 食神의 모양새를 지상에서 구현해 주는 것이죠. 그래서 '죽도록 사랑한다.' 이런 것들이 다 그런 것에서 나오는 것입니다. 자기 것을 다 주는 것인지도 모르고 가장 합리적인 또는 자연스러운 모양으로 자기 기운을 가져가는 것입니다.

학생 – 강의를 하시면서 天乙貴人하고 文昌은 계속 설명을 하시는데 다른 福星貴人이라든지 文曲貴人이나 太極貴人 이런 것은 전혀 설명을 해주시는 것이 없었습니다.

선생님 – 神殺學을 주로 다루는 책에는 부분적으로 되어 있는데 확실하게 그 神殺의 작용 때문이라고 하는 인과성을 연결해 보기에는 너무 다른 인자도 많은 것이에요.

그런데 이 神殺은 확실히 天乙貴人이 작동하는 힘이 가시적이라는 것입니다. 그것이 무슨 말이냐 하면 여러분이 실관을 해서 풀이를 할 때도 사실은 마찬가지입니다.

'一因一果' 이 말은 '운의 해석'을 공부해 보신 분은 아실 수 있는데 '一因一果', '多因一果', '一因多果', '多因多果', '相關關係' 이것을 여러분이 사주해석을 할 때에는 이 부분을 생각하실 필요가 있습니다.

이혼이라고 하는 하나의 결과가 있는데 거기에 貴人이 붙어서 '이혼했다.' 이것이 아니라는 것입니다. 羊刃 잡것이 붙고, 官星 入庫가 붙고, 劫財 분탈이 붙고, 陰 大運이 붙고 해서 '多因' 즉 여러 가지 원인이 붙어서 이혼이라고 하는 하나의 결과를 낳은 것이죠.

그다음에 一因多果는 六親상 偏官이 왔기 때문에 比劫을 치기도 하고, 나를 치기도 하고, 食神을 꺾기도 하는 이것은 一因多果이지 않습니까?

바람이 불었는데 간판이 흔들거리고 파도가 치고 하는 것이 바람이라고 하는 하나의 원인이 현상은 여러 가지를 만들어 내지 않습니까?

多因多果는 실타래처럼 복잡하기는 하지만 하나의 원인과 하나의 결과가 여러 가지 섞이는 것이 多因多果가 되는 것이죠.

相關關係는 바람이 불어서 간판이 흔들려서 간판이 떨어져 깨어지면서 그 옆의 나뭇가지를 찢고 그 나뭇가지가 쓰러지는 것이 여러 가지 화학적, 물리적 변성을 중간에 거치고 원인을 만든다는 것이죠. 이것은 相關關係이지 않습니까?

인생사가 다 그런 것입니다. 그 친구가 시험에 떨어지는 바람에 어쩌고저쩌고하면서 학교를 그만두고 어쩌고저쩌고하는 것이 一因多果라는 것이죠.

이 구조 속에서 그 사람이 묻는 질문이 어디에 걸려 있느냐? 그러면 우리가 因을 찾아야 되는데 神殺 그러면 貴人 인연도 종류가 많지 않습니까?

天廚貴人, 福星貴人, 天官貴人, 紅艷貴人 등 또 紅艷貴人은 貴人에 해당하기도 하고 殺에 해당하기도 하고 그렇죠? 아주 복잡하지 않습니까?

그중에서 因果性을 가릴 수 있는 또는 유의성이 있는 그런 것은 天乙貴人하고 文昌貴人은 확실히 작동하더라는 것입니다. 天廚貴人이라든지 이런 것도 있는데 저도 天廚貴人이 있습니다. 제 팔자에 좋은 것은 많은데 어떤 결과가 나왔을 때 이것이 天廚貴人의 작동인지 아니면 다른 것의 작동인지 이것을 구별하지 못하겠다는 것입니다.

학생 – 그것이 있어서 선생님 神殺강의 상편 하편 강의를 할 때에 전혀 설명이 없으시더라고요.

선생님 – 그래서 제가 설명을 드리지 않습니까?

학생 – 빼버려야 하지 않습니까?

선생님 – 빼면 안 되죠. 제가 한글을 창조한 세종대왕이 아니고 그런 神殺을 만든 창제자가 아니지 않습니까?

만들어준 문자와 술어를 통해서 사회과학적인 해석도 하고 과학적인 접근도 해 보는데 소위 유의성이라고 표현하지 않습니까? 조금 유니크unique하게 그것의 인자가 있을 때에 그것을 과학적인 영역에 넣어 주지 않습니까? 그래서 유의성이 약하므로 그것을 지나치게 강조를 해서 하나의 인자로서, 원인을 만들어내는 힘으로서 완전히 논리를 주기는 어렵다고 하는 것입니다.

그 부분을 연구 좀 해서 다음에 여기 있는 학우들을 위해서 "내가 보니까 天廚貴人이 최고더라!" 이런 식으로 天廚貴人을 10년 연구했다. "여기를 봐라! 다 天廚貴人이 있지 않으냐?" 라고 하는 적어도 사회과학적인 정리라든지 이런 것이 되면 되겠는데, 제가 그런 부분을 약간 염두에 두었지만 역시 天乙貴人과 文昌貴人은 유의성이 있을 정도로 작동한다는 것입니다.

그다음에 나머지는 일종의 프리미엄 정도로서 작동하지 않느냐? 하는 것이 제가 이때까지 정리해온 결론이라는 것입니다.

학생 – 그것이 대운에 와도 별 소용이 없는 것입니까?

선생님 – 그것이 사질구레한 貴人은 한계가 있다는 것입니다.

학생 – 天乙貴人 같은 경우에는 확연하게 드러나는데 文昌이 왔을 때 어떻게 작동이 됩니까?

선생님 – 文昌은 이런 것입니다.

時	日	月	年	坤命
甲	庚	己	丁	
申	申	酉	未	

이런 여인이 官星의 출현이 미약하고 또는 官星이 있다고 해도 상기와 같은 구성일 때 丁火 官이 내 것이 되려고 하면 엄청 머리가 아프겠죠? 내 것이 되려면 엄청 머리가 아픈 장면 아닙니까?

羊刃 허들도 뛰어넘어야 되고 比肩 허들(申申)들이 또 기다리고 있고, 내 것이라고 하고 끌어안았는데 벌써 다른 놈들과 SNS하고 있고 이런 데 이 양반이 "사랑은 믿을 것이 못 되는구나!" 하고 살다가 亥年이 오니까 즉 文昌이 오니까 팔자에 가지고 있는 秀氣라고 하는 것은 金의 기운이 강인하게 있는 것 아닙니까?

이 기운이 돼지 亥자를 보니까 流行하기 시작을 한다는 것입니다. 흐르기 시작을 한다는 것입니다.

申중의 壬水 인자가 내재적으로 인자가 있기는 하지만 이 壬水가 번식행위를 하려고 하는 행위를 말하는 것이지 않습니까? 그것이 드러나야 丁壬 合을 해서 남자하고 짝짝꿍이 되지 않습니까?

그런데 이 방해자들 때문에 안 하려고 하다가 돼지 亥자가 오니까 가려고 하는 것이죠.

"엄마! 나를 붙들지 마라, 내 길을 가련다." 보따리 싸서 나간다는 것이죠. "내가 어느 놈이라도 나를 사랑해주는 놈이 있으면 나는 갈란다."

이런 행위가 이런 모양에서 드러나는 것입니다.

물론 이것이 三合에 의한 궤도이탈 작용도 있다고 하지만 더 큰 작용은 팔자의 왕한 金이 水를 향해서 쫓아가는 것입니다. 그런 작용이 올 때 시집을 안 간다 지랄을 하던 친구가 시집을 가버리는 것이죠. 명에 있을 때는 평상시에도 나를 좋아하는 오빠야가 있으면 스텐바이 되어 작용을 하는 것이죠.

時	日	月	年	坤命
丁	庚	己	丁	
亥	申	酉	未	

명에 있다는 것은 상기와 같이 되어 있으면 자동으로 되어 있지 않습니까? 이런 경우는 평균보다 좋은 조건만 만들어져도 시집을 간다는 것입니다. 그러나 없는 경우 극단적인 경우를 봐야만 文昌貴人의 작용을 알 수 있지 않습니까?

時	日	月	年	坤命
甲	庚	己	丁	
申	申	酉	未	

이런 경우가 그런 예에 해당하는 경우가 됩니다.

질문 있습니까? 여러분이 여기 있는 논리만 잘 정리해도 됩니다. 공식이 3~4개만 겹쳐도 그것은 무조건 1~2위 순위 안에 들어가 버립니다. 해 보시면 공식의 중복이 발생하죠?

　공식의 중복이 많을수록 짝이 될 수 있는 에너지가 더 강하다고 보시면 되고 짝이 되어 오래갈 수 있는 조건 속에 있다고 보시면 됩니다.

　학생 – 시에 있는 글자를 그대로 배우자로 만나면 이혼을 할 상황이 되었는데도 잘 안 합니까?

　선생님 – 그렇죠. 나는 도망갈 것이라고 문을 열었는데 "밖에까지 나와 있네!" 하는 것이죠. 그래서 잡으러 온다는 논리로 생각하셔도 됩니다.

　학생 – 여자도 똑같은 원리로 보면 됩니까?

　선생님 – 그렇죠. 내가 시장 보러 갈 때 또 "저 인간이 마트에 또 와있네!" 하게 되는 것이죠.

　학생 – 空亡이 같은 사람들끼리도 인연이 됩니까?

　선생님 – 당연히 되죠. 空亡이라고 하는 것이 채우고 싶어하는 것이죠.

　학생 – 같은 旬중의 空亡이라도 그렇습니까?

　선생님 – 그렇죠. 그것도 택일원리에 보면 空亡의 旬중에 있는 사람끼리는 깊은 인연이 있다고 나옵니다.

학생 – 月支하고 年支로 봤을 때는 연상이나 나이가 많은 사람으로 보고 時支로 봤을 때는 연하로 보는데 그렇게 보십니까?

선생님 – 아니요. 그런 것이 아니고 남자가 보편적으로 만날 수 있는 범위를 6~7세 차이 정도까지 위의 연상으로 보고, 아래로 6~7세 정도에서 10살 정도까지 열어서 그 띠가 중복된 에너지가 많으면 그것을 가지고 1, 2, 3, 4 번 리스트를 매기죠.

학생 – 나이는 연상이다. 연하다 이런 개념은?

선생님 – 그것도 사실은 시대적인 환경하고 영향이 있는데 사실 17살 이런 것도 극복하고 하는 것을 보면 그것도 시대적인 틀과 맞물린 것 같은데, 지금 대충 나이를 넘나드는 것을 감안했을 때 위아래 10살 정도 안에 보시면 되고 똑같은 띠가 나오지 않습니까?
酉生, 酉生이라도 天干에 유리한 글자가 붙는 것 또는 合緣者가 있는 것이 조금 더 유리한데 그 合緣者라고 하는 것이 그곳에 가볍게 언급을 하고 있지만, 예를 들어서 三奇의 채움은 궁합에 조금 더 많이 쓰는데 상대방의 년간에서 채울 수도 있거든요.
예를 들어서 자기가 甲庚이 있지 않습니까? 그러면 아래로 戊申生이 있고 위로 올라가서 똑같은 申生이 있으면 丙申생이 되는데 이때 丙을 채우는 것이냐, 戊를 채우는 것이냐? 할 때 戊를 채우는 것이 甲戊庚 三奇를 채우는 작용으로 인해서 더 강하다는 것입니다. 甲戊庚을 이렇게 끌어다 채우지 않습니까?

이것은 궁합에 더 많이 쓰는데 이런 三奇의 채움이라든지 아니면 合者 즉 상기 명조에서 辛이 있다든지 하면 丙申의 丙을 끌고 오지 않습니까? 이런 것이 있을 때에 戊申과 丙申 중에 戊申이 더 우세하다고 봐주는 것입니다.

학생 – 三奇를 채울 때 나는 年月日時 아무 데나 있어도 되고 다른 사람도 아무 곳에나 있으면 됩니까?

선생님 – 그렇죠.

학생 – 상대방이 여러 개가 있어야 되요?

선생님 – 그런 것이 아니고 상대방이 월일시에 있어도 됩니다. 그것을 궁합에 쓴다는 것이죠. 그런데 기왕이면 년에서 채우고 있다면 이것을 끌고 오려고 하는 것이죠. 그래서 보통 위아래로 10살 정도 열어놓고 보시면 될 것 같습니다.

학생 – 進神 退神에서 卯酉가 왔을 때에 균형을 맞추는 자로 子午가 있고 두 글자가 통관하는 글자이기 때문에 쓴다고 하셨는데...

선생님 – 통관하는 자가 조금 더 우선한다는 것이죠.

학생 — 통관이라고 하는 것이 조금 더 설명이 필요합니다.

선생님 — 예를 들어서 辰戌이 冲을 할 때 올해 일어나는 현상이 辰戌 冲같은 것이 있겠죠? 그다음에 卯酉가 進神 退神인데 卯酉사이에 또는 辰戌사이에 이런 경우에는 통관자를 찾기가 참으로 어렵죠?

辰戌에서는 丑하고 未가 되는데 金(戌)하고 木(辰)하고 싸우는 것을 봐서 水氣를 안고 있는 丑이 조금 더 우세하다고 볼 수는 있지만 辰戌丑未의 속성상 丑이 무조건 앞선다고 하기에는 힘이 드는 것이죠.

卯酉 相冲이 있으면 이때 辰戌이 進神 退神이 되는데 子나 午가 올 때 이것이 뭐냐 하면 金(酉)생 水(子), 水(子)생 木(卯)이라고 하는 일반적이고 보편적인 五行에 통관요소가 子가 조금 더 강하다는 것입니다.

午는 물론 목(卯)생 火(午), 火(午)에서 金으로 넘어가는 것이 있기는 하지만 午중의 己土 작용이 필요하죠? 그래서 子하고 午가 있으면 子가 조금 더 우세한 것입니다.

학생 — 五行에서의 통관을 의미하는 것입니까?

선생님 — 그렇죠. 예를 들어서 寅申이 相冲을 해서 이런 모양이 나왔을 때 巳가 있고 亥가 있으면 亥가 金水木으로 이어지는 효과가 나오죠. 그래서 亥를 조금 더 우선해서 본다고 생각하시면 되죠.

학생 – 貴人의 작용에서 선생님이 감명하실 때 이것은 정말 貴人의 작용 때문이었다고 생각하는 것이 많습니까?

선생님 – 엄청나게 많아요. 貴人의 작용이 얼마나 강하냐고 하면 그분이 옛날에 조방 앞에 백○○ 도사님이 계셨습니다.

이분이 옛날에 제가 89년도에 당감동에 간판을 걸고 있을 때에 등산을 좋아해서 가다가 우연히 우리 사무실에 올라오신 것이죠. 이분이 보니까 새파란 놈이 앉아서 있으니까 이 친구가 무엇을 알까 싶어서 이리저리 테스트해 보시는 것이에요. 그래서 이리저리 이야기하다가 貴人 이야기가 나온 것이죠.

이분이 경험치를 말하는 것이죠. 대운이 貴人 대운으로 바뀌니까 어떤 작용이 오느냐? 이분은 팔자 내에 貴人이 없습니다. 참고로 저는 貴人이 있습니다. 뭐가 다르냐?

이분은 팔자 내에 貴人이 없는 분이 대운에서 貴人을 만난 것이에요. 貴人 대운이 들어오니까 손님의 격이 달라지더라는 것이죠.

옛날에는 찌질이 아줌마부터 해서 온갖 사람이 다 왔는데 기업사장들이 수시로 오더라는 것입니다. 자신이 공부를 유별나게 더 많이 해서 실력이 달라진 것도 아닌 것 같은데 "뭐지, 뭐지? 正官대운이라서 그런가?" 이런 식으로 六親으로 해석을 해 본 것이에요.

"이것이 貴人이구나!"

그래서 그분은 貴人의 작용을 그렇게 생각하신 것이죠.

명 내에 貴人이 있는 사람은 원래 귀격의 삶을 살았던 혈통이 남아 있는 것으로 보면 됩니다. 그래서 그런 사람은 조금 더

선순환적인 구조 속의 흐름에 들어가면 잘난 놈들이 자기에게 오는 것입니다. 그래서 제산 선생님 제자 중에 어느 한 분에게 제산 선생님이 무슨 이야기를 했습니까?

"자네는 아무리 공부를 해도 고급손님이 없어!"

왜냐하면, 명에서도 貴人이 없고 운에서도 貴人이 들어오지 않는다는 것입니다.

예를 들어서 丑대운과 未대운 같은 경우에는 丑대운 지나고 60년이 걸립니다. 제산 선생님은 참고로 時에 天乙貴人이 있습니다. 酉와 亥 天乙貴人의 중복이 있지 않습니까?

제산 선생님 명조

時	日	月	年	乾命	辛	壬	癸	甲	乙	丙	丁	大運
己	丁	戊	乙		巳	午	未	申	酉	戌	亥	
酉	卯	子	亥		63	53	43	33	23	13	3	

학생 – 시에 貴人이 있으면?

선생님 – 그것은 조금의 경중 차이는 둘 수 있겠죠? 경중 차이는 둘 수 있겠지만, 년에 있는 것은 온 마당에 귀격의 변화를 일으킬 수 있는 인자가 있다고 보는 것이고 시는 말 그대로 담장 밖이 되니까 말년에도 수시로 貴人에 해당하는 사람이 마주칠 수 있는 인자가 있는 것이죠. 그래서 명 내에 天乙貴人이 있어야 영업을 하든, 여러 가지 비즈니스를 하든 계급장이 높은 사람들, 사회적으로 유력한 사람들이 많이 마주친다고 보면 됩니다.

학생 – 天乙貴人이 冲을 하고 있잖아요?

선생님 – 天乙貴人은 冲을 불론한다. 神殺편에 나옵니다. 이것은 우주에서 보호막을 던져 놓은 것이기 때문에 속계의 사람들끼리 치고받고 하는 것과는 레벨 자체가 다른 것입니다.

학생 – 六親도 상관이 없습니까?

선생님 – 六親도 상관이 없습니다.

학생 – 貴人이 合을 만나는 것은 어떻습니까?

선생님 – 貴人은 合을 기뻐한다. 무리 지어서 다니는 것이니까 그렇습니다.

학생 – 혼자 자라거나 부모가 없어서 그런 경우가 있는데, 사주를 보다 보면 時를 모르는 사람이 많지 않습니까? 고객이 사업한다고 했을 때 時를 원했을 때 그것을 貴人을 잡아 주어도 됩니까?
時를 모르면 3등 인생밖에 안 되잖아요. 예를 들어서 그 사람에게 돈을 받고 時를 잡아줄 때 天乙貴人으로 잡아 주면 되는 것인지요?

선생님 – 天乙貴人날은 모든 것이 六親상 흉신이라고 하더라도 보호막이 깔려 있는 것입니다. 天乙貴人날 일을 벌이고 사람을 만나고 하는 것은 안좋은 기운이 침범하지 못하는 것이죠.

학생 – 時를 모르니까 앞으로 사주에 이 時를 쓰라고 하는 것 말입니다.

선생님 – 그것은 약간 천기 날조하는 것이 되는 것이죠.

학생 – 文昌貴人하고 天乙貴人에 대해서 적합성, 분명함을 말씀하셨는데 나머지 여타 다른 貴人들은 그러한 부분이 부족하지만, 원명에 그런 貴人들이 들어가 있으면 대체로 이롭게 작용을 합니까?

선생님 – 그렇죠. 부정적으로 쓰는 殺은 부정적인 해석을 해도 좋다는 것이죠.
유의성이 뚜렷한 것은 이런 것들이고 나머지 紅艶은 殺이라고도 하고 貴人이라고도 하는데 그것도 작동합니다. 유년에서 紅艶이 오면 상대방에게 예쁘게 보입니다. 桃花처럼 紅艶이라고 하는 것은 이렇게 근접해 있는 인자에게 예쁘게 보이게 하는 인자로 작용합니다.
神殺작용이 없는 것이 아닌데 단지 유의성을 두고 확실하게 챙겨야 되는 神殺중에서는 저런 神殺이 특히 인연법에서는 유의성이 있는 神殺이라고 보면 됩니다.

학생 – 天乙貴人은 훼손은 없다는 것입니까?

선생님 – 天乙貴人은 우주로부터 던져진 보호막 같은 것이라고 보시면 됩니다. 空亡도 안 맞습니다. 그만큼 天乙貴人이라는 것이 작동하는 힘이 강한 것입니다.

학생 – 戌은 天乙貴人이 없잖아요? 그러면 비참한 것입니까?

선생님 – 戌만 있는 사람은 없지만, 戌만 있는 것은 아니잖아요. 다른 곳에도 다른 곳에도 干支가 있고 하지 않습니까? 그런데 貴人이라고 해도 格을 잘 갖추고 운의 흐름이 좋은 사람만큼 삶의 내용이 좋은 것은 아니라는 것입니다.
"저 친구는 만석꾼 집안의 후손이었다." 이런 정도는 되는데 지금은 아니라고 하더라도 운이 올 때 역시 놀아도 호텔에서 놀고 이런 것이 생기더라는 것이죠.

학생 – 丙丁 일주가 戌이 있으면 酉가 힘이 있지 않습니까? 그러면 그 酉를 天乙貴人으로 쓸 수 있습니까?

선생님 – 그것은 안 됩니다. 정품이라야만 됩니다. 貴人은 정품레벨에만 적용됩니다. 그래서 그것을 끌어다가 쓰는 것은 가족이라든지 배우자라든지 하면 되는데 그래서 天乙貴人이 되는 배우자가 좋은 것 아닙니까?
자기 팔자에는 天乙貴人이 없는데 天乙貴人 짝을 만났다는 것이죠. 저 사람을 만나면서부터 이상하게 나의 레벨이 확 올라간다는 것이죠. 貴人이 붙어서 항상 작동해 주니까 그런 것이죠.

학생 – 자식은 명 내에 天乙貴人이 없는데 부모는 天乙貴人이 있으면 명 내에 있는 것만큼 쓸 수 있는 것인가요?

선생님 – 명 내에 있는 것만큼은 못하죠. 그런데 부모가 반드시 정신적으로 크게 혜택을 주든지 현실적으로 길을 열어주거나 다리를 놔주는 중요한 통로 작용을 합니다.

학생 – 내 팔자에 申子가 天乙貴人에 해당하는데 선생님께서 팔자에 申이 있으면 그것도 나에게 작용력을 줍니까?

선생님 – 어차피 申이 天乙貴人이니까 되죠. 상대방에게서 貴人의 씨앗을 가지고 올 수 있는데 그래도 제일 큰 단위는 년 단위. 자기 띠에서 주는 것 이것이 제일 큰 단위로 주는 것이 되죠. 日끼리도 약간씩 호환을 해 씁니다.

2-13. 去留원리 인연

'2-13. 去留 원리 인연'이라고 하는 것은 주로 남자 같으면 군비쟁재(群比爭財), 여자는 자매강강(姉妹剛强) 이렇게 표현하죠?

比劫이 많아서 財를 분탈하거나 아니면 官을 분탈하는 모양 하고 혼잡케이스가 있죠? 남자라면 財星이 될 것이고 여자라면 官星이 혼잡되어 있을 때 그 혼잡을 갈무리해주는 인자로서 짝으로 삼는다는 것이 원리입니다.

時	日	月	年
乙	庚	壬	庚
酉	申	午	申

坤命

예를 들어서 여자 팔자에서 이런 경우에 午 官星 하나를 놓고 比劫에 의해서 분탈을 해야 되는 이런 모양이 되어 있죠? 이런 경우에 午 하나를 내가 독차지 할 수 없지 않습니까?

독차지 할 수 없을 때에 比肩이나 劫財를 묶어주는 그런 인자로서 짝으로 삼는데, 보통 地支로 치면 두 글자를 동시에 묶을 수 있는 자가 辰과 巳 그렇죠? 辰과 巳가 기본적으로 묶어 줄 수 있는 작용이 발생하는 것이죠. 다른 여러 가지 원리나 논리와 같이 겹쳐있으면서 比肩 劫財를 작동하지 못하게 묶어주는 것이죠. 물론 天干에도 해당이 됩니다.

時	日	月	年
乙	庚	辛	庚(乙)
酉	申	巳	申

坤命

이럴 경우에 월간이 辛이면 연간이 庚이나 乙이 붙겠죠? 이럴 경우에 天干의 辛을 붙들어주는 즉, 天干에 丙이 있는 자로서 우선하여 짝으로 삼는다. 이런 것이 比肩 劫財가 갈무리 되지 못하고 있을 때입니다.

물론 저것도 去留의 의미를 크게 확장을 하면 冲을 해 버렸을 때가 되는데 이것은 進神 退神의 논리로 정리해 버렸죠? 이것도 사실은 일종의 去留法이지 않습니까?

卯酉 冲
붙들어 가는 자 – 辰

예를 들어서 卯酉가 있을 때 둘 다 안정하지 못하고 六親으로서 제대로 기능을 하지 못할 때 그때 한쪽을 붙들어 감으로써 붙들어 가는 글자를 짝으로 삼는다.

卯酉 冲이 동요성을 피할 수 없었는데 이상하게 용띠를 만나면 동요성이 진정이 된다는 것이죠. 그런 효과가 있는 것이고 그리고 상기의 명조의 예도 마찬가지죠.

하여간 괜찮은 남자가 있어서 어떻게 해 보려고 하니까 比肩 劫財가 전부 내 것이라고 하고 차지를 함으로써 쉽게 짝을 지을 수가 없지 않습니까? 짝을 지을 수 없는 그런 모양에 申申酉를 잡아 주는 辰巳가 들어올 때에 辰이나 巳를 짝으로 삼는 원리가 去留法이라는 것입니다.

時	日	月	年	乾命
	庚			
	寅	卯		

① 偏財 合去 ② 正財 合去

이런 식으로 財星이 혼잡이 되어 있을 경우에 원래 우선순위 첫 번째가 무엇입니까? 偏財가 낫습니까, 正財가 낫습니까? 어떤 분들은 "그것을 말이라고 하나? 둘 다 좋지."라고 하기도 합니다.

혼잡에서 偏財를 合去하는 자로서 일단 우선하여 삼고 그다음에 상기의 명조 같은 경우는 위치의 왜곡이 있죠? 안방에는 오히려 偏財가 작동하고 이럴 때 아예 正財가 떠나주면 되지 않습니까? 두 번째는 正財를 合去하는 자가 됩니다.

去留는 合만 있는 것이 아니고 冲도 됩니다. 이런 경우에 寅을 冲해버리는 申이 되고, 合을 함으로써 合去하는 것은 亥가 되겠죠? 그다음에 卯를 끌어가는 戌, 酉 이런 순서로 이제 인연법이 열려지는 것을 말하는 것입니다. 合去도 있고 冲去도 있다는 것이죠. 冲에 의해서 그 글자의 작용을 못 하게 해 버리는 것이죠.

여기에 있는 것의 확장판은 결국 부득불하게 결국은 짝을 짓는 것으로 해석을 하기 때문에 일반적인 논리 춘하추동 신사주학에 소개되어 있는 표준적인 인연법에 비해서는 결합도가 상당히 떨어진다고 이해를 하시면 됩니다.

학생 – 다른 곳에 金이 없습니다. 상기의 명조같이 되어 있는 경우에 庚이 亥를 만나면?

선생님 – 庚이 亥 文昌을 만나면 이 안에서도 순위가 조금 더 앞서죠.

학생 – 1, 2, 3등 중에 文昌이 있는 것입니까?

선생님 – 그렇죠. 亥가 짝이 될 수 있는 논리로서 하나의 지분을 가진다는 것이고 申은 祿이 되지 않습니까? 祿인연법으로서의 자기 인연의 지분을 가진다고 보시면 됩니다.

학생 – 卯월에 庚寅일주의 예는 祿이 조금 더 낫지 않습니까?

선생님 – 상기 명조의 다른 글자 따라서 간섭을 받겠죠. 제일 단순하게 구조화를 했을 때 祿이 들어와서 偏財 작동을 제대로 못 하도록 해 줄 때에 卯하고 안정을 취하게 되는 것이죠.
　그 여인은 무슨 치마? 원숭이 치마를 입고 오더라는 것입니다. 원숭이 치마를 입고 오니까 다른 여자를 잘 쳐다보지 않게 되더라는 것입니다. 그런데 원숭이 치마가 떠나면 또 "寅과 卯가 다 있네?" 하게 되는 것이죠.
　去留法의 원리도 일종의 부득이한 인연법 원리 속에 속한다고 보시면 되고 또 환경이 바뀌면 표준적인 결합에 비해서는 결합도가 떨어진다고 보면 되죠.
　合去나 沖去 이런 것들에 의해서 이루어짐으로써 만들어지는 것인데, 원리 속에 보면 群比爭財나 姉妹剛强이 비슷비슷합니다. 比劫을 꺾어서 해결하는 것과 혼잡에 合去나 沖去를 통해서 처리하는 것이죠.

時	日	月	年	**坤命**
	辛	庚		
	巳	申		

특히 샘플이 예쁜 것은 여자들 팔자에 상기와 같은 모양이 되어 있을 때에 申이 空亡을 맞았지만, 合에 의해서 풀려 있다고 보면 되고 이때에 申을 데려가는 것은 어차피 巳이니까 드러난 인자로서 日支로서의 자격을 가지고 있는 것이고, 庚 劫財를 잡아주는 乙이 붙는 것이 되는 것이죠.

時	日	月	年	**坤命**
	辛	丁		
	巳	亥		

혼잡이 되어 있는 경우 예를 들어서 이런 식으로 丁亥가 있는 경우에 丁을 묶어가는 壬子가 있는 경우 이런 것이 직업적으로 유의미하다고 해서 보면 고전책에서 格으로 나누어 놓은 책이 있습니다.

'合殺留官' 이런 말 들어 보셨습니까? '合殺留官하여 명조가 淸하여졌다, 맑아졌다.' 하여 淸濁을 나눌 때 官殺혼잡의 모양에서 合殺하여 留官 즉 官星하나만 남김으로써 좋아졌다 해서 格으로 취하고 있을 만큼 중하게 적어 놓았는데 여자의 팔자에서 보시면 되는데 요즘은 이것을 잘 안 지키더라는 것입니다.

여자들이 "殺이면 어떻노? 오카네(돈)만 많으면 되지!" 이럽니다. 적당하게 사랑도 주고 금전적 현실적 혜택도 주고 이런 것이 正官의 모양새라고 하면 偏官은 그렇지 않습니다. 偏官은 어느 한쪽으로 치우쳐서 별을 다 따줄 것같이 해 버리고 그러죠?

그런 시대적인 환경이나 가치관 때문에 "壬 이것이 1등인데…" 이러면 1등 안 하고 丁이 禄을 내리고 있는 午 이런 것을 만난다든지 한다는 것입니다.

午는 왜 지분이 있느냐 하면 午는 말로만 偏官이지 않습니까? 말로만 별을 따다 주는 놈이고 午는 별사탕을 가져다주지 않습니까? 그러면서도 계급장이 貴人이지 않습니까? 天乙貴人이니까 午生하고 살면서 "원래 인생이 그런 것 아니냐?" 하면서 사는 사람도 많더라는 것입니다.

옛날의 유교적인 질서론으로 본다면 壬이 이상적이기는 하는데 요즘은 그것이 딱 맞지는 않더라는 것입니다. 그러나 여러분이 이제 이상적인 조건을 가늠하는 기준으로서 일단 이 논리는 알아둘 필요가 있다는 것입니다. 去留法 아시겠죠?

2-14. 同志, 同氣 기운 유도 원리 인연

'2-14. 同志, 同氣 기운 유도 원리 인연'은 이런 것과 같습니다.

時	日	月	年	命
乙	庚			
酉	子	申	巳	

時	日	月	年	命
			庚	
			戌	

이런 모양이라고 할 때 同志라고 하는 것이 무엇이냐 하면 상대방이 년 天干에 있는 것을 그대로 당겨서, 즉 소위 同志라고 하는 것이 뜻이 같은 것 아닙니까? 소위 운동권 궁합과 비슷한 것입니다.

대체로 젊은 날에 자기 생각이나 삶의 방식이 비슷한 친구를 쫓아서 불러들이듯이 하는 그런 원리와 같은 것인데, 주로 天干 天干에 있는 것을 우선하고 그다음에 행위적인 면은 비슷한 것이 원숭이(申)가 되지 않습니까?

행위적인 면에서 庚의 입장에서 申이 사실은 祿도 되고 여러 가지 六親작용에서 食神 長生도 되죠. 내가 마음먹은 것을 자기가 행위 해 주는 것이지 않습니까?

그래서 '우리는 同志다.' 또는 비슷한 기질을 가지고 있는 인연으로 이렇게 쫓아서 우선적으로 比肩을 당겨쓰고 그다음에 두 번째는 劫財를 쓰는 것이죠. 이것은 상당히 많이 볼 수 있습니다.

어차피 결혼이라고 하는 것은 남자 입장과 여자 입장이 다르지만 한 번씩 굉장히 답답해하는 사람에게 어떤 표현을 해 주느냐 하면 '한 남자가 한 여인을 상대로 벌이는 평생 사기극이다.' 그런데 이런 말은 남자의 입장으로서 이야기했지만, 여인이 한 남자를 상대로 벌이는 사기극이기도 합니다. 사기의 끝은 무엇입니까? 나누어 먹기입니다.

"네 것 나 좀 주라!"

그래서 상대방에게 잘해주고 대응 잘해주고 궁극에는 나눈다는 것입니다. 그런데 알고 보면 지갑을 빼앗기는데도 나누어주는 부득이한 에너지가 이상하게도 싫지가 않다는 것입니다. 그럼에도 불구하고 그것이 기분이 나쁘지 않다는 것은 왜 그럴까요? 그런 기운 때문에 생각이 어울림으로 그렇죠.

그런 논리가 財星, 官星이 혼잡이 된 케이스에서도 볼 수가 있고 그다음에 官이 없거나 財가 없는 이런 사람들도 이런 同氣 또는 同志의 에너지를 쫓아서 짝을 많이 이루게 된다는 것입니다. 그러니까 제일 편하게, 만만하게 지내는 에너지 때문에 "좋다. 내 지갑 네 것이다." 이렇게 되는 것입니다. 그래서 그것이 저런 인연법 속에 있는 것이라는 겁니다.

어느 집에 부부간 갈등이 생겨서 여인이 가출한 것입니다. 딸이 걱정되어서 "아빠, 엄마가 집을 나간지가 5일이 되었는데 어떻게 하면 좋아요?" 하니까 "그냥 둬라! 그 여자 데려가는 놈은 평생 손재수 들은 것이다." 이랬답니다.

이런 것은 앞의 설명의 인자적인 작용이 깔려 있는 것이죠. 의외로 저런 것이 많이 있습니다. 자세히 관찰해 보면 의외로 저런 것이 많이 있습니다. 사실은 저런 것이 악연법의 리스트에도 들어가거든요. 인연법에도 들어가면서 악연법에도 들어간다는 것입니다. 악연도 인연이라는 것입니다.

학생 – 日干과 상대방의 띠를 대조하는 것입니까?

선생님 – 그렇죠. 상대방 띠에 내가 庚日干인데 庚戌을 보면 庚戌이라고 하는 여인이 이쪽과 저쪽을 겹치게 만든다고 했지 않습니까? 겹치는 부분에 庚일주가 "내 스타일이다." 이렇게 교감함으로써 결국은 금전적인 배분, 여러 가지 성취 면에서 나누는 효과가 발생하지만, 그것이 싫지가 않다는 것입니다.

2-15. 숙연(宿緣) 원리 인연

宿緣은 보통 年月日時를 볼 때에 年月에 있는 것을 일반적으로 우리가 宿緣으로 나누는데 특히 月支를 그대로 써버리는 것을 말합니다.

時	日	月	年	乾命
甲	己	戊	庚	
戌	卯	子	戌	

時	日	月	年	坤命
丁	壬	壬	壬	
未	辰	子	子	

두 사람은 짝입니다. 여자 팔자를 보면 똑같은 글자가 두 개 드러났으므로 우선 二字合緣이 들었죠? 二字合緣의 원리가 있고, 壬壬 두 개가 합하는 丁 그리고 子子 두 개가 合하는 申 그리고 辰과 子가 三合하는 申 이것이 기본적으로 따라오면 보통 丁未생이 되거나 시에 있는 시 三合이나 시 글자이니까 丁未生 남자 그렇죠? 丁未生남자가 강하게 유도되어 오죠?

去留法을 쓴다면 子 두 개를 묶어주는 丑 이런 순으로 가는데, '2-5. 開庫인연: 自庫…'의 원리가 무엇입니까? 自庫 辰 즉 辰을 열어주는 개띠가 왔죠.

그다음에 개띠 입장에서는 월의 子가 財星이기도 하고 오직 財星이 하나, 偏財 하나, 貴人, 宿緣 그렇죠? 그래서 쥐띠가 되는데 이 경우에는 日支 三合이 되는 돼지도 유자격이 되고 그렇죠?

그다음에 개 戌자가 견인하는 午나 寅도 유자격에 해당하는데 월에 있는 子를 그대로 썼죠. 물론 子와 戌 사이에 拱挾이 되어 있는 亥가 지분으로 의미가 있지만, 그냥 쥐 子를 그대로 써버린 것이죠.

그것이 바로 宿緣입니다. "나는 네가 제일 편하다." 이것입니다.

"옛날에 이상하게 너하고 살았던 것 같다. 알았던 것 같다. 가족이었던 것 같다."

그런 것이 바로 月支에 놓여 있는 인자라고 보면 되죠.

직업적으로 여자는 時가 空亡이죠? 옛날 책으로 보면 '늦게 관직에 올랐다.' 이렇게 官의 작용이 더디게 이루어지는 것으로 해석했는데 요즘은 子 羊刃 글자 자체를 취해서 라이선스 중심인데 치과입니다. 왜 치과일까요? 亥卯未와 무리를 짓지 않습니까? 시의 未에 인자가 드러나 있죠? 亥卯未가 무엇입니까? 건설입니다. 몸에서 건설하는데 무엇하고? 물(亥) 뿌려놓고 건설을 하는 것이죠.

돼지 亥자가 亡身이니까 그렇죠? 물 뿌려놓고 건설을 하는 것이 무엇이냐 하면 이빨입니다. 남자들은 실제로 건축으로 씁니다. 물론 未와 辰 사이에는 神殺작용이 있기는 하지만 여자들은 건축분야도 소수 있지만, 이쪽으로 많이 쓰게 되는 것이죠.

남자는 印星이 드러나지 못해서 그렇기는 한데 偏財 子를 쫓아서 가기에는 戌에 의해 隔角이 되어 있습니다. 그래서 卯와 刑을 이루어 기술회사 중심의 사회활동인데 뒷날에는 조직의 속성이 바뀌겠죠. 삼성전자에 있습니다.

나무 木(甲)자의 숫자가 무엇입니까? 3에 들어가 있는 것이죠. 卯戌이라고 하는 것이 다양한 능력, 기술 이런 것을 의미하는 것이니까 그렇죠.

일단 보이죠? 子를 취해 오는 것, 二字合緣에 開庫가 조금 더 작동하는 힘이 더 우선이라는 것이죠. 辰戌丑未의 성분이 있으면 무조건 辰戌丑未를 어떻게 건드리고 여느냐, 그것을 여러분이 항상 전제해 놓으셔야 합니다.

2-16. 調候 有情 인연

時	日	月	年	乾命
丁	壬	壬	壬	
未	辰	子	子	

이런 팔자가 만약에 남자라고 하면 이 경우에 丁火 財星이 시에 나가 있지 않습니까? 시가 空亡이 되어 있지 않습니까? 일반적인 인연법으로는 財星이 드러나 있는 글자 그대로 양(未)을 취해오거나 또는 財星의 祿을 취해오거나 하죠?

쥐 子자 두 개가 안정화시키는데 방해가 있어서 午는 우선순위에서 빠지고 이럴 때 보통 未生이 우선순위가 되는데 이 팔자에는 水가 굉장히 旺한데 旺者 喜洩의 속성을 가장 잘 실현시켜 주는 것이 壬水의 입장에서는 卯辰이 가장 調候상 강한 陰의 기운을 덜어내는 작용을 함으로써 토끼나 용을 짝으로 삼는 논리가 調候 有情이죠. 거기에다가 토끼는 또 무엇에 걸립니까? 貴人까지 걸리지 않습니까? 그러니까 토끼만 봤다고 하면 정신을 못 차리는 것이죠.

時	日	月	年
癸	癸	乙	壬
亥	亥	巳	子

乾命

이 경우도 드러난 형태로 하면 무엇입니까? 뱀띠, 宿緣, 正財, 天乙貴人이 되죠. 공식이 세 개가 중복이 되죠. 공식이 세 개인데 어느 띠하고 했을까요?

이것은 進神 退神도 걸려 있지 않습니까? 進神 退神에 子있고 午걸리고, 巳는 공식이 세 개가 걸리고 하는데 누구와 결혼을 하느냐 하면 乙卯生 하고 합니다.

이런 경우에 공식적인 논리들이 많이 걸리죠. 그런데 이 경우에는 두 가지 다 있죠. 調候 有情도 되고 通關之神도 되죠. 그래서 오직 "너만 보여!" 하는 것 있지 않습니까?

물론 子, 午, 巳 이런 띠들도 인연법으로서 마주쳐 봤겠죠? 마주쳐 봤는데 토끼를 만나니까 다른 생각이 싹 사라지더라는 것입니다. 그것이 調候 有情입니다.

학생 — 이해가 안 되는 것이 卯가 通關이 되는 인자라고 하셨잖아요? 그런데 通關이 되는 인자는 들어왔다가 酉가 오면 때려서 나가는 것 아닙니까?

선생님 — 그렇죠. 다 유통기한이 있죠. 저 사람이 乙卯生과 결혼을 했는데 이 양반 대운이 불안해지고 여자가 대운이 불안해 지니까 어떻게 하고 사느냐 하면 법적으로 정리를 해두고 한

집에 삽니다.

한집에 살면서 처한테 일종의 자녀 양육비를 주는 것이죠. 위자료는 이미 주었죠. 그렇게 정리를 할 때가 2008년 戊子년이 아니면 2009년 己丑년입니다.

그런 일이 생겨나는 이유는 무엇입니까? 亥子丑을 지나면서 배우자와의 갈등 심화가 있었겠죠? 戊子년의 子에 본인이 궤도수정을 구하는 기운이 들어오고 癸水가 丑을 보면 羊刃이 되죠?

칼을 빼서 끝내자하고 끝을 내려고 했는데 새끼들이 방긋방긋 하고 있는 것이죠. 그래서 절충을 한 방식이 애들 키우는 양육비는 주고 법적으로는 정리하고 사적인 영역은 서로 간섭을 안 하고 그렇게 해서 아무 문제 없이 잘살고 있습니다.

학생 – 그러면 저기서 亥가 두 개이지 않습니까? 저렇게 卯가 어차피 헤어질 것이면 寅亥 合에 의해서 寅生은 안 됩니까?

선생님 – 寅生은 기본적으로 子하고 기본적으로 隔角이지 않습니까? 그런대로 아쉬운 대로 通關도 되고, 冲도 進神 退神에 준해서 막아주고 괜찮기는 한데 이상하게 짝발이 짚어진다는 것입니다.

'토끼하고 비교하기 참 힘이 드는구나!' 토끼가 부리는 여러 가지 작용하고 비교를 하면 그렇죠? 이 여자 저 여자 만나고는 있겠죠.

왜 뱀띠를 배우자로 삼지 않았는가? 이런 것을 보실 수 있기 때문에 그렇고 그다음에 용은 토끼와 힘은 비슷합니다. 그런데

용이 들어오면 앉은 자리에 亥 元嗔이라고 하는 서로 "저 친구가 키만 컸으면, 딱 인데!" 이런 것 있지 않습니까? 용이 뭔가 하나가 부족해서 갈증을 느끼는 그런 작용이 발생해 버리는 것이죠.

2-17. 초(初) 대운 인연

지난 시간에 잠깐 언급을 해 드렸죠?

時	日	月	年	坤命
辛	壬	甲	丁	
丑	寅	辰	未	

辛	庚	己	戊	丁	丙	乙	大運
亥	戌	酉	申	未	午	巳	
69	59	49	39	29	19	9	

이런 경우도 배우자 인연법을 정하기가 애매하죠? 辰戌丑未가 있을 때에는 正官이 入庫를 어디에 합니까? 正官 己土가 丑에 入庫를 하고 있지 않습니까?

그다음에 壬 일주가 辰에 入庫를 하고 있고 그렇죠? 그런데 그것을 제대로 入庫도 못하도록 未와 丑이 툭툭 건드려 놓고 있죠? 그리고 食神 甲木이 未에 入庫하고 있죠.

년하고 시 이 정도는 入庫 작용이 있다고 보면 됩니다. 入庫 자체가 있다고 보면 되는데, 이런 모양에서 혼잡이 되어 있는 케이스이지 않습니까? 혼잡이 되어 있는데다가 甲辰월은 空亡에 들어가죠? 그리고 宿緣에 들어가죠. 月支로서 조금 더 운명적 지분으로 조금 더 가진다는 것입니다.

양띠의 출현, 日支의 三合이 되는 午나 戌의 유도인자, 日支로서의 寅生이나 午生 이런 것들도 발생을 하죠. 이렇게 해서 배우자 결정이 참으로 만만치 않은데 결국은 어느 띠가 되느냐 하면 결국은 甲辰生이 됩니다.

첫 대운에 대한 수업인데 샘플이 정확한 샘플이 아니네요. 예를 들어 첫 대운이 甲辰이 걸렸을 때 未띠(年)에서 +- 5 이내에 속한 내용인데 상기의 경우에 +-5 인자 이내이기는 한데 정확한 케이스는 아니네요. 자 그럼 학습 차원이니까 癸卯月이라고 합시다.

時	日	月	年	坤命	己	戊	丁	丙	乙	甲	大運
辛	壬	癸	丁		酉	申	未	午	巳	辰	
丑	子	卯	未								

(학습을 위해서 가상으로 만든 명조)

학생 – 전에는 상기 명조가 日支가 壬子日 이었습니다.

선생님 – 학습 차원이니까 상기의 명조가 있다고 보고 이런 모양이 될 때 첫 대운이 甲辰월이 걸리지 않습니까? 丁未(년)하고 +-5 사이, 甲辰을 짝으로 취해오는 첫 대운이 되는 것이죠.

학생 – 전에 공부했던 명조가 甲辰이었고…

선생님 – 지난번 샘플은 알겠는데 정확한 기준점을 학습하는 차원에서 이 명조를 가공으로 만들자고 하는 것이죠.

그러니까 丁未생 앞에 丙午생, 乙巳생, 甲辰생이 있지 않습니까? 甲辰생이 +-5안에 걸려 있지 않습니까? 상기의 명조라고 하면 이 첫 번째 대운의 甲辰을 그대로 짝으로 끌어다 쓰는 것이죠.

팔자에 정확하게 안정된 짝을 하나로 정확하게 정하기 어려울 때 첫 번째 대운을 관찰하고 그다음에 그 사람의 干支구성이 있지 않습니까?

이 논리에 맞아야 됩니다. 戊申생, 己酉생, 庚戌생, 辛亥생, 壬子생 까지 해서 天干 地支가 같아야 됩니다. 癸酉생은 안 된다는 말입니다. 己酉생만 된다는 것입니다. 丁未생으로부터 이어지는 놈 안에 있을 때 즉 대운의 첫째 글자가 그렇게 쓸 때 그렇다는 것입니다.

지난 시간에 말씀드렸지만 '오리엄마 효과' 있죠? 오리가 태어나서 둘러보니까 처음으로 만난 대운이 甲辰이지 않습니까?

甲辰이 아주 좋은 세상이라고 착각을 한다는 것입니다. 좋은 세상이 아니고 골병의 출발점인데 그것을 처음으로 자기가 생명의 조건으로 인식하게 되는데 년하고 년접(年接)되어 있는 범위 안에 있을 때 채택하여 쓴다고 보시면 됩니다. 일단 개념은 애해 되셨죠?

2-18. 通關인자 인연

時	日	月	年	乾命
癸	癸	乙	壬	
亥	亥	巳	子	

通關인자도 바로 이 샘플도 通關인자가 되죠.

時	日	月	年	命
丙	丙	壬	壬	
午	午	子	子	

예를 들어서 이 샘플은 극단적인 샘플이기는 하지만 子午 간에 進神 退神의 원리가 巳나 亥가 적용될 수 있지만, 중간에 通關자가 되는 범이나 토끼가 되죠.

학생 – 寅이나 申.

선생님 – 아니죠. 그것은 卯酉가 되는데 子午는 단순하게 寅生 즉 寅이 日支 合도 유도하지 않습니까? 그다음에 子하고 午 사이에 소통을 하는 卯, 그러니까 寅이나 卯를 끌어다 쓰는 원리가 通關이 되는 것이죠. 강한 기운끼리 서로 양보를 하지 못할 때 그것을 짝으로 삼는 것입니다.

2-19. 食傷 취용 인연

食傷 취용은 어떤 예에서 많이 볼 수 있느냐 하면 官星이나 財星이 거의 드러나 있지 않을 때 많이 취하는 것입니다.

時	日	月	年	坤命
乙	甲	己	辛	
丑	寅	亥	卯	

이런 구성에서 여자라고 치면 寅과 卯 比劫이 강하게 에워싸고 있고, 그다음에 偏印에 의해서 五行대세가 水와 木으로 쏠려 있지 않습니까? 辛이 하나 있기는 한데 辛이 세력이 약하지 않습니까?

세력이 약한 辛을 짝으로 취해 쓸 수가 없어서, 아까 去留法은 무엇이었습니까? 卯를 없애주는 것으로서 酉나 戌과 같은 것을 쓰는 것인데 상기의 명조는 기운의 편중성 때문에 오히려 丙丁巳午 이런 食傷을 그대로 취해오는데, 보통 이렇게 官이 없거나 힘이 없는 경우에 食傷을 짝을 지어서 이렇게 써버리는 원리를 말하는 것이죠.

상기의 명조는 丙丁巳午만 보면 숨통이 열리지 않습니까? 丙은 辛에게 붙들려가고 강하게 유도해 주는 것은 丁巳午인데 이 중에서 巳는 亥와 冲으로서 불안정성을 조장하는 인자가 있으니 午가 또 丁이 이 팔자의 食傷으로서 작용력이 활발하다고 볼 수 있게죠? 食傷이 결국은 무엇입니까? 이 팔자에서는 번식의 추구성을 제대로 열어주는 통로로서 丁과 午가 작용하게 되는 것이죠.

調候도 당연히 되죠. 調候원리에도 걸리고 또 旺者喜洩의 원리에도 걸리고 상기 명조 같은 경우에도 甲寅이 열렬하게 'ONLY YOU' 하면서 가죠.

판단할 때 제일 애매한 것이 보통 木火金水는 방향성이 뚜렷하게 연결성을 가지는데, 보통 火土 傷官格 이런 것이 조금 애매하게 食傷을 무조건 따르는 기운으로서는 다른 것에 비해서 상대적으로 조금 약합니다.

학생 – 土金 傷官은?

선생님 – 土金 傷官?

時	日	月	年	乾命
丙	戊	丙	丁	
辰	申	午	未	

申을 보면 土金 傷官(食神)이지 않습니까? 日支에 있는 申으로서 우선하여 짝으로 삼고 그다음에 子가 午를 보면 일종의 去留法에 들어가거든요. 午중에 있는 己土가 숨은 劫財로서 항상 활발하게 움직이기 때문에 午를 작동하기 어렵게 만드는 子, 그 다음에 子는 申과 辰과 어울려서 三合으로 맞물리기도 하지만 그다음은 돼지 亥자 이런 것들이 되는데 실제로는 만나기는 무슨 띠를 만났다고 합니까?

학생 – 申生을 만났습니다.

선생님 – 申生을 만나서 羊刃의 해로움이 발생을 했고 또는 辰 比劫이 申生을 수시로 자꾸 에워싸지 않습니까? 그렇죠? 土金 傷官은 그래도 비교적 잘 작동한다고 보면 됩니다.
  그런데 火土 傷官 즉 丙丁일주에 辰戌丑未를 쫓아가는 모양을 보면 다른 논리들이 확실하게 겹치지 않으면 그것을 쓰기가 애매하더라는 것입니다.
  子생, 亥생이 오히려 쓰기 쉬운데 子는 去留法 즉 子 이것이 日支 時支와 三合을 이루어주면서 羊刃의 작동을 방해하고 그 다음에 돼지 亥자는 未와 보통 '사회적인 合으로서'라는 뜻인데 물론 偏財로서 한계성은 있지만, 亥가 未 땅에다가 심어서 돼지 亥자 모양은 유지해 줄 수 있는 그런 모양이 되기 때문에 가능한 것이죠.

학생 – 午생은 어떻습니까?

선생님 – 午生은 애인으로 되는 것이죠. 이것이 '만나는 시기 헤어지는 시기'에 자주 나오는 淫慾殺이 됩니다. 그래서 午生은 午生 그 자체로서 淫慾殺로서 짝을 지을 수 있는 것이 되고 그 다음에 宿緣法으로서 짝을 맞출 수 있는 것이 되는데 역시 午의 羊刃작용과 午중의 己土 劫財작용이 더 많으니 짝이 되더라도 내가 희생적 국면을 많이 감당해야 되는 그런 인연관계가 되는 것이죠.
  지금 설명하는 이런 형태의 샘플이 많습니다. 戊申일주, 己

酉일주 이런 것이 그대로 土金 傷官을 유도함으로써 짝으로서 이어서 쓰는 것이죠.

이것이 食傷을 취용해서 쓰는 인연인데 저런 팔자가 여자 팔자일 때도 그나마 다른 인연에 비해서 안정적이라고 볼 수 있습니다.

만약에 이 팔자가 여자라고 하면 官星이 辰중에 하나 있고 未중에 乙이 하나 있죠? 이런 모양이 比劫에 의해서 내가 장악할 수 있는 모양이 안 되지 않습니까?

이런 경우에 다른 글자로서, 地支로서는 寅卯 밖에 없지 않습니까? 그런데 寅卯 空亡이죠. 또 寅生은 日支 相冲에 의해서 안정성이 떨어지게 되어 있고, 卯는 그나마 卯未로 무리 지어서 쓰기는 쓰는데 卯生을 만나면 卯生이 힘들어 죽습니다.

차라리 申生 남자가 오히려 들어와 버리면 글자 자체가 가지는 틀이 일종의 보호막작용을 해 버리거든요.

물론 申중의 壬水 官星은 어떻게 합니까? 자기가 주도하기 어려운 한계성을 가지고 있지만 申자체가 보호막 작용을 한다는 것입니다. 서로 별 갈등 없이 살고 있는 케이스일때 주로 '아기 같은 사람이다.'라는 표현을 하죠.

왜냐하면, 申이라고 하는 틀 속에 들어와 있는 乙이기 때문에 그것이 乙庚이지 않습니까? 껍질 속에 에워싸여져 아기 포대기 속에 숨겨져 아기처럼 있는 모양이 申이라는 틀 속에 乙이 앉아 있는 모양이라는 것이죠. 아니면 먼 곳 객지에 왔다 갔다 하는 경우 그다음에 또 하나는 申生남편하고 같이 동업 장사를 하는 경우입니다.

상기팔자에서는 주로 먹는 사업이 아니면 교육사업이겠죠?

자격증, 교육, 요식사업이겠죠? 거기에 "어이, 박 군!" 이러면 "알았다!" 하면서 밥상을 나르는 식이 되는 것이죠.

자기가 주도하고 남편이 거기에 따라붙는 모양의 비즈니스 이런 것을 하는 경우 그런 경우에는 두 사람이 극단적 갈등을 겪지는 않고 가정의 틀은 유지시킬 수 있다고 보는 것이죠.

학생 – 그럼 조금 벗어나서 만약에 저 戊申이 배우자하고 음식장사를 하게 되었어요. 그러면 申중의 壬水가 偏財잖아요. 그러면 두 사람이 같이 일하면 돈을 법니까?

선생님 – 돈은 벌어요. 財星을 숨겨놓지 않았습니까? 辰중에도 있지 않습니까? 이렇게 財星을 숨겨놓고 있다는 것은 살림살이나 재물의 관리에 대한 어떤 의지나 뜻이 강하다는 것입니다.

그래서 단단하게 살면서 서방님은 담뱃값 얼마, 커피값 얼마, 차비 얼마, 시장에서 장을 봐오는 교통비 얼마 주고 땡이라는 것입니다.

학생 – 상기 명조는 남자 아닙니까?

선생님 – 이분이 여자분이라면 자기 남편한테 그렇다는 것입니다. 그래서 살림을 야물게 산다는 것입니다. 남자 입장에서는 마누라가 살림을 야물게 살아서 돈도 버는데 뭐라고 할 것이 없지 않습니까? 그래서 그런 기운적인 역량, 모양새, 틀이 있지만 사는 것은 그렇게 해서 잘 산다는 것입니다.

학생 – 辛卯생 己亥월 甲寅일 乙丑시가 남자라면?

時	日	月	年	乾
乙	甲	己	辛	命
丑	寅	亥	卯	

선생님 – 이 팔자가 남자라고 하면 甲寅을 열어주는 것이 丙丁巳午 아닙니까?

학생 – 나이 차이가 많이 나는 丙午생이 온다면 丙辛 合 水가 되는데 그래도 丙午생이 올 수가 있습니까?

선생님 – 그렇죠. 地支에 있다는 것은 현상적이고 실제적인 것을 의미합니다. 그러니까 저 친구하고는 말은 잘 통하지 않는데, 사실 丙이 기본 고유작용이니까 말이 잘 안 통하는 것은 아니죠.
잘 안 통하는데 이상하게 잘해주고 싶고 그냥 기분이 좋은 것이에요. 그런 것이 바로 食傷 有情이 되어버려서 그런 것입니다.

2-20. 神殺요소 적용 인연 원리

申 巳 ○ ○ ⇔ 寅

巳와 申이 있는데 오히려 寅을 채워서 쓰는 이런 것입니다.

예를 들어서 辰戌이 冲할 때 卯酉를 進神 退神으로 쓰면서 반대로 끼어드는 놈들을 끌어다 쓴다고 했지 않습니까?

끌어오는 작용이 있어서 冲을 해소하는 것인데, 申 巳 ○ ○ 는 刑이 가해져 있지 않습니까?

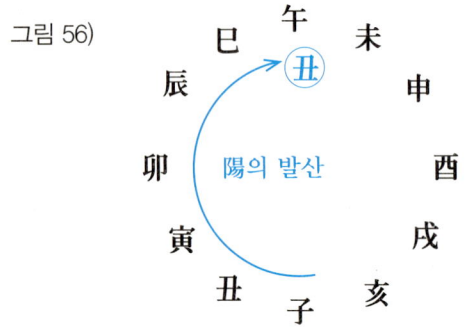

그림 56)

그림처럼 서로 크로스가 발생하지 않습니까? 이럴 때 오히려 이것을 균형을 잡아주기 위해서 즉 서부의 사나이들이 서로 싸우고 있을 때 寅이 와서 보안관 역할을 해 주는 것입니다.

寅이 申을 두드리면서 "야, 너 총집을 오른쪽으로 옮겨!" 이렇게 해서 교통정리를 해주는 인연으로서 오는 三刑을 오히려 채워주는 것이죠.

時	日	月	年	**命**
	丁		
申	巳		

丁일주라고 했을 경우에 복잡하지 않습니까? 남자 같으면 申이 正財이지 않습니까? 劫財(巳) 것이냐? 내 것이냐? 이렇게 할 때 "시끄럽다." 하면서 寅 엄마격의 사람이 나타나서 "야! 이렇게 저렇게 해라." 하니까 "범띠 보안관이 최고다."

이렇게 해서 여러 가지 神殺작용을 안정화시켜주는 것인데, 보통 戌未 같은 것도 刑이지만 丑과 未는 冲이면서 刑이죠? 冲과 刑을 막아주는 인자로서 戌을 끼워서 짝을 지어 쓰는 원리가 있습니다.

이것은 당연히 冲의 원리를 확장하면서 보여주었던 내용과도 맞물려 있지만, 이때 辰도 자기일 같고 戌도 자기 일 같은데 戌을 끌어 쓴다는 것입니다. 왜냐하면, 丑戌未 이 세 명이서 균형을 맞추어주는 작용을 일으키게 함으로써 三刑을 채우는 것이 됩니다.

그다음에 刑을 풀어주는 것 이런 것이 무엇이냐 하면, 예를 들어서 子卯 刑이 있을 때 이것은 둘이서만 刑을 하는 것이지 않습니까? 相刑殺이지 않습니까?

이럴 때 오히려 개 戌자가 나타나서 卯戌 合으로 刑을 해소해주는 작용력을 일으킬 때, 한쪽을 붙들어 잡아줄 때가 되는데 즉 서로 한 놈은 톱을 들고 한 놈은 칼을 들고 "내 팔 자를 테니 너도 다리 하나 잘라라!" 하는 장면에서 개 戌자가 "여보 갑시다." 이렇게 해 줌으로써 子卯 두 사람 사이의 刑의 부정적 작용을 완화 시켜버릴 때 쓰는 이런 것들이 소위 神殺 적용에 의해서 인연법이 굳혀지는 것입니다.

학생 – 그런데 저럴 경우는 三刑이 채워지잖아요? 그러면 만약에 丑이나 未가 日支에 들어왔다고 치면 三刑을 채울 때 상대방 배우자가 몸에 刑의 작용이 있는 것이라고 말을 할 수 있나요?

선생님 – 그것은 본인이 冲에 의한 문제점이나 刑에 의한 문제점이 있는 것이죠. 그것은 삼류 무당집에서 손님을 볼 때 刑이 있으면 이럽니다.

"너 눈에 안 보이는 곳에 흉이 있제?" 하고 만약에 년에 偏官이 있다면 "야, 너 어렸을 때 되게 심한 열병을 앓았든지 아니면 안면에 잘 안 보이는 곳에 흉진 낙상을 만났지?"

"예, 맞습니다."

그런데 그런 것이 실관을 할 때 손님이 "그래서요? 흉이 있는데 뭐 어땠어요?" 이렇게 되는 것입니다.

학생 – 배우자를 고를 때 몸에 흉이 있는 배우자를 고르면 선생님께서 무엇인가 삭감이 된다고 하셨잖아요.

선생님 – 그렇죠. 그것이 배우자 자리일 경우에 刑이 있든지 冲이 있으면 무엇인가 모양이 손상된 모양이 되는데 요즘은 저런 것이 남자가 있어도 여자들이 워낙 얼굴에 화장을 잘 입혀오기 때문에 실제로 땜을 많이 하더라는 것이죠.

옛날식으로 보면 처가 몸이 안 좋다. 포괄적으로 묶어서 설명하면서 흉이 있거나 부족함이 있거나 이렇게 된다고 하는데 "안 그런데요." 그래서 한 참 이야기를 하다 보니까 "아! 그게 성형수술도 해당이 됩니까? 우리 마누라 성형수술을 많이 했습니다." 하는 것이죠. 그것이 실제로 땜을 많이 합니다.

어찌 되었든 神殺 자체에 대한 의미는 당연히 적용하고 균형을 잡아 주는데 오히려 三刑을 채우거나 自刑을 안정을 시켜주는 인자로서 그것도 전부 다 사실은 '부득불 정배법(定配法)'이라고 하는 것이죠.

1등을 쉽게 정할 수 없어서 차선 내지는 차차선으로 부득불 定配한다는 것입니다.

定配라고 하니까 갑자기 생각이 나는데 定配 표현을 많이 한 책이 인연법에 관련해서 신수훈 선생님 책을 보면 있습니다. '진여비결'이라고 하는 그 책에 보면 46가지 정도의 이론들이 정리되어 있죠?

제가 가지고 있는 것은 70가지 정도가 있습니다. 안 걸리는 사람이 한 명도 없습니다. 다 걸립니다. 모든 띠가 결국은 다 걸리게 되는데 그중에서도 공식의 중복 이것이 앞장에서 했었고 그다음에 표준에 가까운 것을 우리가 우선순위로 매기면 반드시 3~4개 띠 안에 배우자 인연법이 걸리게 되어 있다는 것입니다.

그다음에 3~4개의 띠가 자기가 겪어 나가는 대운의 간섭에 의해서 부득이 3등을 취했다가 다시 2등을 취했다가 이렇게 하고, 1등을 만나는 경우는 극히 드물다고 보면 됩니다.

학생 – 신수훈 선생님의 책도 선생님은 인정하십니까?

선생님 – 인정을 하고 말고 할 것이 아니라 옛날 사람들이 定配논리 즉 定配가 정할 定자에 짝 配자입니다. 어떤 짝을 만나야 하느냐? 定配논리에 관해서 옛 선배들이 굉장히 고민을 많이 했다는 것이지 않습니까?

그 책에 소개가 안 된 것들이 저에게 있을 수 있고 또 여기 없는 것도 그 책에 있을 수 있습니다. 그런데 옛날 사람들이 定配를 위한 즉 이상적인 짝을 얻기 위한 코드를 찾기 위해서 학술적으로 정리한 것이니까 공부를 하는 사람은 그 비중 차이를 다 가늠은 못 하더라도 '이런저런 논리가 있구나!' 하는 논리 정도는 익혀둘 필요가 있는 것이죠.

공식이 46가지 정도까지 나온다고 하는 것은 굉장히 많은 띠가 걸려든다고 하는 것이지 않습니까? 띠가 걸려든다는 것이 방법론이 아니고 그중에서도 공식의 중복을 잘 보라고 하는 것이죠.

그래서 왼손 잡고 오른손 잡고 샅바를 쥐는데 왼손도 잡고 있고 오른손도 잡고 있다는 것은 상대방을 끌어온다는 것이지 않습니까? 공식의 중복이라고 하는 것이 그런 효과를 준다고 하는 것입니다.

아마 시중에도 나와 있죠? 시중에 나와 있으니까 인연법을 조금 더 확장해 보시고 싶으시면 그렇게 하시고 아니면 보수동 헌책방을 뒤져서 옛날에 연구했던 것들이 여러 형태로 나름대로 정리한 글들도 있고 하니까 한 번 찾아보십시오. 보시면 '논리가 많구나!' 하는 것을 알게 됩니다.

이 원리가 이런 것입니다. 丑未가 있는 사주는 戌이 오면 '일단 한번 결판이 나는구나!' 이런 것을 여러분이 운명에서 해석할 수 있다는 것입니다.

時	日	月	年	乾命
癸	癸	乙	壬	
亥	亥	巳	子	

이 원리나 논리를 잘 익히면 '이 사람은 토끼의 해에 좋은 일이 있었겠구나!' 상속을 받았단 말입니다. 상속도 큰 단위 작은 단위 여러 가지이지만, 짝을 얻을 수 있게 해주는 중요한 인자는 그것이 유년에 왔을 때 '반드시 길 작용을 일으키는구나!' 이런 운명의 해석하고 맞물린다는 것입니다. 그것은 六親하고 아무 상관이 없는 것입니다. 그래서 寅해석이 다르고 卯해석이 다르다고 했지 않습니까?

인연법을 가지고 연구를 많이 한 사람은 '이때 일단은 좋은 것 하나 생긴다.', '이때 식구가 불어난다.', '하는 일은 힘들어도 다른 쪽에 뭔가 하나 이루어진다.' 이런 것이 입체적으로 앞뒤가 다르게 흘러가는 것이 눈에 볼 수 있는 능력이 생긴다는 것입니다.

여러분이 이것을 자꾸 익히고 훈련을 해보면 수많은 유년법의 해석, 유년뿐만 아니라 유월(流月) 그리고 유일(流日)도 있겠죠? 日支를 해석해도 이런 인연법에서 나오는 논리를 가지고 해석을 하는 힘과 능력이 생겨난다는 것이죠.

그래서 '六親만 가지고 해석을 한다.', '神殺만 가지고 해석을 한다.' 이런 것이 상당 부분을 해석해 주지만 아주 묘한 부분이 현상적으로 또 있지 않습니까? 그것을 볼 때 인연법 논리 속에서 적용되는 것을 여러분이 쓸 수 있다면 그때 정말로 입체적으로 다 보여지는 것입니다.

傷官이 왔으니 어떻고 空亡이 왔으니 어떻고 하는 것이 물론 의미는 있지만 "이놈 저놈이 冲을 해서 옆에 놈하고 이렇게 저렇게 벌어지고 흩어지네! 그러면 그 사람에게 이런저런 상황 하나가 일단 진행이 되겠구나!" 그런 것을 볼 수 있다는 것입니다.

여기에 있는 논리들이 실제 유년법에 그대로 적용되는 것들이 많이 있습니다. 그러니까 財가 오면 財를 취한다는 것이 가장 표준적이지 않습니까? 표준이 아니고 財가 들어온 날은 뭡니까? 劫財날 들어온 돈은 돈이 아니냐는 것입니다. 왜 들어왔을까? 거기에는 반드시 원리가 있다는 것입니다.

동기유발 이런 것도 마찬가지입니다. 내가 뜻이 맞고 지갑만 주면 그 관계라고 하는 것이 온전하냐 하면 그것이 아니거든요. 거기에는 다른 보상이 반드시 깔려 들어온다는 것입니다. 그래서 거기에 있는 논리들을 여러분이 충분히 훈련도 할 필요가 있겠다고 하는 것입니다.

神殺 중에서도 의미와 작용이 강해서 아예 미리 앞에서 빼놓은 空亡이 있었죠? 그다음에 貴人 같은 경우에는 殺보다는 神의 개념에서 정리해놓은 것이죠.

2-21. 日, 時 인연 장구(長久)원리

어떤 팔자가 있을 때 날이나 시에 있는 인자와 매칭이 되어 온 인연은 오랫동안 간다는 것입니다. 그래서 좌표법에서 나눌 때 년을 根, 월을 苗, 일을 花, 시를 實이라고 하지 않습니까?

시에 있는 것이 일종의 귀결점 같은 것입니다. 년에서 활을 쏘아서 시가 화살이 떨어지는 자리라는 것입니다. 그래서 시에 있다는 것은 필경 내가 끝까지 보고 갈 과녁과 같은 효과가 있다는 것입니다. 그래서 두 사람 사이에 갈등이 생겼을 때 내가 도망을 간다고 하면 도망을 가도 따라올 사람은 年月에 있는 사람이 아닙니다. 시에 있는 사람이 따라오더라는 것입니다. 시에 있는 것이 인연이 장구(長久)하게 이어져 나간다고 보시면 되겠습니다.

뒤에 여기 샘플에 해당이 되는 실제 사주나 샘플들을 모아서 빔프로젝터를 가지고 사주를 펼쳐놓고 '이런저런 인연법이나 원리로 왔다.', '언제 결혼을 했다.', '언제 아이를 낳았다.' 그런 것들이 '어떤 인자의 작용이다.' 하는 것을 정리를 해 드리도록 하겠습니다.

時	日	月	年	坤命
丁	壬	壬	壬	
未	辰	子	子	

이 원리를 가지고 봤을 때, 물론 대운의 맥락은 봐야 되겠지

만 이 사람이 올해 개 戌자를 만나서 좋은 일이 있습니까? 험한 일이 있습니까?

'戊戌년 偏官 偏官이 왔구나!' 생각하시면 안 되고, 무조건 좋은 일이 8은 되요. 일반적인 六親이론으로 보면 偏財의 入庫가 되죠. 그렇죠? 偏財의 入庫는 좋은 의미로 해석을 안 하지 않습니까?

부정적인 의미로 해석하고 그다음에 '偏官 偏官이 득세하여 있으니 피곤하고 힘든 일이 생길 것이다.' 이것이 일반적으로 해석하는 六親論이라든지 12운성상의 기운이 열리고 닫히는 것의 기준이지만 이 사람은 도리어 辰을 즉 본인의 自庫地를 冲해놓았지 않습니까?

그러니까 자기가 엑티브 active하게 움직일 수 있는 여건이 만들어지게 되고 그다음에 子子 劫財들은 어떻게 합니까? 劫財가 隔角이 되죠.

그리고 辰未戌 이 세 놈에서 가지 않습니까? 辰과 未가 팔자에 있는데 戌이 와서 이것도 거의 三刑과 유사한 작용을 일으킵니다. 이것이 똥색 보안관 세 명이지 않습니까? 황토색깔 보안관 세 명이 가위바위보를 하든, 줄 것을 주고, 받을 것을 받든지 하는 것이죠. 그러니까 부동산을 샀는데 짧은 기간 안에 너무 빨리 올라서 "어떻게 하면 좋겠습니까?" 이러는 것이죠.

앞에 설명했던 명조 중에 丁未생 壬戌일주인데 월에 辰이 있었죠? 이 양반은 辰이 있었지 않습니까?

時	日	月	年	坤
乙	壬	甲	丁	命
巳	戌	辰	未	

물론 戌戌 偏官의 고유작용이 있지만, 辰 自庫地를 冲하죠? 그러니까 이 양반도 역학 공부를 조금 한 사람인데 '2018년도에 무조건 부동산 때문에 큰돈이 들어온다.' 이렇게 말을 해 준 사람이 저밖에 없었다는 겁니다.

"5년 전에 써 놓았지 않습니까?"

중요한 것은 왜 그 논리를 쓰느냐? 自庫地를 冲을 해서 劫財가 왔든지 偏官이 왔든지 지랄이 왔든지 辰을 冲하고 열었다는 것만으로도 무엇을 의미합니까?

이 사람은 원래는 이때 새신랑이 하나 들어오는 것이지 않습니까? 그렇지 않습니까? 새신랑 대신에 돈이 한 무더기 들어온 것이죠. 아시겠죠?

당연히 偏官 속성도 운에서 해석하고 그러니까 偏財 入庫도 해석하는 것이죠. 뭐를 샀으니까 돈이 들어갈 것 아닙니까? 偏財 入庫도 해석하는데 올해 自庫를 열어놨으니 올해 규모가 있는 부동산을 샀다는 것입니다. 샀는데 이 양반은 단위가 더 크게 오르더라고요. 3억 올랐는데 "계속 가지고 갈까요, 말까요?" 해서 "알아서 하세요." 했습니다.

학생 – 가지고 가면 어떻게 되는가요?

선생님 – 임대료가 나오니까 그렇죠. 거기에는 혼자 마구 팔기에는 팔자의 子子 劫財가 같이 붙들어 놓은 것입니다. 똑같은 업종에 있는 분과 공동으로 사 놨는데 일순간 3억~5억 올라가 있는 것이죠.

여러분이 유년법을 봐 준다고 하는 것이 틀린 것은 아닌데, 그런 것들이 六親의 해석에 매몰되어서 다 봐주기 어렵다는 것입니다. 맞기는 맞죠. 그런데 귀찮고 성가신 것이죠. 부동산 산다고 어쩌고저쩌고하고, 등기부 등본 뗀다고 어쩌고저쩌고한다고… 그런데 돈 들어온 것은 재산이 불은 것이죠.

처자인연법 원리를 여러분이 자꾸 훈련하면 유년법에서 이렇게 특이한 이런 작용력이 六親하고 상관이 없이, 12운성과 상관없이 일어나고 현상이 일어난다고 하는 것입니다.

학생 – 저분은 돈이 생긴 것이 아니고, 부동산을 해서 가격이 오른 것이지 자기에게 돈이 들어온 것은 아니지 않습니까?

선생님 – 현금화가 된 것은 아니기 때문에 戊戌년 偏官이 들어온 것이 맞다는 것이잖아요? 偏財가 入庫를 했지만 사서 오를까요, 말까요? 하는데 오르는 원리가 거기에 있지 않습니까?

짝이 하나 들어올 수 있는 논리라고 하는 것은 좋은 定配法의 원리로서 일반적인 해석을 하지만 그 유년, 그 인자가 왔을 때 나에게 짝이 하나 생길 수 있는 논리가 적용된다고 이렇게 보면 되는 것이죠.

학생 – 애인이 하나 생기는 논리가 저것이 偏官이잖아요. 그러면 기존에 있던 사람이 죽고 새로 들어오는 것입니까? 아니면 새로운 인연이니까 새로운 애인이 들어온다는 것입니까?

선생님 – 짝으로 들어오는 것이 아니라 돈으로 들어온다는 것인데, 짝이 하나 생겨날 만큼 무엇인가 에너지의 작용이 있다는 것이죠. 그런데 요즘은 짝보다는 돈이 더 좋지 않으냐 하는 것이죠.

조금 뒤에 연결해서 할 것이 무엇이냐 하면 '헤어짐의 논리, 만남의 논리' 이것을 정리할 것인데 이것이 우리말로 하면 유무동궁(有無同宮)인데 있는 놈과 없는 놈의 상태에 따라서 작용력이 반대로 일어나기도 하고 바로 일어나는데 영어식으로 표현하면 더 나을 것 같기도 합니다.

베이컨트 컨디션 vacant condition(비워진 컨디션) / 필드 컨디션 filled condition(채워진 컨디션) 이것에 따라서 神殺이 왔을 때 해석을 달리한다는 것입니다.

그러니까 '지금 애인 없음' 인데 애인이 없을 때 冲을 하면 그것을 채우려고 합니다. 애인이 있는데 冲을 하면 애인이 흔들리게 되어 있습니다. 그래서 무엇이 적절한 표현이 될지 여러분이 생각해 보세요.

時	日	月	年	坤命
乙	壬	甲	丁	
巳	戌	辰	未	

이 양반은 그래도 남자가 있지 않습니까? 이 사람이 과숙(寡宿)이라는 인자도 있었고 官殺혼잡이라는 요소도 있어 봤기 때문에 남자의 출현 이런 것에 대해서 운 자체가 크게 개의치 않는다는 것이죠.

그런데 남자의 출현 자체가 없는 것 보다는 있는 것이 낫기는 한데, 있는데 또 들어오면 더 좋기는 좋죠. 多多益善 아닌가요?

戊戌년의 의미를 해석할 때 본인의 自庫를 冲하는 작용이 이루어짐으로써 偏官의 부정적인 작용이 아니라 도리어 좋은 작용이 일어난다는 것입니다.

인연법을 잘 보도록 훈련을 하는 이유가 그것입니다. 훈련하다 보면 유년의 해석에서 이때는 '그럼에도 불구하고 이때는 좋은 일이 또 들어온다.' 이런 것이 마킹이 되는 것이죠.

학생 — 남자에 대해서 관심이 없으니까 남자가 들어올 만큼의 에너지가 돈으로 들어온다고 보나요?

선생님 — 그깃은 아니고요. 돈도 관심이 많고 남자노 관심이 많은데 일단 1차로 이루어진 것은 무엇입니까? 돈이 이루어졌다는 것입니다. 戌 天殺이 와서 결국은 무엇을 이루어줍니까? 결국은 '自庫를 열었으니.'라는 것이죠.

天殺이라고 하는 것이 내가 손쉽게 움직이기 어려운 곳에 있는 학문, 문서, 부동산 이런 것이라는 겁니다. 그것이 내가 수시로 발이 빠지는 자리이지 않습니까? 발이 빠진 자리에서 빼내는 것이지 않습니까?

학생 — 自庫라는 글자가 팔자의 명이 한쪽으로 치우쳐 있을 때 用神이라고 생각을 했을 때 自庫를 冲했을때 좋은 일이 많은가요?

선생님 — 꼭 그런 格用論的 개념을 안 써도 됩니다. 그러니까 처음에 五行 强弱을 먼저 배움으로써 그것을 너무 금과옥조(金科玉條)식으로 해석을 하는 것이죠.

그것이 클래식 방식의 훈련을 하는 우리가 旺衰 强弱의 논리에 너무 빠져 있는 것입니다. 이 경우에는 지금 설명하는 논리는 아무 상관이 없는 것이지 않습니까?

학생 — 丁未시가 아니고 亥時나 子時가 되면?

時	日	月	年	坤命
辛	壬	壬	壬	
亥	辰	子	子	

선생님 — 亥時라고 하면 그래도 自庫를 冲하는 원리는 그대로 유효하고 그다음에 旺者喜洩이 있지 않습니까? 거기에 그대로 토끼가 되고 그다음에 2순위가 辰이 되고 그다음에 앞에서는 戌이 앞의 순위가 되고 그렇죠?

클래식에 나오는 논리이기는 하지만 클래식을 버리라고 하는 것이 아니지 않습니까? 클래식에서 중요하게 말하는 것 중에서 가장 나쁜 운의 모양새가 무엇이냐 하면 '旺者入庫'라고 합니다. 기억이 납니까? 클래식에 보면 나옵니다. '旺者入庫하여 그

때 수명을 잃었다.' 이렇게 나옵니다.

상기의 명조 같은 사람이 戌이 없으므로 辰년을 만나서 죽었다. 旺者 入庫를 가장 나쁜 모양으로 보는데 그 나쁜 入庫를 '막아준 사람(戌)', '막아준 해' 그것이 좋은 것 아닙니까?

戌이 隔角으로 인생관 차이는 나기는 하지만 그런데 이런 경우에 戌生남편을 만났는데 본인은 부산에 살고 있고 戌生 남편이 지금 수원에 근무하고 있습니다.

그럼으로써 隔角의 해소가 이루어지고 있지 않습니까? 토요일에는 필히 내려온다고 합니다. 辰을 開庫해 주려고, 辰을 열어주려고 한다는 것이죠.

논리가 어디에 써지기 위해서 우리가 익히고 있다는 것을 염두에 두시면 될 것입니다.

짚신짝 이야기를 해 드리겠습니다.

時	日	月	年	坤命	丙	丁	戊	己	庚	辛	大運
乙	庚	壬	庚		子	丑	寅	卯	辰	巳	
酉	戌	午	申		51	41	31	21	11	1	

실제 샘플입니다. 여자 팔자도 고달픈 팔자입니다. 庚申生이니까 올해 39세입니다. 여자 팔자에 짝을 짓기 힘들었던 이유는 잘 아시겠죠? 앞에서 한 샘플과 비슷한 것이죠.

庚申 比劫에 時에 酉 劫財가 되고 日支 戌酉가 六害가 되죠. 六害가 명 내에 있는 것은 고독성을 부른다고 했지 않습니까? 이렇게 六害관계가 이루어짐으로써 고독성이 있는데, 월에 午

官星이 하나, 壬 食神이 하나가 있어서 짝을 추구하는 인자, 자식을 추구하는 인자에서, 이런 팔자가 예를 들어서 食傷까지 없으면 이런 팔자는 진짜로 일만 열심히 합니다.

왜냐하면, 壬이 있기 때문에 어떻게든 혼인에 대한 행위라든지 의지가 일어나는 것이거든요. 食傷이 드러나 있음으로써 성혼을 했는데 작년 丁酉년에 가출을 합니다.

원래는 申년에 가출을 하는 것이 맞죠? 丙申년에 이놈의 지긋지긋한 직장생활 때려치워야지 하면서 잠깐 가출을 했는데, 원래 평상시에는 어떻게 합니까? 正官格에 食神있고 偏印으로 눈치 빠르고 羊刃이 있어서 동작 빠르고 해서 생활을 영민하게 잘한단 말입니다. 正官格이지 않습니까?

워낙 평상시에 그랬는데 丙申년을 만나니까 무엇이 발동합니까? 申이 祿이 되고 地殺이 됩니다. 드디어 壬水가 長生 地支를 얻으니까 무엇인가 번식에 대한 욕구, 의지 이런 것들이 만들어지는데 현실은 여의치 않고 해서 丙申년은 잠깐 갔다가 왔습니다.

그다음에 丁酉年은 丁壬 合 작용이 오는 것이죠. 그다음에 酉가 羊刃 그러니까 주머니에 칼을 넣고 다니는 것이죠. 어느 놈이든 걸리면 쏴 버린다고 하는 것이죠. 그러면서 酉戌이 六害 작용이지 않습니까? "천상천하에 유아(唯我)구나!"

실제로 시골에서 상경해서 서울에 있는 상당히 괜찮은 회사인데 대기업은 아닙니다. 왜 대기업이 아닙니까? 중소기업 중에서 아주 알짜배기 중소기업의 실무과장에서 내용을 찾아서 근무했지만 그런데 사고무친(四顧無親)이라는 것이죠. 일은 죽도록 잘하는데 丁酉년에 외로움이 어마무시하게 몰려오면서 丁

壬이 合을 하지 않습니까? 食神에 合을 구한다는 것은 무엇을 의미합니까? 여인이 번식의 수단을 남자에게 들이미는 것 아닙니까?

時	日	月	年	乾命	甲午	癸巳	壬辰	辛卯	庚寅	己丑	大運
	庚辰	戊子	庚申		51	41	31	21	11	1	

(시는 모름)

일단 '나는 외로워요.'가 되었고 그다음에 丁壬 合이 된 것이죠. 그때 만난 사람이 상기의 남자 명조입니다.

남자 이 사람도 財星이 어디로 갔습니까? 辰중의 乙木이 기어 나오면 수시로 子에 말라서 비틀어지지 않습니까? 살아 있는 나무가 겨울을 만나면 말라서 비틀어지게 되어 있지 않습니까?

그래서 여자라고 해서 어떻게 해 보려고 하면 말라서 비틀어지는 모양에 그나마 그것도 다른 남자(地支 申과 三合)의 흔적이 있는 것이죠. 이래서 답이 안 나온다는 세월을 보낸 것이죠.

작년에 丁酉年 들어오면서 羊刃을 辰과 합하면, 물론 申년과 辰子의 합이 있었지만 辰酉 羊刃을 합한다는 것은 무엇인가 벼락치기로 해 치운다는 뜻입니다. 칼을 들이대고 해치우는 것입니다.

羊刃의 해에 실제로 결혼한 사람들도 제법 많은 데 그때 벼락치기로 합니다. 그런데 이것은 冲을 한 것이 아니고 羊刃 酉가 日支 辰과 합을 했지 않습니까? 그래서 羊刃이 합을 하는 것은 '순식간에 껴안았다.'고 하는 것이죠.

순식간에 껴안다 보니 어떤 작용이 오느냐? 수태작용이 오는 것이죠. 수태작용에 의해서 올해 戊戌年에 戌이 辰을 건드리니까 이것이 지금 아이까지 배어있으니까 안방을 치우고 난리가 난 것입니다. 난리가 난 것이죠.

여자 명조도 戌이 가지는 일반적인 속성에서 申이 皆花論的으로 驛馬이지 않습니까? 살던 집 옮기고 또 午戌이 무리를 짓는 것이죠. 그래서 둘이 난리가 나서 짝을 지우려고 하는데 "어떻게 할까요?"해서 "무조건 이 둘이는 하게 되어 있다."

무조건 하게 되어 있다고 하니까 여자가 아깝다고 하는 것이에요. 이 여자를 잘 알고 있는 조직의 사람들이 여자가 정말 아깝다. 팔자를 보면 좀 아깝기는 하지 않습니까?

남자는 직장에 들어갔다가 때려치우고 왔다 갔다 했는데 왜냐하면 傷官이 득세하여 있는 인자를 가지고 있으니까 직업적 안정이 잘 안 되고 있다가 결국은 傷官의 속성을 살려서 쓰면 되기는 되죠.

전문성이나 기술을 가지고 직장하고 아무 상관이 없는 그런 직장이나 사회활동을 하면 되기는 하는데 너무 "아깝다 아깝다."하길래 "너무 그렇게 생각하지 마세요. 이 둘이는 딱 짚신짝하고 같은 원리에 걸려있다."고 했는데 여자 팔자의 庚이 무엇을 봐서? 庚申生을 봤지 않습니까?

"너도 외로웠지?"하면서 남자 팔자 庚일주에서 봐도 庚申生을 보니 "내 마음은 너밖에 몰라주네!"하는 것이죠. 서로 평생 손재수 들었는지 모르고 서로 "너 때문이다."하면서 사는 것이죠.

학생 – 그러면 저런 때 庚이 두 개 들은 것은 어떻게 해석을 합니까?

선생님 – 그러니까 둘 다 늦게 될 수밖에 없는 이유가 되는 것이죠. 그러니까 좋은 것은 年이 먼저 기운이 작동하지 않습니까? 그러니까 늘 먼저 빼앗기고 괜찮은 놈 다 다른 곳에 가버리고 이렇게 생기는 것이에요.

남자 팔자도 마찬가지 아닙니까? 官이 와도 比劫이 먼저 차지해 버리고 돈벌이도 다른 놈이 먼저 차지하고 짝도 다른 놈이 먼저 차지하고 그런 식으로 결국은 늦게 가야 내 것이 되는 것이죠.

결국은 4학년에 가까이 가니까 드디어 내 순서가 돌아오는 것입니다. 그래서 용한 무당보다 노련한 무당은 사실 이런 복잡한 논리 몰라도 年月에 比肩 劫財 깔린 것 보면 "너는 40부터다." 이렇게 한다는 것이죠. 그러면 정확하게 맞거든요. 40세 전까지는 옳게 되는 것이 별로 없다. 그러면 "언제부터요?" 하면 "40부터!"

40부터 이것보다 더 나쁜 것이 올 확률이 별로 없지 않습니까?

오늘 정리해 드린 논리를 여러분이 배우자 인연을 찾는 것에만 쓰는 것이 아니고 사주해석이나 유년을 쓰는 데 중요한 논리로 쓰는 것이니까 여러분이 이것을 기준으로 삼고 자꾸 케이스를 공부해 보십시오.

학생 – 올해 辰을 冲하면 몸이 안 좋아지는 것 아닙니까?

선생님 – 그러니까 아까 제가 영어 오랜만에 썼는데 '빈 놈은 채워지고' 즉 지금은 여자가 내 안방에 안 들어오지 않았습니까? 그러니까 거꾸로 내가 안방을 치우고 침대보를 갈고 해서 채워진다는 것입니다. 채워진 놈은 흔들리는 것이죠. 침대를 어느 놈이 발로 차는 것이니까 그렇죠? 그러니까 그때는 마누라가 아프든지 하는 것이고, 짝이 있고 없고 따라서 해석이 다르다는 것입니다.

時	日	月	年	坤命	壬	辛	庚	己	戊	丁	大運
丙	戊	丙	丁		子	亥	戌	酉	申	未	
辰	申	午	未		58	48	38	28	18	8	

학생 – 이 팔자에서 卯띠 남편이 힘들다고 했는데 그 이유는 무엇입니까?

선생님 – 그렇죠. 이것이 주제하고 관련을 가지지만 申하고 卯 사이에 존재하는 양식을 생각해 본다면 이 申이라고 하는 것이 붕어빵 틀로 생각하셔도 됩니다. 안방이 이 양반이 가지고 있는 빵틀이라는 것입니다.

그림 58)

토끼가 이 그릇 속에서 예쁘게 앉아 있을 수 있습니까? 없습니까? 庚하고 乙 사이에 서로 합이 되는 에워서 싸주는 작용은 발생하죠. 卯의 기상이 되는 삐져나와서 좌우로 흔들면서 올라가는 것이 申의 자리에서는 잘 안되지 않습니까?

合은 되어 있는데 결국 자기 역량이나 존재를 드러내고 卯의 고유 역량을 드러내지 못하는 것이죠. 그 못하는 모양대로 따라 살면 살아진다는 것입니다. 이 경우는 극단적으로 불안한 것은 아니지만, 노랫말에도 있습니다. '살다 보면 살아진다.'고 했습니다.

오늘 주제와 연결이 되지만 日支라고 하는 공간이 좌표법과 연결이 되지만 日支가 안방과 같습니다. 안방에서도 침소라는 개념과 같이 연결되는 것이죠. 침소의 수단이 침대 아닙니까? 바닥에 놓거나 보료가 되는 것인데 하여튼 안방이나 침대, 침소의 공간에 어떻게 와서 존재의 양식을 갖추게 되느냐? 하는 것을 따져 보는 것이죠.

4 배우자 인연, 만남의 시기와 헤어짐의 시기 정리

4 배우자 인연, 만남의 시기와 헤어짐의 시기 정리

4-1. 배우자 인연 만남의 시기

1) 남명중심

1-1. 年支 기준의 기운 적용 논리

만난다는 것은, 안방에 변화성이 발생해야 기본적으로 되는 것이고 남자라면 財星이 움직이거나 또는 合하거나 이런 조건이 들어오는 년, 월, 일 이럴 때가 되는데 이 두 가지가 같이 움직일 때 그 기운이 더 뚜렷하여진다고 보면 되는 것이죠.

여자는 官星이 動하거나 合하거나 할 때가 되는 것이죠. 그래서 그다음에 여자는 食傷이 動하거나 合할때도 자식을 얻으려는 동작이나 에너지와 맞물림으로써 그 작용력이 이루어지는데 이것도 하나만 있어도 현상은 드러나는데 두 개가 일어나면 거의 애정관계로 발전이 이루어진다고 보면 됩니다. 그런데 그 애정 관계를 촉발 시키는 인자가 있습니다.

- vacant condition (비워진 컨디션)
- filled condition (채워진 컨디션)

'채워졌다. 채우고 있는' 그런 용어로 filled condition 이렇게 써도 무리가 없겠습니까? 안방이 비었을 때 누군가가 안방 문을 두드린다면 그것은 누군가 이성이 내 안방으로 들어오기 위한 동작이나 행위가 발생하고 있다 하는 것이죠.

刑은 누군가 유리창을 두드리고 있거나 아니면 전기톱으로 내 방문을 썰고 있거나 그렇죠, 밀고 들어온다는 말이지 않습니까?

거꾸로 누군가와 같이 있다고 한다면 그것은 오히려 헤어짐의 전조로 보는 것입니다. 그래서 짝이 없는 컨디션이냐, 아니면 짝이 채워져 있는 컨디션이냐에 따라서 똑같은 神殺도 해석을 달리한다는 것입니다. 그것을 먼저 여러분이 전제로 해둘 필요가 있습니다.

1-1-1. 淫慾殺

> 淫慾殺은 자신의 年支를 기준으로 한 해 앞에 해당하는 인자가 왔을 때를 의미하는데, 상대방이 적극성을 보이는 애정관계가 잘 만들어진다. 혼기와 혼기 외의 사람도 함께 적용되므로 淫慾殺이라고 하였다. 예를 들어서 巳生이(년 天干에 상관없이)가 辰年을 만나면 묘하게 애정 관계가 형성되는 작용을 말한다.

본명의 年支를 기준으로 해서 淫慾殺이라고 하는 것은 자기 연지의 바로 한 해 앞이죠. 皆花論的으로 사용하면 亡身殺인데 亡身殺이라고 하면 예를 들어서 내가 용띠면 용띠의 바로 앞에 토끼, 원숭이띠라고 하면 원숭이 바로 앞의 양이 되는 것이죠.

그래서 내가 이 세상에 존재를 드러내기 전의 기운을 말함으로써 나하고 비교할 수 없을 만큼의 에너지 편차가 있는 것으로 보고, 그다음에 亡身殺이라고 하는 것은 씨름으로 치면 상대방이 내 씨름의 샅바를 쥐고 있다는 것입니다. 샅바를 쥐고 있으니까 자꾸 상대방이 나를 끌고 가는 장면이 발생하는 것이기 때문에 이럴 때는 주로 자기 의도와 상관없이 상대가 주로 주도하는 애정관계가 사회적으로 인간관계가 발생하게 되는 것이죠.

년은 주로 무슨 공간입니까? 큰 단위의 공간이고 사회적인 공간이 되는 것이죠. 사회적으로 자꾸 인간관계가 발생하게 되는 것이죠. 그것이 싫지 않더라는 것입니다. 이상하게 싫지 않더라는 것이 주로 淫慾을 불러일으키는 기운 이런 것을 의미하는 것이죠.

물론 그 사람이 가지고 있는 명조의 기본 특성상 배우자 인연이 빠르다 늦다는 것은 여러분이 훈련하셨을 것이고 그것을 전제하고 대운의 간섭에 의해서 조화도가 높은 사람을 '만난다. 못 만난다.' 이런 것도 기본적으로 전제하고 일반론으로 주로 유년, 어느 해에 가야? 그러니까 친정엄마죠. 시집을 제대로 못 보낸 친정엄마의 마음에서 이 아이가 몇 세에 시집을 가겠는지? 인연을 만나겠는지? 그런 일반론석인 기준을 찾는 논리가 되겠습니다.

이것이 결혼의 시기가 아니라 만남의 시기입니다. 보통 연지와 관련해서 인연 요소가 열리면 부모라든지 사회적인 관계가 대체로 중매나 다리 역할을 놔 준다 이렇게 보면 됩니다.

그래서 그 神殺로서 淫慾殺은 상당히 의미가 있습니다. 淫慾殺의 케이스 중에 주로 10케이스 중에 8케이스는 옵니다. 살면서 몇 번 없지 않습니까? 10대에 12살까지 한 번 돌고 그리고

20대에 한 번 돌면 20살 스타트했다 치면 32살이지 않습니까? 32살에서 12년 더하면 44살 되어 버리고 44살에서 56살로 가 버리니까 딱 30년 동안 3번 아니면 2번 그 정도의 만나는 해이 기 때문에 상당히 확률적으로도 드물게 오고 의미가 있는 그런 해라고 보면 됩니다.

학생 – 거기서 해로 따지는데 그러면 그 기운이 초반부터 해서 강하게 오는 것이 아니지 않습니까?

선생님 – 지금은 포괄적으로 년 단위 정도로 일단 묶어서 보시고 그다음에 달도 淫慾을 적용하는데 대체로 淫慾을 묶으면 亡身殺 무리입니다. 亡身, 六害, 天殺 달에 그런 편중성이 더 생긴다고 보면 됩니다. 그다음에 자기 干支내에서 숨겨져 있던 財星이나 官星이 삐져나온 달이 있습니다.

時	日	月	年	坤命
	癸	戊		
	巳			

예를 들어서 여자가 癸巳일주인데 戊월이었다. 戊달이 왔다고 할 때에 財星속에 있는 官星이 밖으로 확 삐져나오잖아요. 그럴 때 그 사람에게는 변화성이 더 많이 만들어진다고 보면 되고, 년에 있는 地藏干이 변화되는 것은 대체로 이벤트라고 보면 됩니다.

올해 같은 경우에는 辛酉월 양력 9월 달이죠. 그다음에 丁이

뜨는 것은 丁巳월 이번 달이지 않습니까? 이번 달에 巳戌이 元嗔 맞아 있다는 것은 巳도 다 못 써먹고 戌도 다 못 써먹는다는 의미를 가집니다.

그것이 일반적인 운의 해석에도 써먹는 것이지만 애정에도 꼴이 다 안 나오는 모양 이렇게 보면 됩니다. 그런데 丁이 떠 있지 않습니까? 戌 중의 丁이 나와 있다는 것은 丁이 뿌리가 없는 놈이 아니라 뿌리가 있는 놈이라는 뜻입니다.

그래서 사회적인 일에서는 상당히 유의미한 일들이 많이 생긴다고 봅니다. 그래서 그 유의미한 일들 중에서 우리나라에서도 국내외적으로 있지 않습니까?

丁火가 튀어나오면서 어디로 갑니까? 경계가 번져 나가지 않습니까? 통일 이야기가 활발하게 오고 가는 것들도 戌중의 丁火가 벌어져 있기 때문에 조금 더 강하게 작용하는 것 이런 것들로 보면 되죠.

그것은 일반론적이고 애정관계에서는 대체로 淫慾殺이면 淫慾殺과 무리 짓는 달 그다음에 자기 개인의 본 命에서 애정을 구축하는데 도움이 되는 인자가 드러나는 때 이럴 때라고 보면 됩니다.

1-1-2. 年支와 三合을 이루는 해

> 年支와 三合을 이루는 해 : 年支와 三合을 이루면 자의에 의한 인생궤도수정 흐름이 조성되는 것을 의미하는데 인연을 만나고 연애를 하는 것은 평상시와 다른 궤도수정 행위에 해당하는 것으로 보기 때문이다. 예를 들어서 午生이 寅, 午, 戌년을 만나는 것을 의미한다.

年支와 三合을 이룬다는 것은 자기 땅의 속성을 바꾼다는 의미도 되고 자기를 하나의 화분으로 본다면 화분상태로 공간적으로 움직인다는 뜻이 됩니다.

자기 땅을 다른 것으로 채운다는 뜻도 되고 그다음에 내가 머무르는 큰 단위의 화분을 다른 동네에 가서 볕이 잘 안드는 곳에서 볕이 잘 드는 곳으로 옮긴다는 뜻도 됩니다.

남자하고 여자하고 자기가 머무르는 공간의 궤도를 바꾼다는 말은 짐을 싸고 집을 떠날 징조로 보는 것이죠. 그런데 무엇에서는 못 떠난다는 말입니까? 그다음에 沖할자가 남아 있으면 못 떠난다고 했죠.

時	日	月	年	命
		酉	戌	寅

예를 들어서 년의 戌이 寅을 보고 있는데 酉가 옆에 있으면 이때 戌이 寅에게 가고 싶은데 酉가 寅의 작용을 제대로 하지 못하게 하고 그다음 해에 卯에 이르러야 껌(酉)이 붙어서 움직이지 못했는데 卯에 가니까 껌(酉)이 떨어지더라는 것이죠.

그래서 실제로 구체화되는 것은 卯年이 되는 것이죠. 그 왜곡이 있다고 보시면 되고 기본적으로는 年支와 三合을 이룰 때 '화분을 옮길 일이 생긴다.', '여인이 보따리를 쌀 일이 생긴다.'는 것이죠.

여인이 보따리를 싼다는 것은 인생에서 의미 있는 변동을 한다는 뜻이고 그 의미 있는 변동 중의 하나가 애정 관계의 발생이 되는 것이죠. 그래서 남의 동네를 들락거리면서 왔다갔다 하는 이런 컨디션을 말하는 것이기 때문에 인연 발전의 해로서 年支 三合을 따질 필요가 있습니다.

1-1-3. 年支를 沖하는 해

> 年支를 沖하는 해 : 年支를 沖하는 해는 묵은 것, 오래된 것을 벗어나는 기운이 조성되므로 일상적인 것과의 결별을 의미한다. 새로운 인연을 만나는 것은 일상성을 벗어나 새로운 삶의 방향을 조성하는 기운을 상징하므로 인연 발전의 경우가 많다. 예를 들어서 巳生이 亥年을 만나는 경우에 해당한다.

年支를 沖하는 해도 '이놈의 동네를 내가 떠나야 되겠다.' 年支 三合이 이루어지는 것은 자의적 요소가 많이 발생하고 또 고삐리들은 三合으로 떠날 때는 자기 혼자 자발적으로 가출합니다.

沖은 年支를 沖하면 타의적인 환경 때문입니다. 타의적인 환경 때문인데 이것이 남자에게는 財星, 여자에게는 官星 이런 것들과 관련성을 가질 때에는 그것으로 인해서 "나는 가기 싫은데 가라고 해서 갔다." 이런 식으로 주변의 환경 때문에 떠밀려서 가는 그런 변화성이 생기고 그런 일이 주로 남녀 간에 애정사의 발생으로 간다고 보면 됩니다.

1-1-4A. 年支를 기준으로 桃花殺에 해당하는 유년

> 年支를 기준으로 桃花殺에 해당하는 流年이 오면 일종의 방탕, 방종, 일탈, 관련된 소모, 자기 자신을 치장하는 일 등이 일어나는데 연애 행위의 속성과 닮은 것으로 보고 해석한다. 巳生이 午年을 만나는 경우가 桃花에 해당하는데 연애사가 다발 할 수 있으니 인연 발전의 시기로 채택한다.

밑에 보면 桃花를 皆花論的으로 열어 놓은 것이 있죠? 자기 띠의 세 칸 앞이 되는데 그러니까 예를 들어서 용띠 같으면 소가 皆花論的으로 桃花가 되죠. 용띠 기준으로 하면 쥐가 地殺이 되는 것이죠.

그런 것을 다 무리 지어서 확장하는데 桃花殺이라고 하는 것은 결국 내가 무엇을 예쁘게 꾸미고 돌아다니고 자꾸 거울을 보고 단장을 할 일이 생긴다는 것이죠.

그래서 뭔가 내가 남들에게 보여질 것을 생각해서 꾸민다는 것은 애정에 대한 일이 다발하고 상대를 만나는 기운이 발생하는 것으로 이렇게 보면 되겠죠?

학생 – 명 내에 桃花殺이 있건 없건 그렇다는 겁니까?

선생님 – 명 내에 桃花殺이 있으면 평상시에 부채를 들고 "오빠야! 괜찮제?" 그것이 팔자 안에 있으면 그러는 것이죠.

학생 – 그런데 桃花殺이 왔어요.

선생님 – 그럴 때도 마찬가지죠. 평상시에 놀던 놈이, 고기도 먹어 본 놈이 더 잘 먹고, 술도 처먹어 본 놈이 더 잘 처먹죠? 술은 처먹는 것입니다.

'桃花殺에 해당하는 유년에 이르면….' 인데 皆花論으로 확장해도 좋다고 하는 것입니다. 그래서 皆花論으로 확장을 해보면 그것이 무엇에 걸리느냐 하면 刑, 破 같은 것에 걸립니다. 년을 刑하거나 破하는 것에 잘 걸립니다.

1-1-4B. 1-1-4A 케이스를 皆花論의 논리로 확장

> 케이스를 桃花論의 논리로 확장하여 적용하는 것이다. 예를 들어서 寅生의 경우 卯年이 기본 桃花논리를 쓸 수 있는 것이 일반인데 寅의 지위를 將星에 두고 戌을 地殺로 삼고 亥를 桃花에 준하여 해석하는 원리가 된다. 기본 神殺보다 작용력이 다소 약하더라도 실제 유년에서는 해석의 기초로 적용한다.

皆花論으로 확장을 해 버리면

그림 59)

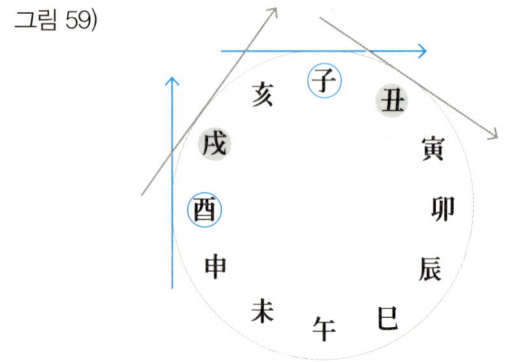

子를 중심으로 하면 酉가 무엇에 걸립니까? 酉와 子사이에는 무슨 神殺이 발생을 합니까? 그림과 같은 神殺이 발생을 하죠? 破가 발생하지 않습니까?

年支를 破하는 모양 그리고 丑이 자기 띠라고 하면 戌이 되지 않습니까? 丑의 방향과 戌의 방향은 그림과 같죠? 이렇게 함으로써 丑하고 戌사이에는 무엇이 발생합니까? 刑이 발생하지 않습니까?

사실은 더 간단하게 정리를 하시려면 年支를 刑하거나 破하거나 이렇게 묶으셔도 된다는 것입니다.

1-1-5A. 年支를 기준으로 亡身殺

> 年支를 기준으로 亡身殺에 해당하는 유년이 오면 인연 발전의 시기로 삼는다. 亡身殺이란 씨름에서 샅바를 빼앗겨 끌려다니는 기운과 흡사한 것을 의미하는데 연애사가 발생한다는 것은 亡身殺과 그 의미가 깊이 통한다. 예를 들어서 巳生이 申年을 만나는 것을 의미한다. ■ 子午卯酉생은 淫慾殺과 중복된다.

1-1-5B. 1-1-5A의 적용을 皆花論으로 확장

> 1-1-5B. 1-1-5A의 적용을 皆花論으로 확장하여 활용하는 것으로 天殺, 六害殺도 준하여 적용하는 것을 말한다. 예를 들어서 未生이 戌을 만나면 天殺로 해석하는 것이 표준인데 皆花論에서는 六害殺로 해석한다. 六害殺도 亡身殺과 한통속이므로 亡身殺에 준하여 해석하는 원리가 된다. 또 午生은 巳가 기본적으로 亡身殺에 해당하는데 丑 天殺, 酉 六害殺도 亡身殺에 준하여 해석하는 논리가 된다.

刑, 破라고 하는 것이 "당신은 누구신데 내 앞길을 막으시나요?" 이지 않습니까? 그것이 애정입니다. 딱 이유는 하나입니다. 'Because I love you'

'내 갈 길을 왜 붙드시나요?' 또는 '막으시나요?' 이런 작용이 사실은 桃花殺을 皆花論的으로 확 펼치면 타형에 다 걸립니다. 그래서 그렇게 메모를 하셔도 이상이 없다고 하는 것입니다.

子를 기준으로 하면 酉 그다음에 皆花論的으로 子를 기준으로 하면 亥 이것이 淫慾殺(亡神殺)이 되죠. 그다음에 子의 바로 옆이 丑이죠.

그런데 亥子丑 이놈들이 자세히 보면 이웃이 오면 내가 충동되는 작용도 발생합니다. 그러니까 반상회를 갔는데 "앞집 사람도 왔다던데 옆집 사람도 왔다더라." 이러면 "어이씨, 이러면 안 가면 안 되는 것 아닌가?"

이런 식으로 해서 자기를 중심으로 자기의 앞과 뒤 이 인자가 올 때 보통 사람들과의 관계성이 발생하고 그것이 주로 애정사의 주제나 테마에 연결이 된다고 보시면 됩니다.

그러면서 "한번 만나볼래?" 또 사회적인 관계성 이런 것들이 상기의 논리 속에서 주로 발생을 하고 그다음에 애정이 농도가 있는 애정으로 가려고 하면 日干의 六親 즉 내가 머물러 있는 곳이 動해주어야 하는 것입니다.

이것을 丑이 오더라도 戌이 '亡身의 무리가 되는구나!' 그래서 뭔가 사회적으로 인간관계에서 '내가 갈 길을 누군가 꺾는 작용이 생기는구나!' 하는 것을 알 수 있는데 나의 안방이 動해 주어야만 그것이 농도가 있는 애정관계로 넘어가는 것이죠.

六親이야 당연히 여러분이 기본적으로 적용해 주어야 되겠죠? 12년을 만나면 그중에 辰戌丑未는 네 번 들어오잖아요. 甲乙 일주가 왜 잡놈들이 잘 들어오느냐 하면 12년을 펼쳐 놓으면 天干에 두 번 걸릴 수도 있는데 평균적으로 한 번 걸린다고 보고 남자 같으면 戊己 辰戌丑未가 12년 동안 걸리지 않습니까? 심심하면 財星이 받치지 않습니까?

時	日	月	年	命
	癸	戊		
午	巳	巳		

닮은꼴이 많이 펼쳐진 사람들이 있는데 이것이 안방을 넓게 넓혀놓은 사람이라는 뜻입니다. 여러 분이 감명을 하실 때 안방이 널찍하다는 것은 무엇입니까? 실제적인 애정행위를 할 수 있는 컨디션이 잘 열려 있는 사람이라는 뜻입니다.

時	日	月	年	坤命
庚	辛	辛	乙	
寅	巳	巳	巳	

이런 여인이 있다고 칩시다. 이 여인이 시집을 갈 확률이 높 겠습니까? 낮겠습니까? 食傷이 없으므로 어렵겠죠? 대운은 뒤에 세세한 것을 하기로 하고 젊은 날에 食傷의 운이 강렬하게 열리거나 또는 祿이 올 때 즉 酉가 祿이지 않습니까?

여자는 祿이 뭐라고 했습니까? 몸뚱이라고 하지 않았습니까? 몸뚱이를 어디에다가 밀어 넣습니까? 正官에다가 밀어 넣는 것이지 않습니까?

몸뚱이를 正官에 밀어 넣는다는 것은 애정적인 관계가 생겨나고 가정의 모양새에 비슷하게 모양을 만들 수는 있겠지만, 食傷자체가 없으면 번식의 생물학적인 과정을 제대로 할 수 없기 때문에 결혼 자체가 잘 이루어지지 않는다는 것입니다. 그다음에 음양차착(陰陽差錯)은 아시죠?

학생 — 저럴 때 저런 여인은 거리의 여인으로 가지는 않습니까?

선생님 — 食傷은 이런 것과 같습니다. 食傷이라고 하는 것이 꽃으로 치면 예쁘게 핀 꽃입니다. 그것이 무엇을 자극합니까? 꽃이라고 하는 것이 아주 붉고 아주 예쁘게 모양을 펼쳐내는 이유는 수분(受粉)을 위해서 그렇습니다.

受粉을 하려면 먼 곳에 있는 벌과 나비들이 먼 곳에서 와야 하지 않습니까? 와서 거기서 꿀을 가져가면서 꽃가루를 묻혀서 受粉을 하지 않습니까? 번식을 자극하는 에너지가 食傷입니다.

학생 – 祿을 몸이라고 설명을 하니까 그렇게 생각이 들었습니다.

선생님 – 그러니까요. 祿을 가지고 남자에게 들이밀 수 있지 않습니까? 옛날에 어떤 책의 카피가 있었느냐 하면 '남자들은 왜 악녀에게 열광하는가?' 그런 책 카피가 있었습니다.

그때 악녀라고 하는 것은 진짜 악녀를 말하는 것이 아닐 것이고 남자들에게 번식을 자극하는 에너지가 강한 사람이라는 것이죠. 번식을 자극하는 에너지가 무엇입니까? 食傷이라는 것입니다.

食傷이 여러 개 펼쳐져 있으면 안방을 열어서 "여기도 내 안방이니까 누우면 됩니다." 그것이 거리의 여인이라는 것입니다.

거꾸로 官星의 덕이 없는 것이죠. 그것은 말 그대로 번식을 자극해서 취해내는 것은 있지만 상기의 명조 같은 경우는 반대이지 않습니까? 巳巳巳 官星만 연달아 있지 않습니까? 안방이 깨끗하죠. 안방에 번식하는 것이라도 조금 들어 있든지 아니면 재물이 들어있어서 즉 재물이라고 하는 것은 어디에 있는 것이냐?

'官星의 옆에' 맞습니까? '食傷의 옆에' 그렇죠? 그래서 이 財라도 있으면 그것이 수시로 자기의 이웃이 官星이고, 자기의 이

웃이 食傷이기 때문에 아주 자연스럽게 조절을 하는데 상기의 명조에서 日支에 正官이 들어와 있다는 것은 오피스office라는 것이죠. 오피스office속성을 가진다는 것입니다.

그러니 안방을 야한 조명을 꾸민다거나 안에 로맨틱한 사진을 건다든지 하겠습니까, 안 하겠습니까? 안 하는 것이죠. 깨끗한 겁니다. 가보지 않아도 압니다. 침대 큰 것 하나 놓는 것이죠. 오피스office하고 어울리는 것이 무엇입니까? 책도 좀 가져다 놓고 깨끗하게 관리하고 있다는 것입니다.

그런데 그런 모양으로 사회적인 직업이나 일이 열려 있으니까 이런 사람이 사는 집의 모양이 오피스텔입니다. 오피스 생활을 많이 했다니까요.

이런 사람은 안방 문이 사무실이고 확장되어서 열려 있지만, 이것은 뭐냐면 남자들은 수없이 왔다갔다 할 수 있겠죠? 거래처 남자가 수없이 왔다갔다 하지만 안방 문이 확장되어도 같은 것(巳巳巳)으로 되어 있으니까 남자에게 오피셜하게 잘해 줍니다. 그러나 그 사람과는 실제적인 애정관계의 발전이 힘들다는 것입니다. 왜?

본인이 번식을 위한 소스를 뿌리지 않습니다. 남자들은 번식을 위한 소스를 뿌리면 거기에 맛이 가는 것이죠. 동물의 세계로 따지면 페르몬이죠.

동물의 세계가 번식을 위해서 던지는 것이 페르몬인데 그것이 물리적이고 생물학적인 페르몬 말고 소위 '끼'를 부린다고 하지 않던가요? 끼를 살살 뿌리는 이 능력이 이 팔자에서는 빠져 있다는 것입니다.

빠져 있으니 안방만 크고 거래처 남자들은 엄청 많이 알고 오빠도 많이 있고 엄청 많은데 짝이 잘 지워지지 않는다는 것입니다.

학생 – 반대로 여자가 食傷이 많고 官이 없는데 官運이 오면?

선생님 – 그렇죠. 그럴 때 어떻게든 가정이라든지 남자와의 관계성을 이루어보려고 하는 적극성이 생기게 되어 있습니다. 그런데 官이 무력한데 남자가 왔다면 이상하게도 핫바지 같은 놈만 오는 것입니다. 그러니까 출고될 때 잘 나와 버려야 되는 것입니다.

時	日	月	年	坤命
庚	辛	辛	乙	
寅	巳	巳	巳	

본인 명조에 寅巳 刑이 있죠? 乙 偏財가 있으니까 사업적인 추구성도 있고 해서 드레스를 취급했습니다.

乙木 자체가 꾸며 올리는 것이고 그다음에 寅巳 刑이 예쁘게 조명을 넣어서 꾸미는 것이지 않습니까? 그래서 상업예술에 관련된 것 즉 장식, 이미용, 패션, 디자인 그다음에 약간의 의료 속성이 있는 것 등을 해서 일은 확실히 잘하는 것이죠.

그런 중에 壬辰년에 남자를 하나 만납니다. 2012년 壬辰년에 어떤 남자를 만나느냐 하면 丙午생 남자를 만납니다. 丙午생에 걸리는 인연 논리가 몇 가지가 됩니까?

天乙貴人, 丙辛 合水 去留法이 되죠. 월에 있는 辛을 가지고 가죠? 그다음에 寅午시 三合, 남자 입장에서 亡身입니다. 남자 입장에서 亡身이라는 말은 무슨 말입니까? 애인 같은 여자라는 말이지 않습니까?

실제로 가정을 가졌었다가 별거 중에 있는 丙午生 남자를 만나서 丙申년 丁酉년에 갈등을 겪었습니다. 戊戌년에 丙午생 남자가 三災의 효과도 있지만, 空亡이지 않습니까? 몸이 안 좋아서 여러 가지 굴곡을 겪으면서 丙申년 丁酉년에 여러 가지 갈등을 겪었습니다. 거기다가 여자 입장에서는 比劫의 출현, 戌에 羊刃, 元嗔이 되죠.

羊刃은 칼을 빼서 가르는 작용을 한다. 그다음에 官星의 入庫작용이 생기죠. 즉 正官이 入庫해 버리지 않습니까? 그나마 官星으로 있던 놈이 戌에 入庫해 버리지 않습니까?

안방은 내가 팔짱을 끼고 바라만 보고 있는 것이죠. "그놈은 어디로 갔지?" 하는 것이죠.

그 논리를 아시겠죠? 地支에 닮은꼴이 펼쳐져 있다는 것은 그런 것이고 財星이 펼쳐져 있는 사람들이 융통성 있게 잘 활동한다고 보시면 됩니다.

財星옆에 官星이니까 官星도 잘 불러들이고 食傷도 잘 불러들여서 財星이 펼쳐져 있는 경우에 사회적인 대인관계라든지 애정 부분에서 소통성 이런 것이 좋다고 보면 됩니다.

財星이 아예 없는 여자들이 그것이 잘 안 되는 것이죠. 음식은 잘하는데 처가 립서비스도 잘 안 되는 것이죠. 립서비스도 잘 안 되는 것이 財星이 무력하거나 없거나 하는데 그러면 다른 인자라도 채워야 되는데 다른 인자는 官印食 정도이지 않습니까?

官星이나 印星이 많으면서 財星이 없어 버리면 官星의 뿌리가 없지 않습니까? 남자를 오랫동안 관리를 해내는 그런 에너지가 별로 없는 것이죠.

상대적으로 남자는 食傷이 없으면 財星의 밭이 없는 것이지 않습니까? 그래서 '춘하추동 신사주학' 서적에 보면 '밭론'이 있습니다. 밭이 중요하다는 것입니다.

밭이 있는 사람은 그렇고 여자 팔자에 官星이 있다고 하더라도 食傷과 조화도가 떨어지고 財星이 없으면 그 사람은 수녀라는 것입니다. 실제로 사례를 보십시오.

時	日	月	年	命
	癸			
午	巳	巳	戌	

안방의 모양과 五行的으로 엇비슷하거나 한 것이 펼쳐져 있으면 안방이 큰 것으로 보고 관계성이 쉽게 발생하는데 지금 년에서 발생했다고 해도 안방으로 끌어들이는 인자가 없으면 '그 때 자기만 좋아서 나를 따라다니는 사람이 있었다.' 이것으로 끝입니다. '내가 안방 문을 건드릴 마음이 전혀 없었다.' 이렇게 되는 것입니다.

학생 – 巳가 있잖아요? 그러면 丙申년에 아이를 먼저 가지거나 庚寅년에 三合으로 아이를 낳을 수 있나요?

선생님 - 있죠. 그것이 이 vacant condition(비워진 컨디션) 일 때입니다.

학생 - 혼자 있을 때, 매일 일만하고 三合으로 먼저 자식을 가지면 그것은 가능한 것이네요?

선생님 - 그래서 이제 일반적이고 표준적이 아닌 모양으로 짝을 채우고 vacant condition(비워진 컨디션) 일 때입니다.

1-2. 日干 六親 인연

1-2-1. 日干을 기준으로 正財, 偏財 天干이 들어오는 해

> 日干을 기준으로 正財, 偏財 天干이 들어오는 해에 인연 발전의 흐름이 발생한다. 예를 들어 丁 日干이 庚, 辛의 해를 만나는 것을 의미한다.

남자 기준이니까 日干을 기준으로 正財 또는 偏財 大干이 들어올 때가 되죠. 일단 무늬는 떴잖아요, 그렇죠?

1-2-2. 日干을 기준으로 正財, 偏財 地支가 들어오는 해

> 日干을 기준으로 正財 偏財 地支가 들어오는 해에 인연 발전의 흐름이 발생한다. 예를 들어서 丁 日干이 申, 酉의 해를 만나는 것을 의미한다.

日干을 기준으로 正財 또는 偏財 地支가 들어오는 해에는 이성과의 관계성이 기본적으로 쉽게 발생을 한다 이렇게 보면 되죠.

1-3. 日支 기준

1-3-1. 日支를 기준으로 三合

> 日支를 기준으로 三合에 해당하는 인자가 들어올 때 인연 발전의 기운이 강화된다. 三合이란 사회적인 合으로 우선 해석하는데 자신이 오래 머무르는 공간(日支)에 사회적인 관계가 만들어진다는 것은 연애사가 가장 많음을 의미한다. 예를 들어서 申날에 태어난 사람이 申子辰 년을 만났을 때가 된다.

이것이 중요합니다. 日支를 기준으로 三合을 한다는 것은 日支에 무엇이 발생하는 것입니까? 안방 문고리에 궤도수정의 속성이 발생하는 것인데 '문짝을 고쳐 단다.'는 것입니다.

年支의 三合은 내가 머물러 있는 식물체계라고 하면 화분을 들고 가는 것이지 않습니까? 日支에 三合이라고 하는 것은 문짝을 고쳤다는 행위가 생긴다는 것이죠. 그래서 1년에 한 번씩 日支에 터치되는 작용이 올 때 "Merry Christmas!" 하지 않습니까? 그런 것이 문짝을 고치는 것이죠. 손님을 맞이하거나 이벤트를 하기 위해서 하는 것인데 그것이 日支를 기준으로 三合이 되는 것입니다.

1-3-2. 日支를 기준으로 六合

> 日支를 기준으로 六合 들어오는 해에 인연 발전의 흐름이 발생한다. 六合이란 부부 陰陽 合으로 우선 해석하는데 자신이 오래 머무르는 공간(日支)에 陰陽 관계가 만들어진다는 것은 연애사, 애정사가 강하게 따름을 의미한다. 예를 들어 申일에 태어난 사람이 巳年을 만났을 때가 된다.

日支도 안방의 문짝을 뭔가 새로운 형태로 재편한다는 뜻입니다.

1-3-3A. 日支를 기준으로 冲

> 日支를 기준으로 冲에 해당하는 인자가 들어올 때 인연 발전의 기운이 강화된다. 자신이 오래 머무르는 공간(日支)에 冲을 가한다는 뜻은 새로운 인연을 만나거나 끌어들이는 힘이 강력하다는 의미가 된다. 예를 들어 日支가 申일에 해당하는 사람이 寅년을 만났을 때가 된다.

冲을 한다는 것은 아예 문짝을 떼라 하고, 그놈이 오기 좋도록 문짝을 없애 버리는 것이죠. 冲이 올 때가 제일 재미가 있습니다.

時	日	月	年	乾命
	庚	戊	庚	
	辰	子	申	

이 양반 올해 결혼을 하지 않습니까? 年支 申을 기준으로 沖보다는 못하지만 隔角이 되고 皆花論的으로는 驛馬이지 않습니까? 화분 들었고 그다음에 월의 子는 일터이지 않습니까? 官이 없는 상태에서 食傷이니까 일터이지 않습니까? 일터도 이제 제대로 된 일을 해야 되겠다. 그다음 안방 치우느라 지금 난리가 난 것이죠.

부모가 "네가 그렇게 해서 하는 결혼은 인정할 수가 없다." 이러면 아버지 계신 안방에 가서 방바닥 치면서 싸움이 나고 이런 것입니다.

학생 – 아까 첫 번째 日支기준으로 三合이나 日支기준으로 六合일 때 1년에 한 번 크리스마스 때에 정말 애 하나씩 만든 여자가 있거든요.

선생님 – 문짝에 무엇을 건다는 것은 상당히 의미가 있는 것입니다. 문짝에 '창고' 이렇게 적어 놓으면 아무나 발로 차고 들어가는 것입니다. 문짝을 리메이크한다는 것이 진짜로 그런 것입니다. 문짝이라고 하는 것이 의미가 정말 큽니다.

거기에 合이나 沖이나 刑이라고 하는 것이 발생한다는 것은 자기가 머물러 있는 즉 생산을 위한 기초적인 터가 반드시 변화성을 만나게 된다는 뜻이 됩니다. 그것이 동시에 발생하면 이런 작용이 발생하는 것입니다. 자기가 크게 머무르는 무대를 옮기면서 안방까지 고치고 있다는 것입니다.

학생 – 그것을 확장하면 인연법을 더 확장하면 비즈니스가 되는 것입니까?

선생님 – 당연한 것이죠.

時	日	月	年	命
	癸			
午	巳	巳	戌	丑

선생님 – 丑이 오면 巳丑 合을 하면서 戌이 刑이 되지 않습니까? 癸가 丑을 보면 어떻게 돼요? 羊刃이 뜨죠? 羊刃이 合來하면 조급하게 쫓아가서 한다는 것입니다.

巳나 戌을 변화시키거나 월에 官星이 있다면 官星하고 같이 막 작용을 하는 그런 것들을 동시에 발생시키면 그것은 무조건 애정사 발생, 혼인사 연결 이렇게 간다고 보면 되죠.

1-3-3B. 1-3-3A의 경우에 해당하면서 日支가 사주 내의 다른 地支와 三合 또는 六合에 해당할 경우

> 1-3-3A의 경우에 해당하면서 日支가 사주 내의 다른 地支와 三合 또는 六合에 해당할 경우 더 강력한 작용이 일어난다. 예를 들어서 申일에 해당하는 사람이 巳月 또는 巳年, 巳時로 合이 되어 있는 경우 寅年이 오면 더 강력한 작용이 따르게 되는 경우가 많다.

이것도 冲合이라고 하는 것이 같이 동시에 발생해 있는 것입

니다. 그러면 이런 것과 같습니다. '뜯어말리면 더 붙는다.'

하지 말라고 하면 더 하고 싶잖아요? 合冲이 서로 交互 즉 애정이 발생해 있을 때 애정을 발생시키는 힘이 더 강해진다고 보면 됩니다.

時	日	月	年	坤命
	癸			
午	巳	巳	戌	

학생 – 이 명조에서 亥년이 되면 어떻게 됩니까?

선생님 – 亥년이 되면 이것이 filled condition(채워진 컨디션)이라면 드디어 흔들리기 시작을 하는 것입니다. 헤어지는 작용에서 상기의 명조를 여자라고 보면 '2.여명중심'에서 '2-1. 年支 기준의 기운 적용 논리'가 있죠?

거기에서 '2-1-4A. 年支를 기준으로 桃花殺에 해당하는 유년'이 있죠? 그다음에 '2-1-4B. 2-1-4A 케이스를 皆花論의 논리로 확장'하는 것이지 않습니까? 이게 劫殺이지 않습니까? 그래서 이것이 皆花論的으로 桃花와 무리를 짓죠?

목차에서 '2-3-1. 日支를 기준으로 冲에 해당하는 인자'가 나오죠?

그러니까 年支에서 桃花로서 흐트러지고 그다음에 亥가 오면 冲을 해 버리죠?

이때부터 두 사람 사이에 filled condition(채워진 컨디션)일 때는 다시 vacant condition(비워진 컨디션)로 가는 것이죠. 있는 것은 다시 흐트러져서 없는 것으로 가는 것이죠.

학생 – 己亥년에 몇 월 즈음에 변화가 오는 것으로 보나요?

선생님 – 항상 어떤 것이 오기 전에 운명적 복선처럼 깔리는 것이 戌年말부터 옵니다. 그다음에 문제성을 일으키는 것이 무엇이냐 하면 亥卯未와 그룹을 짓는 것입니다. 즉 桃花와 그룹을 짓는 것입니다.
그다음에 巳亥 相冲도 亥卯未와 무리를 짓는 것이지 않습니까? 그래서 亥卯未달이 卯달 들어오고 未달 들어오고 그다음에 亥달 들어오지 않습니까? 그 언저리에 가면 반드시 그 작용이 농후해지고 강하게 작용을 한다는 것이죠.

학생 – 그럼 세 번 정도가 움직이는 것입니까?

선생님 – 그렇죠. 원래 헤어질 때도 한 번에 헤어지지 않습니다. 한 판에 한번 때리고 나서 어지간하면 참았다가 한 대 더 때리면서 삼세판에 가는 것 아닙니까?

학생 – 선생님, 저기서 엇갈리는 것이 무엇이냐 하면 달로 보면 卯하고 未가 먼저 오고 亥가 나중에 오잖아요?

선생님 – 卯에도 작용해요.

학생 – 亥卯未 순으로 오면 이해하기가 쉬운데 卯未亥의 순서로 오면 어떻습니까?

선생님 – 원래 그 운명적 복선의 卯달에 운명적 복선이 언제 뿌려지느냐 하면 그 전년의 8개월 전부터 뿌려집니다. 그런데 보통 未가 중간에 있지 않습니까?

그러면 未의 8개월 전 즉 전년 亥월부터가 되니까 戊戌년 癸亥월부터 '꼴이 마음에 안 든다.'는 식으로 서로 불만이 서서히 조성된다는 것입니다. 그렇게 하다가 그때 폭발을 하게 되는 것이죠.

해는 그냥 뜨지 않습니다. 黎明을 뿌려놓고 그다음에 해가 뜨기 시작을 하는 것이죠. 그때부터는 눈이 부시다는 소리를 하게 되지 않습니까? 그래서 그것이 그전부터 전조가 만들어져 온다고 보면 됩니다.

학생 – 戊戌년 亥월부터 시작을 해서 己亥년이 들어오면 亥卯未달에 그런 작용이 온다는 것이죠?

선생님 – 그렇죠. 그때 대판 한번 하고 己亥년 辛未달이 오면 "진짜 너하고는 안 되겠다." 이렇게 해서 멱살 몇 번 잡고 하다가 서로 冲맞고 짐 싸고 하게 되는데 年支에 冲맞고 짐 싸고 하는 이런 운이 올 때에 그때 실행으로 가 버리는 것입니다. 논리의 연결에 여러분이 정리하는 것에 도움이 되니까 연구해 보세요.

1-3-4. 日支를 기준으로 刑 (刑 : 三刑, 自刑)

日支를 기준으로 刑(刑: 三刑, 自刑)에 해당하는 인자가 들어올 때 인연 발전의 기운이 강화된다. 자신이 오래 머무르는 공간(日支)에 刑을 가한다는 뜻은 새로운 인연을 만나거나 끌어들이기 위한 인위적 노력이 있다는 의미가 된다. 이런 원리로 인연 발전의 기운이 따르게 되는 것이다.

刑도 마찬가지라고 했죠? 문짝을 고친다는 것은 문짝에다가 유리창을 끼운다든지 그런 것이죠. 그래서 밖에서 내 침대를 볼 수 있도록 하거나 아니면 조명을 내가 예쁘게 고친다는 것이죠.

1-3-5. 日支를 기준으로 元嗔, 六害, 相破

日支를 기준으로 元嗔, 六害, 相破에 해당하는 인자가 들어올 때 인연 발전의 기운이 강약 차이를 두고 발생한다. 자신이 오래 머무르는 공간(日支)에 元嗔, 六害, 相破가 작용한다는 뜻은 새로운 인연을 만나거나 끌어들이기 위한 인위적 노력이 따른다는 의미가 된다. 元嗔은 부족함을 채우기 위한 유혹, 六害는 남들이 모르게 흐트러진 것을 다시 바로 하려는 행위, 相破는 외부적 손상을 주지 않고 내부를 바꾸는 운동으로 해석하기 때문이다. 이런 원리로 인연 발전의 기운이 따르게 되는 것이다.

元嗔, 六害, 相破도 거기에 강약 차이만 두고 변화를 준다고 보면 됩니다. 여러분이 진짜로 재주를 넘는 논리를 할 때 日支를 冲 刑 破 害 元嗔 등의 속성이 지나갈 때 그때마다 안방 기물들의 위치가 옮겨진다고 보면 됩니다.

時는 무엇인지 아십니까? 기왕하는 김에 좌표법 끝판왕 설명입니다. 時는 화장실입니다. 창문, 대문, 도로 이렇지 않습니까?

제가 89년도에 손님 줄 세우고 싶어서 안달했을 때 그때 예를 들어서 화장실 인자가 巳時 라고 합시다. 巳時 속성이면 이것이 화장실이라고 하면 밝고 깨끗하다는 말이지 않습니까?

그러면 그럴 때 亥水가 와서 冲을 한다면 이럴 때 움직이는 글자가 무엇입니까? 子午寅申 이렇게 들어가지 않습니까? 巳亥를 조절을 제일 많이 해 주는 것이 범 寅자 이지 않습니까? 범 寅자의 색깔이 무엇입니까? 녹색이죠? 그래서 녹색 타올, 녹색 비누 이것을 예언해줍니다. 그렇게 하면 손님이 기겁합니다.

"아마도 녹색타올이나 녹색 비누를 가져다 놓을 것이다."

이렇게 아주 세밀하게 잔재주를 피우면서 감명을 해줄 때 그렇게 하는데 그것이 얼마나 피곤한지 아십니까?

"선생님, 우리 집 욕실에 비누색깔은 무엇이게요?"

이러는데 이런 것은 그냥 재주로 끝내고 별 의미가 없는 것이죠. 단지 '변동이 생긴다.', '속성상 이것이 밝고 환한 것이 기준이다, 표준이다.' 이런 것 정도만 우리가 밝혀 주면 되겠죠.

자기는 그런 운명을 하나도 모르지만, 학술적으로 볼 때 이 양반이 巳時에 있는데 亥年이 왔다는 것입니다. 그러면 주로 이

때 임대용 집 즉내가 사는 집이 아니고 담장 밖에 두고 있는 임대용 집, 텃밭, 대문, 창문, 화장실을 내가 손을 볼 일이 생긴다는 것입니다.

손을 보는데 아마 그 색깔은 주로 녹색이 베이스가 될 것이다. 그러니까 하다못해 비누라도 녹색으로 바꿀 것이다. 그러니까 내용이 딱 맞으니까 어느 고객이 "홈~~런!" 이러는 겁니다.

그때는 아줌마들이 혼자 안 오고 자기가 아는 사람을 데리고 오잖아요. 그러니까 소개를 해 준 사람이 "홈~~런!" 하는 것이죠. "너희 화장실 손 봤다 안 했나?" 하는 것이죠. 그런 식의 논리로 확장도 가능하다는 것입니다.

元嗔, 六害, 相破에서 元嗔은 꼴을 바꾼다는 것이죠? 꼴이 안 찬다는 말은 꼴을 바꾼다는 것이죠. 六害라고 하는 것은 보통 깔끔하게 즉 六害의 '속성은 독립시킨다.', '고립시킨다.'는 의미입니다. 따로따로 물건을 분리해 두는 것을 의미합니다. '분리, 정리한다.' 는 의미가 됩니다.

相破殺 이런 것은 외부의 손모(損耗)없이 상대 것을 바꾸는 것이니까 '오디오를 가져다 넣는다.', '건강 기구를 가져다 넣는다.' 이런 것들이 相破殺의 모양새라고 보면 되겠죠.

학생 – 약은?

선생님 – 약봉지를 가져다 놓는 것도 그런 것이죠. 밖에 손상 안 시키고 안을 바꾸는 것이니까 그런 것이죠.

日支에 그런 것이 작용하고, 年支에 그런 것이 작용하거나 그 六親이 동요하여 움직일 때, 財星이 동요하여 움직일 때, 官星이 동요하여 움직일 때 그런 것이 발생한다고 보시면 되겠죠.

1-4. 六親의 상호 작용

이것은 자기 日干과 흘러가는 流年이 있죠? 만나는 해, 그래서 日干과 年支의 관계에서 開庫인데 두 가지입니다. 自庫나 財庫를 冲하는 자.

1-4-1. 開庫인연, 自庫, 財庫를 冲

> 開庫인연 : 自庫, 財庫를 冲하는 원리를 말한다. 사주 干支 어디에 있든지 自庫가 있는 경우나 財庫가 있는 경우 이를 相冲하는 인자를 만날 때 인연 발전의 기운이 강하게 형성된다. 예를 들어서 丁日干이 사주에 (年月日時 위치에 상관이 없이) 丑이 있으면 未年에 인연 발전이 이루어진다. 正財 入庫인 丑이 있으면 未年, 偏財 入庫인 辰이 있으면 戌年에 인연 발전 기운이 발생한다.

아까 自庫를 冲하는 壬辰일주 같은 경우는 보셨지 않습니까? 그다음에 財星이 入庫하는 것 중에 예를 들어서 庚일주가 戌이 명 내에 있어서 正財가 入庫를 하지 않습니까?
거의 入墓에 가까운데 용띠 해를 만나면 財庫를 열어서 그때 배우자 인연을 만나게 되고 그것이 결혼으로 연결성의 통로가 만들어지는 것이죠.

1-4-2. 사주에 財星이 드러나 있을 때 財星을 合 (合 : 三合, 六合)하는 자

> 사주에 財星이 드러나 있을 때 財星을 合(合: 三合, 六合)하는 인자가 들어 올 때 인연 발전의 흐름이 발생한다. (地支 중심). 예를 들어서 丙 日干에 申이 있는데 子年이 오면 인연 발전이 이루어진다.

사주에 財星이 드러나 있어서 財星을 合하는 자는 去留法과 약간 엇갈릴 수 있는데 이런 것과 같습니다. 合해준다는 것은 유년에 들어오는 것을 하나의 도구나 수단으로 생각해도 좋습니다.

원래 컵이 없었는데 컵을 하나 얻었다. 그래서 그 컵으로 내 옆에 있는 개울을 퍼 올렸다. 이것이 그 財星을 나에게 관계성을 이끌어낸다. 이렇게 보면 됩니다.

운에서 오는 것은 일시적으로 얻어지는 수단이라고 생각을 하시라는 것입니다. 일시적으로 얻어지는 수단인데 그것으로 변화성을 일으켰다는 것이죠. 세운을 만났을 때인데 당연히 日干이 기준이 되고 日干을 기준으로 六親에서 적용이 되는 것이겠죠?

1-4-3. 사주에 官星이 드러나 있을 때 官星을 合
　　　　 (合 : 三合, 六合)하는 인자

> 사주에 官星이 드러나 있을 때 官星을 合(合: 三合, 六合)하는 인자가 들어 올 때 인연 발전의 흐름이 발생한다. (地支중심). 예를 들어서 丙日干에 子가 있는데 申年이 오면 인연 발전이 이루어진다.

이것은 무슨 말이냐 하면 남자도 官星이 뭐가 됩니까? 자식이지 않습니까? 자식을 불러일으키기 위한 수단을 년에서 얻었다.

침대 밑에 동전을 작대기를 내가 쥐는 바람에 동전을 건드리기 시작을 했다. 그 별이 官星일 때 라는 것입니다. 그럴 때 자식을 만들려고 작대기를 흔들고 있고 안방 문을 발로 차고 있고 하는 것이 여자를 불러들이는 것입니다.

원리를 머릿속에 그릴 수 있겠죠? 그런 것들이 이런 요소들이 만들어졌을 때가 된다는 것입니다.

1-4-4. 사주에 食傷이 드러나 있을 때 食傷을 合
　　　　 (合 : 三合, 六合) 하는 인자

> 사주에 食傷이 드러나 있을 때 食傷을 合(合: 三合, 六合)하는 인자가 들어올 때 인연 발전의 흐름이 발생한다. (天干과 地支 병용) 예를 들어서 丙 日干에 辰이 있는데 申年이 오면 인연 발전이 이루어진다.

食傷이 드러났을 때 食傷을 合하는 인자 즉 食傷은 남자라고 하더라도 원래 원천적인 번식의 통로는 무엇입니까? 食傷이죠. 食傷을 合한다는 것은 이런 것이죠.

'슈퍼맨이 바지를 입는다.' 슈퍼맨이 바지를 어떻게 입습니까? 타이즈 입고 바지를 입죠. 그러면 무엇인가 특수한 미션을 수행하겠다는 것이죠. '특별한 옷을 입는다.' 그런 것이 무엇인가 食傷과 合을 이루는 동작이 가해질 때입니다.

1-4-5. 사주에 劫財가 드러나 있을 때 劫財를 合 (合 : 三合, 六合, 天干合)하는 인자

> 사주에 劫財가 드러나 있을 때 劫財를 合(合: 三合, 六合, 天干 合)하는 인자가 들어올 때 인연 발전의 흐름이 발생한다. (天干 地支 병용) 예를 들어서 丙 日干에 午가 있는데 未, 戌, 寅년이 오거나 丙 日干에 丁이 있는데 壬이 오면 인연 발전이 이루어진다.

劫財는 항상 운명적으로 내 것을 빼앗아 먹는 놈, 거류법(去留法)그런 해가 왔을 때인데 일단 다른 조건과 어우러져야 됩니다.

"친구도 어디로 가고 없네!"

친구가 수시로 비밀번호도 공유하면서 들락거렸는데 친구가 여행을 떠났으니 결국은 관계성을 더 촉진시킨다고 보면 되죠.

1-4-6. 사주에 劫財가 드러나 있을 때 劫財를 冲하는 인자

> 사주에 劫財가 드러나 있을 때 劫財를 冲하는 인자가 들어 올 때 인연 발전의 흐름이 발생한다. (地支 중심). 예를 들어서 丙日干에 午가 있는데 子年이 오면 인연 발전이 이루어진다.

'친구가 발령을 받아서 떠나 버렸다.', '교통사고로 병원으로 갔다.' 이것도 친구에게는 안 좋은 일이지만 나에게는 좋은 일이잖아요?

학생 – 劫財가 없어졌기 때문에 그렇다는 것입니까?

선생님 – 그렇죠. 劫財가 항상 팔자 내에 劫財가 드러나 있을 때 그때 이것을 冲해버리거나 묶어 가버리거나 아니면 자기(劫財)도 자기 파트너를 찾아 떠나 버렸다는 것이지 않습니까?
그러면서 일시적으로 劫財의 작용이 가려졌을 때 내가 내 안방으로 사람을 끌어들인다는 것입니다.

학생 – 地支에 있는 劫財도 그렇습니까?

선생님 – 당연하죠. 地支에 있는 劫財가 사실은 더 피곤하죠. 天干에 있는 劫財는 주로 정신적인 교류성 이런 것 속에 있는 것으로 의미하지만 地支에 있는 劫財는 항상 현실적으로 밥을 같이 나누어 먹으려고 하고 이런 속성이 생기는 것이 되는 것이죠.

 劫財가 이런 것이지 않습니까? 월에 있으면 형제나 부모자리에 있는 것이지 않습니까? 내가 괜찮다고 생각해서 손목을 붙들고 와서 소개를 시키려고 하면 형제가 지랄해서 "어쩌다가 네가 저런 여자를 데리고 와서" 그렇게 해서 훼손을 당하고 결국 훼방을 받는 것이지 않습니까? 그런데 그 지랄하던 형제가 어디를 가 버렸다면 참 고마운 일이지 않습니까? 그렇게 보면 됩니다.

1-5. 進神 退神원리: 刑 冲 破 害 인자를 만나서 財星이나 여러 인자가 안정되지 않을 때 (특히 相冲일 경우) 이것을 해소 시키는 시기

> 進神 退神원리: 刑 冲 破 害 인자를 만나서 財星이나 여러 인자가 안정되지 않을 때 (특히 相冲일 경우) 이것을 해소 시키는 시기를 인연 발전의 시기로 삼는 원리이다. 예를 들어 사주 명내에 寅申 相冲이 있을 때 寅의 進神인 卯와 申의 退神인 未가 卯申 合(乙庚 合), 寅未 合(甲己 合)을 유도하여 冲을 진정시키는 작용을 유도하게 되는데, 卯年이나 未年에 인연 발전을 이루게 되는 원리가 된다.

 이것은 사실 進神 退神 논리의 확장입니다. 주로 冲에서 進神 退神을 많이 썼는데 刑에서도 쓴다는 것입니다.

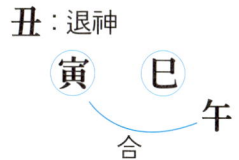

예를 들어서 寅巳가 있을 때 寅과 무리 지을 수 있는 놈이 있으면, 寅 巳 刑 같은 경우에는 丑이 退神이지 않습니까? 丑이 巳를 잡아주는 놈이죠. 寅과 가까이 있는 놈이죠.

그다음에 巳다음에 午가 있습니다. 寅午가 合이 되는데 三合은 주로 무슨 관계가 됩니까? 주로 사회적인 관계이니까 이런 경우에 누가 소개를 시켜주느냐?

예를 들어서 寅이 財星인데 丑年이 와서 즉 財星을 항상 刑으로서 제대로 된 모양을 유지하기 어렵게 만들어 놓았지 않습니까?

丑은 회사의 상무님입니다. 사회적 관계, 三合을 해서 刑의 작용을 누그러트리는 것은 사회적 관계에 있는 사람이 刑의 작용을 누그러트려 주는 것이죠.

"직장에서나 너희 모임에서 소개시켜준다고 하지 않더냐?" 이렇게 물어보면 "아예! 해 주기는 해 준다고 하던데 내가 부탁을 거절할 수도 없고," 하는데 合은 合이니까 그렇죠?

그런 식으로 보통 이루어지게 되는 것이죠. 冲만 쓰는 것이 아니라 刑, 破, 害에도 進神 退神의 원리를 적용해서 안정시켜 주는 시기가 올 때 그러니까 괄호해 놓고 '특히 相冲일 경우'이라고 해 놓았죠?

1-6. 祿인연 : 日干에서 보아 地支에 五行 세력이 무력하여 命이 身弱한 경우

> 祿인연 : 日干에서 보아 地支에 五行 세력이 무력하여 命이 身弱한 경우 배우자 추구성이 떨어지고 행동적 저돌성이 떨어지게 된다. 流年에서 祿의 기운을 얻으면 추구성과 행동력이 강화되게 된다. 소위 용기를 내어 애정을 구하는 작용이 일어나게 된다. 예를 들어 癸日干이 여름의 낮에 태어나 五行 세력이 무력하다면 癸의 祿이 되는 子年에 인연 발전을 이룩하는 원리가 된다.

우리가 命 인연법 하지 않았습니까? 祿을 배우자로 삼기도 하지만 祿의 해를 만나면 "내가 그동안 진짜로 많이 참았다. 내가 더 이상은 참을 수 없다." 그러면서 뛰쳐나가는 동작과 들이미는 동작이 생기는 것이 祿입니다.

祿의 해가 왔을 때 결혼에 대한 의지를 가지는데 그러니까 祿이 오면 거의 칼은 아니고 커다란 몽둥이를 들고 "나는 나의 길을 갈 테니까 아무도 나를 건드리지 마라!" 이런 작용이 발생하는 것이 바로 祿이라는 것입니다.

1-7. 貴人인연 : 天乙貴人이나 각종 貴人의 작용이 있는 시기

> 貴人인연 : 天乙貴人이나 각종 貴人의 작용이 있는 시기에 인연 발전을 삼는 원리를 뜻한다. 각종 貴人중에 天乙貴人을 가장 우선시하고 기타 貴人도 좋은 작용을 일으키는 流年상 흐름으로 보아 인연 발전의 기운으로 해석한다. 天乙貴人, 文昌貴人을 가장 주요한 인자로 채택한다.

유년에서 올 때 그것이 六親상 印星이라고 하더라도, 六親상 劫財라고 하더라도, 물론 劫財는 貴人에 걸리지 않지만 그렇다고 하더라도 天乙貴人이 머무르면 작용이 일어나는데 戊일주 하나는 걸립니다. 戊일주는 丑과 未가 天乙貴人이 劫財가 걸립니다. 劫財라고 할지라도 貴人을 만나야 할 때는 貴人을 만납니다.

貴人이라고 하는 것이 지금은 계급사회는 아니지만 格자체가 한 계급이 높은 사람입니다. 그래서 바보온달과 평강공주 이런 식으로 자기보다 유능하거나 유력하거나 출신상 格자체가 높은 존재를 만남으로써 "내가 평강공주의 머슴으로 살아도 좋다." 이런 식의 에너지를 형성시킨다는 것이죠.

그런데 평강공주는 말 한마디로 사람들을 시켜서 "바보온달을 인간 좀 만들어라." 이렇게 말 한마디로 되잖아요? 그런 에너지 편차를 만들어 냄으로써 貴人이 올 때 작용력이 온다는 것이죠.

물론 이것도 결혼으로 이어지려면 공식의 중복성이 있을 때 그때 결혼으로 이어진다고 보면 됩니다. 그래서 내가 안방 문 열어 놓고, 사회적으로 인간관계가 형성되어서 가마를 타고 들어오고 있을 때 그때가 결혼이라고 보시면 되죠.

그것이 확률적으로 10년 중에 3~4년 정도가 발생합니다. 연속적인 것이 아니고 3번에서 4번 정도가 됩니다. 그래서 주로 20대 중반에서 30대 중반 사이에 최소 2~3번 그다음에 평균적으로 3~4번은 발생을 한다고 보는데 명이 워낙 편고성이 심하거나 이런 경우들이 있습니다.

時	日	月	年	坤命
庚	辛	辛	乙	
寅	巳	巳	巳	

아까 보셨지 않습니까? 이런 팔자는 결혼 운을 물으면 "조금 더 유명한 곳에 가서 물어보시는 것이… 도저히 제 실력으로는 언제 결혼을 한다고 딱히 말씀을 못 드리겠습니다."

이것은 기본석으로 명의 편고성 때문에 그렇습니다. 이 팔자에서는 水와 土가 없어서 그런데 五行的으로 土 印星 즉 印星制化論에 대해서 설명한 춘하추동 신사주학에서 했던 것 기억이 납니까? 이것 춘하추동 신사주학에서 전부 한 것입니다. 印星이야 말로 모든 것을 중재하고 조절을 한다고 제가 거듭해서 떠들었습니다.

이렇게 印星이 조절하지 못하고 그다음에 자식을 유도하는 에너지가 충족되지 못한 상태에서 오피스텔(巳巳巳)은 열려 있으니까 남자 친구는 대단히 많은 것입니다. 전부 다 '오빠'가 되고 그런데 결혼은 안 되는 것이죠.

명의 편고성 이런 것은 전제합시다. 그래도 이런 사람도 언제가 오니까? 壬辰年 그렇죠?

食傷이 天干에 뜨면서 淫慾殺이 비치면서 辰巳도 살짝 方合을 하는 작용이 생깁니다. 그다음에 比肩의 入庫작용 이런 것이 생기니까 이때 살짝 관계성이 발생했다가 癸巳年 甲午年 官星이 세력이 있을 때 잘 지내다가, 未年까지 그런대로 잘 지내다가 丙申年 丁酉年 比肩 劫財 뜨고 戊戌年 三刑이 떴죠?

filled condition(채워진 컨디션)이니까 三刑은 '다리 하나 잘라라.' 그런 변화성이 발생하고 酉년에 오히려 채워진 상태이니까 丁酉年 比肩 祿이 되고 또 巳酉 三合이 무엇입니까? 떠난다는 것입니다. 옮긴다. 그래서 戊戌年에 '울면서 후회하네!' 이런 세월이 있는데 여러분이 이렇게 들고 나고 하는 것이 이 이론으로 '다 채워졌으므로', '덜 채워졌으므로' 이런 것이 슬슬 나오게 됩니다.

이것은 선만 보고 가는 놈이다. 이런 것을 여러분이 조금은 감각적으로 구분하실 수 있겠죠?

학생 – 劫財위에 앉아 있는 官이거나 比肩위에 앉아 있을 때는 어떻게 합니까?

선생님 – 아니죠. 그것도 마찬가지로 무조건 比肩을 去留法으로 해치우거나 해야 되는 것이죠.

학생 – 가정이 있는 사람이 와서 여쭈어 보는 것인데 주변에 比肩이 있는 것하고 劫財가 있는 것하고 틀릴 것 같은데요?

선생님 – 주변이라고 하는 것이 운에서 온 것을 말합니까? 아니면 팔자 안에 있는 것을 말합니까? 팔자 안에 比劫도 있고 가정도 있다는 것이죠?

학생 – 官이 있는데 劫財위에 앉아 있다든지 하는 경우입니다.

선생님 – 천천히 짝을 얻은 경우에는 괜찮습니다. 그런데 일반적인 해석은 결혼을 빨리하면 무조건 '후처(後妻)' 이것이 기준입니다.
다른 여인이 차지하고 살았던 남자가 내 것이 되었다면 팔자대로 산 것이므로 "너의 것이 맞다."는 것입니다.

학생 – 比肩이나 劫財의 해로움이 있어도 그렇다는 겁니까?

선생님 – 그렇죠. 당연하죠. 어찌 되었든 나하고 기운이 비슷한 놈이 짝을 지우면서 살았다는 것입니다. 그런데 나에게 正官이냐, 偏官이냐에 따라서 다르겠죠?
예를 들어서 劫財가 있는 경우에 나에게 正官이 그 여자에게는 偏官이지 않습니까? 그래서 되게 갈등을 겪고 나에게 온 사람인지 아니면 나에게 오히려 偏官이고 劫財에게 正官이었던 남자는 둘이서 참 금슬은 좋았는데 그 여자가 죽어버린 것이죠.

그래서 하는 수 없이 내가 두 번째로 차지하게 된 것이죠.

그럼 偏官이니까 서로 기대치를 낮추고 살아가게 되는 것이죠. 여러분이 이것을 훈련하다 보면 입체적으로 살짝 보이면서 입이 근질근질한 날이 오기는 올 것입니다. 다음 시간으로 연결하겠습니다.

'만남의 시기와 헤어짐의 시기'가 상당히 겹치는 부분이 많이 있습니다. 만남을 주는 여러 가지 인자를 보셔서 생각해 봅시다.

時	日	月	年

명의 年月日時가 있으면 年支에 작용하는 것, 日干이 있으면 日支에 작용하는 것 그다음에 六親에 작용하는 것 세 가지로 묶어서 보는데, 예를 들어서 남자 팔자에 財星이 월에 있다면 월을 冲 合 刑 破 害 라고 하는 神殺的인 요소가 같이 작동하면서 그다음에 日支에 대해서 작용을 하면 財가 가만히 있지 않고 움직인다는 말이지 않습니까? 그다음에 財星을 끌어다 놓으려고 하는 자리가 日支가 되지 않습니까? 그래서 日支에 어떤 동요성이 있느냐 없느냐 이런 것을 같이 봐서 감명해야 되는 것이죠.

그다음에 년이라고 하는 것이 크게 주거변동이라든지 환경 즉 주로 자기가 머물러 있던 환경이 크게 바뀌는 것이 됨으로써 이런 요소가 중첩될 때 인연 발전의 기운이 농후해지고 그것이 또 결혼하고도 잘 연결이 된다고 보시면 됩니다.

오늘은 몇 가지 예만 보겠지만, 뒷날에 실제 샘플을 열어놓고 보면 언제, 언제 만났고 결혼은 이런 인자 때문에 이루어졌다는 것을 케이스별로 정리를 해 보실 수 있는 것입니다. 六親 상호작용까지 했죠?

2) 여명중심

여명도 거의 남명과 비슷하다고 보시면 됩니다. 인연 만남이라고 하는 것은 배우자 인연법과 조금 다른 것이죠. 이성을 만날 수 있는 기운이 형성되는 시기를 정리해 놓았는데 사실 이것을 점수화하면 조금 강약차이가 있습니다. 강약차이를 조금씩 터치를 하면서 정리를 해 보겠습니다.

2-1. 年支 기준의 기운 적용 논리

2-1-1. 淫慾殺

> 淫慾殺은 자신의 年支를 기준으로 한 해 앞에 해당하는 인자가 왔을 때를 의미하는데 상대방이 적극성을 보이는 애정 관계가 잘 만들어진다. 혼기와 혼기 외의 사람도 함께 적용되므로 淫慾殺이라고 하였다. 예를 들어서 巳生이 (년 天干에 상관없이)가 辰年을 만나면 묘하게 애정 관계가 형성되는 작용을 말한다.

이것이 점수화를 저의 개인 노트에는 해 놓았습니다. 그것까지 해 주면 정말 공부를 안 할 것 같아서 그냥 수업하겠습니다. 이 기운의 작용을 수치화한다면 거의 95점 수준이라고 보면 됩니다. 그 시기에 상대방이 적극성을 발휘하는 모양으로 애정관계가 형성되는 것을 보면 그렇습니다.

예를 들어서 본인이 丁巳生인데 辰年을 만났다는 것이죠. 辰年이 유년에서 왔다는 것입니다. 나머지 干支 구성이 무엇이든 상관없이 일단 상대방이 "이리 오너라!" 하는 것이죠.

왜냐하면, 형님이지 않습니까? 자기가(丁巳)가 이 세상에 태어나기 전에 사실은 巳生이라고 하는 것은 포태되어 있었지 않습니까?

운세의 유년 해석에서 의미를 많이 두고 가져다 붙이는데 巳生이 辰年에 어떤 모양으로 있었겠느냐 하는 것이죠. 이 세상에 없었다는 것도 되고, 있었다면 어떤 포대기안에 싸여있었지 않습니까?

엄마의 포대기안에 싸져 있는 모양이니까 상대방이 나를 껴안고 있는 모양이나 기운이고 내가 어떻게 피해 볼 도리가 없는 형님이라는 것이죠. 그래서 그 용의 작동에 대해서 내가 자꾸 끌려서 따라가게 되는 그런 작용이 발생하게 되는 것이죠.

보통 운세에서도 자기 태어난 해의 한 해 전에는 여러 가지 몸살 같은 것을 많이 한다고 보기도 합니다. 流年과 流年끼리도 섞어서 쓰기도 합니다.

조금 응용입니다. 예를 들어서 巳年에 만난 사람은 辰年에 그 모습이 잘 보이지 않는다. 이해가 됩니까? 巳年에 생겼다는 것이지 않습니까? 그 사람과 나하고의 관계가 생겨났다는 것이죠.

생겨났는데 다시 流年에서 辰年을 만나면 辰년에 만난 사람이나 巳年에 만난 사람이나 관계가 형성되는데 이 '관계'라고 하는 것이 하나의 생명력이겠죠? 관계가 생명력을 가진 존재라고 보면 되죠.

이것을 하나의 생명체처럼 취급한다면 巳年에 만들어진 생명이나 존재는 辰年에 그 모양을 제대로 찾을 수 없다는 것입니다.

丁巳년이 有의 영역이라고 하면 辰년은 無의 영역이 되는 것이죠. 그런 모양을 가지기 때문에 보통 卯年이나 辰年에 두 사람 사이의 인간관계가 매우 침체되거나 훼손되는 그런 작용이 잘 발생합니다. 결혼하고 몇 년째입니까?

학생 — 11년입니다.

그렇죠. 11년~12년인데 11년 전후가 되겠죠? 11년 전후가 되면 두 사람 사이의 관계성 이런 것들이 여러 가지로 문제가 발생한다고 이렇게 보면 됩니다.

時	日	月	年	乾命	壬	辛	庚	己	戊	丁	大運
乙	甲	丙	壬		子	亥	戌	酉	申	未	
亥	午	午	寅		54	44	34	24	14	4	

지금은 壬子대운에 들어와 있습니다. 초혼을 언제 하느냐 하면 己酉대운 중 癸酉년 32살에 했습니다. 癸酉년에 하게 되는

원리를 살펴봅시다. 그 앞에 만남의 시기 이런 것이 있겠죠?
  앞에 壬申년, 辛未년이 있었겠죠? 未年에 日支 六合이 있었죠? 天乙貴人, 正財, 食神 丙辛 合 이런 것이 있었겠죠? 食神이 합을 하는 시기에 보통 官星(辛)과 作合을 한 것이지만, 官星하고 作合을 한다는 자체가 무엇입니까? 官星 자체가 여자의 食神이지 않습니까?
  여자의 食神과 본인의 食神이 합을 이룬다고 하는 것은 서로 이성적인 접근이 강하게 발생한다는 뜻이고 그다음에 壬申년에 年支 寅에 冲을 하면서 去留가 오죠.
  甲午일주의 짝은 午중의 己土이지 않습니까? 午가 중복되어 있어서 이것이 교란이 발생해 있는데 午와 午 사이에 또 自刑이 발생해 있죠? 그런데 寅 比劫을 거쳐서 오지 않습니까? 그래서 이 寅 比劫을 없애는 去留法 원리에 의해서 壬申年에 관계가 더 촉진되었다고 보죠.
  그다음에 癸酉년의 酉와 午하고 서로 무엇이 됩니까? 子午卯酉 각도 기억이 나시죠? 그래서 옷을 벗기는 작용이 기본적으로 발생하고 그다음에 三合에 의해서 寅午戌을 유도하면 그다음에 자식이 태어나기 위한 즉 식구를 불리기 위한 동작이 가해지는데 子가 가로로 방향성을 가진다면 酉는 수직으로 방향성을 가짐으로 인해서 '바지 끈을 내린다.', '안 방을 치운다.' 그런 논리도 연결되죠. 그래서 癸酉년에 결혼했다고 하는데 壬申年 말쯤에 했을 가능성이 큽니다.
  그런데 癸酉年 1월이라고 하면 대부분 다 93년도에 결혼을 했다고 생각하지만 실제로는 壬申年 말에 결혼이 이루어지고 甲戌년에 아들을 낳고 살다가 언제 관계의 갈등이 본격적으로 이루어지겠습니까?

甲申年이 다시 원숭이로 돌아가지 않습니까? 甲申年에 이르니까 무엇이 이루어집니까? 처가 머물러 있는 공간이 隔角이 되지 않습니까?

처자인연법으로 한 번 연구해 봅시다.

인연법으로 보면, 제산 선생님 노트 첫 페이지에 있었다고 옛날 수업을 했지 않습니까? 丙午生을 만났습니다. 丙午生 부인을 만났는데 甲申年에 寅 冲, 午 隔角 이런 것이 들어오면서 그리고 天干 甲은 比肩이 발생하면서 관계의 갈등이 본격적으로 만들어졌고 그다음에 결정적으로 변화를 주는 것이 丙子年이죠.

丙子年에 日支 冲을 하면서 채워져 있는 것은 흔들리거나 비워지고 채워지지 않은 것은 도로 불러들이는 작용이 발생하죠. 이 경우에는 午가 두 개가 있으니까 이 경우에는 두 개가 막 동요를 하겠죠?

실제로 관계가 멀어져서 별거 컨디션으로 간 것이 甲申年입니다. 그러니까 酉年에 이룬 것은 申年에 모양이 없어진다는 것이죠. 또는 다시 포대기로 가려진다는 것입니다. 그렇게 하고 이때부터 별거상태로 있다가 96년 丙子年에 정리를 하면서 새 여자를 바로 만납니다.

그때 누구를 만났느냐 하면 戊申生 여자를 만납니다. 2008년 戊子年에 만납니다. 만나서 살고 있는데 세월이 흘러가니까 슬슬 다시 갈등이 발생해서 丙申年부터 두 사람 사이가 소원해진 모양으로 갔는데 戊申生은 언제 만났습니까? 戊子年의 전해 돼지 亥자이지 않습니까? 내년이 무슨 띠 해입니까? 己亥이지 않습니까?

'주먹을 불끈 쥐고'가 되는 것이죠. 주먹을 불끈 쥐는 것은 寅午戌이 劫殺을 만났기 때문입니다. 어떻게 될까요? 亥年 다음에 子年이 오죠. 子가 되니까 절충이 잘 되었다 하더라도 별거를 하면서 왔다 갔다 하던지 이런 식의 삶의 모양을 갖추게 된다는 것입니다.

유무의 영역을 나누는 논리로서 이것을 확장하여 쓰게 되는 것이죠. 이것이 논리를 확장해서 쓰는 것이죠.

지금 주제는 淫慾이지 않습니까? 이 띠가 저 해를 만나면 '포대기에 싸여진다.', '상대방이 나를 껴안으려고 한다.' 이런 작용이 발생하기 때문에 淫慾殺의 해가 발생을 했을 때 일어나는 변화를 관찰해 보시면 도움이 될 것입니다. 아니면 자기 것을 놓고 써도 됩니다. 자기 것을 가지고 "왜 이때 이놈을 만났지?" 따져 보시라는 것입니다.

淫慾殺은 상당히 중요한 논리를 함축하고 있는 그런 인연법 또는 만남의 원리라고 보시면 됩니다.

2-1-2. 年支와 三合을 이루는 해

> 年支와 三合을 이루는 해 : 年支와 三合을 이루면 自意에 의한 인생궤도 수정 흐름이 조성되는 것을 의미하는데 인연을 만나고 연애를 하는 것은 평상시와 다른 궤도 수정행위에 해당하는 것으로 보기 때문이다. 특히 여자는 짐을 챙겨서 집을 떠나는 기운으로 보니 연애와 혼인의 의미가 더 강해지는 것으로 본다. 예를 들어서 午生이 寅午戌年을 만나는 것을 의미한다.

물론 午는 그 자체가 三合을 말하는 것은 아니지만 午生이 午年을 만난다는 것은 사회적인 공간으로 내가 튀어나간다. '신부 입장' 이럴 때 많은 사람들이 쳐다보는 공간으로 내가 밀고 나가는 그런 동작과 맞물려 있다 이렇게 보시면 됩니다. 그러면서 안방을 치우고 있으면 그것은 본인의 뜻을 그 자체에서 가지게 된다는 것입니다.

2-1-3. 年支를 沖 하는 해

> 年支를 沖하는 해 : 年支를 沖하는 해는 묵은 것, 오래된 것을 벗어나는 기운이 조성되므로 일상적인 것과의 결별을 의미한다. 새로운 인연을 만나는 것은 일상성을 벗어나 새로운 삶의 방향을 조성하는 기운을 상징하므로 인연 발전의 경우가 많다. 여자는 짐을 챙겨서 집을 떠나는 기운으로도 보니 연애와 혼인의 의미가 더 강하다고 할 수 있다. 예를 들어서 巳生이 亥年을 만나는 경우에 해당한다.

時	日	月	年	乾命	壬	辛	庚	己	戊	丁	大運
乙	甲	丙	壬		子	亥	戌	酉	申	未	
亥	午	午	寅		54	44	34	24	14	4	

이 양반 있었죠? 年支를 沖할 때 자기가 머무르던 공간, 생활 환경을 크게 바꾸려고 하는 동작이 발생하는 것인데 年支를 沖 하는 것은 묵은 것, 오래된 것을 벗어나는 기운이 조성되므로 일상적인 것과의 결별을 의미한다.

4. 배우자 인연, 만남의 시기와 헤어짐의 시기 정리 • 215

그러나 주도권이 있다는 말입니까 없다는 말입니까? 주도권이 별로 없다고 하는 것이죠.

時	日	月	年	坤命
壬	己	己	庚	
申	丑	丑	申	

甲	乙	丙	丁	戊	大運
申	酉	戌	亥	子	
42	32	22	12	2	

올해 같은 경우 이 양반이 있었던 이벤트가 올해 戊戌年을 만나서 申이 戌을 바라보면 皆花論的으로 따져서 12神殺을 따져보면 驛馬殺에 걸리죠.

驛馬殺은 주로 내가 주동을 한 것이 아니고 주변이 주동해서 내가 말에 올라타는 것, 여자가 말에 올라탈 수 없다면 가마에 올라탄다는 것이죠.

상기의 명조에서 戌이 丑을 刑하고 있죠? 물론 월의 丑도 刑을 하고 있지만, 이것은 부모 자리와 관련된 것이고 그렇죠? 日支는 주로 본인이 머무르는 공간이니까 대강 이불을 개는 것이죠.

刑도 물론 용도 따라서 바꾸는 것이지만 안방을 건드리고 가마에 올라타는 것인데 부모가 떠밀어서 진행된 것이죠. 사람은 언제 만났다고요?

사람은 작년 丁酉年에 桃花의 작동에 酉年에 日支의 合, 年을 기준으로 桃花 이렇게 해서 썩 마음에 내키지는 않는데 부모가 자꾸 종용하니까 올해 떠밀려서 날짜를 잡았다가 작년을 기점으로 해서 지난달이 7개월이 되는 것입니다. 기억나시죠?

123, 456, 789… 했던 것 기억하시죠? 딱 7개월째에 지난달

에 파혼된 것입니다. 파혼되어서 "어떻게 하면 좋으냐?" 이렇게 되었는데 가까운 시기에 다가오는 것을 봐 보세요. 己亥年이 다가오고 유년에서 庚子年이 다가오죠. 庚子年에 일어나는 변화를 봐 보세요.

년에서 三合, 日支에 合, 官은 어디에 숨어 있습니까? 年干 庚의 뒤에 乙이 그리고 年支의 申뒤에 卯가 숨어있죠? 그래서 년이 움직이는 것이 官이 움직이는 것을 같이 대동하고 있다는 것입니다. 그래서 그때는 년이 움직이는 것과 日支가 움직이는 것을 보라는 것입니다.

그래서 己亥年에는 亥중의 甲木이 수시로 삐져나오려고 하고 있지만, 己亥 달 중에만 작용하겠죠. 申을 중심으로 亥가 亡身 殺이죠? 그래서 자기는 정말 아니라고 생각을 하는데 己亥年에 사람이 있다는 소리가 나오겠죠?

그런데 실제로 가정을 갖추게 되는 것은 나 스스로 가마에 올라가는 것은 子年이고 이것이 天乙貴人이지 않습니까?

인연법이라는 것을 잘 알아두는 것이 유년의 해석에서도 그대로 그 논리를 확장 적용할 수가 있는 것입니다. 그래서 庚子年이 되면 신발이 짝을 맞추듯이 되는데, 子丑은 신발에다가 발을 끼워 맞추는 것과 비슷해요. 그래서 무엇을 끼워 넣는다는 뜻입니다.

지난 시간에 누가 질문도 하셨지만, 子가 씨앗이지 않습니까? 씨앗을 어떻게 합니까? 丑이라고 하는 공간이 껍질을 벗겨내는 것입니다. 庚金이 丑에 12운성 상으로 入庫를 하니까 껍질이 흐물흐물해지지 않습니까?

丑이 燥土입니까? 濕土입니까? 濕土에 씨앗이 떨어져서 씨앗이 들어가 있는 것이잖아요. 그래서 거기에 子하고 濕土가 어우러져서 무엇을 만듭니까? 寅을 만듭니다.

씨앗과 濕土가 만나서 껍질이 丑에서 벗겨지지 않습니까? 그러면서 생명이 시작되는 것이죠. 그러니까 뭐냐하면 子年에 수태의 징조, 행위 이런 것들이 만들어져 있지 않습니까?

庚申生이면 올해 나이가 조금 되기는 하죠. 더욱이 올해 부모가 隔角작용, 驛馬작용 이런 것으로 해서 떠밀어서 시집보낸다고 좋아했는데 날을 잡고 한 달 보름도 안 되어서 깨져서 물어내라고 하는데 어떻게 물어내라고요? 날 잡으러 왔으니까 날만 잡아주었지 다 말을 해주지는 못하는 것 아닙니까?

상기에 설명한 年支 申과 戊戌年 戌과의 작용을 잘 보시라는 것입니다. 년에 있다는 것은 자의냐, 타의냐? 또 외부적 환경이 어떻게 떠밀려 왔느냐 이런 것을 의미하는 것이니까 가마에 엄마 아버지가 걷어 올린 것이라는 겁니다. 걷어 올려서 가마에 타기는 타야겠다고 생각을 하기는 했는데 7개월 때 보니까 이건 진짜 아니라고 생각을 한 것이죠.

"그래도 이사는 할 것입니다." 하니까 "예 안 그래도 서울에서 지금 그 동네가 재개발이 되는 바람에 집주인도 떠나고 자기도 떠난다고 합니다."

그것은 驛馬를 그대로 써먹는 것이죠. 그래서 어느 지역으로 가는 것이 좋겠냐고 묻기도 했었는데 저렇게 驛馬를 대동하여서 움직이는 것은 타의에 의한 변동이므로 지수화한다면 三合이 80점 정도 현실화 기운이 있다고 한다면 冲은 70점 정도밖에 작동하지 않기 때문에 저렇게 확률적으로 드러난다고 보면 됩니다.

학생 – 저랬을 때 먼저 옮겨 버리면 어떻습니까?

선생님 – 그러니까 일단 驛馬殺을 반타작은 써먹은 것이죠.
그런데 이 양반들은 이렇게 이야기를 해 주어도 열심히 챙겨 듣지 않는 분들이 되어서 조금 자극적인 표현을 주는 것이 좋겠다 싶어서 "이런 사람을 19, 20세에 사주를 기준으로 할 때는 역전 지게꾼에게 시집을 가라."
어떤 남편이 와야 되겠습니까? 1920년대 자료에 의하면 '역전지게꾼에게 시집을 가라.'고 했습니다. 比劫 重重은 당연히 후처로 가는 것이 좋다는 것은 고금에 다 있는 이야기이고 서방이 年干 庚金에 딸랑 붙어 있는 乙木이지 않습니까?
申에 붙어 있는 卯를 선택한다면 이것은 역전지게꾼이고, 庚에 붙은 乙의 모양은 마도로스 아니면 하급관리인데 임지를 옮겨 다니는 사람이라는 것입니다.
그런데 하급관리라는 말은 안 하고 "공직에 있는 사람 중에서 임지를 옮기는 그런 직업특성을 가진 사람이라면 이 사람의 짝으로서 무난하지만, 기타 외에 변화성이 많은 사업을 하는 사람이라든지 이런 사람은 절대로 안 된다." 이야기해 주었습니다.
상기의 모양에서 제일 나은 모양이 그나마 라이선스 사업을 하는 사람들입니다. 단위가 크지 않게 전문직이기는 한 데 자기 주변에 사람 몇 명 두고 딸랑 작은 규모로 자기사업을 하는 것까지는 인연으로서 조화도를 갖출 수 있지만 절대로 폼이 나는 모양의 사업이라든지 규모가 있는 일이라든지 이런 것을 하는 사람과는 짝을 이룰 수 없다는 것이 이미 전제가 되어 있는 것이죠.

마음을 비우게 하려고 제가 역전지게꾼 이야기는 한 번씩 해 줍니다. 역전지게꾼이라는 말은 내가 남자 덕이나 남편 덕으로 흡족하게 덕을 입고 살아가기 어렵다는 것이죠. 그러니까 내 팔내가 흔들고 살아야 된다는 것을 내가 미리 전제하고 있는 것이죠.

"그러면 공직에 있는 사람을 하면 됩니까?"
"좋은 생각입니다. 발령따라 움직이는 공직이면 좋습니다."
"발령따라 움직이는 공직이면 검사인데,"
"예예, 그럴 수도 있습니다."

학생 – 예를 들어서 대체 물상 같은 것을 보면, 이 일이 沖을 하니까 직장을 옮긴다든지 집이 이사한다든지 또는 여러 가지 일이 있는데 내가 먼저 써버리면 뒤에 할 수 있는 기운이 줄어들 수 있지 않습니까?

선생님 – 그렇죠. 驛馬殺이 왔을 때 미리 움직여 버리고 뒤에 오는 기운은 2분의 1 정도로 약하게 작용하는 그런 작용이 있는 것이 맞습니다. 논리가 맞습니다.

학생 – 이 팔자는 地支에서 보면 대운에서 남편 덕이 없잖아요?

時	日	月	年	坤命
壬	己	己	庚	
申	丑	丑	申	

甲	乙	丙	丁	戊	大運
申	酉	戌	亥	子	
42	32	22	12	2	

선생님 – 그러니까 역전지게꾼하고 만나서 살면 아무 탈 없이 살아갑니다. 그래도 자식 유도의 인자는 있지 않습니까? 자식유도의 인자는 있으니 자식이 貴人이지 않습니까? 貴人자식을 유도해 줄 수 있는 흥부 같은 사람이면 됩니다.

본인도 자식의 출현과 함께 사회적 번영이 점점 원활하게 되어 있거든요. 배우자 덕을 많이 얻기 위해서 짝을 찾지 말고, 자식의 출현과 함께 개인적인 번영이 맞물리게 되어 있으니 좋은 자식을 얻는 것에 집중해야 되죠.

상대방 남자는 무엇입니까? 10명 중의 8명은 官殺 重重이 옵니다. 부잣집의 머슴을 살고 있는 사람의 팔자를 가지고 오거든요. 그래서 상대방의 格까지 이미 정해져 있는 것이죠.

학생 – 저 사람은 결혼 안 하고 혼자 살면 잘 삽니까?

선생님 – 혼자 살면 그냥 고만고만하게 살죠. 그것은 꽃이 없는 식물이기 때문에 그렇습니다.

학생 – 그것도 일종의 추천방향이 될 수 있지 않습니까?

선생님 – 그것이 추천 방향이 될 수는 없는 것이죠. 팔자의 각본에 자식을 유도하는 인자마저 없다고 하면 그냥 혼자 고고하게 자격증이나 교육 분야로 가서 살던가 아니면 스님보다 조금 더 세속적인 생활을 하든지 그렇게 살라는 것이죠.

그런데 이 팔자는 핵심이 자식의 힘이 몰려 있는 것이지 않습니까? 丑丑이 土로서의 五行的인 힘은 약하지만, 기본적으로 土多이지 않습니까?

土가 많은 모양에 旺者 또는 多字를 설기 시켜주는 통로가 申자가 됩니다. 그래서 자식이 태어나야만 수목에 꽃이 핀 것과 같고 수목에 꽃이 피었다는 말은 대접을 받는다는 것입니다. 그래서 여자들은 새로운 이름이 생기죠. '누구 엄마'

갑자기 자기 이름을 잃어버리고 아이를 낳으면 '영희 엄마' 모양을 갖추게 된다는 것입니다. 그리고 그 꽃핀자리에 열매가 맺힌다는 것입니다. 성공과 결실이라고 하는 것이 그렇습니다.

학생 – 조화는요?

선생님 – 그것은 가짜입니다. 가짜는 진짜를 대체하기 어렵다.

학생 – 귀신의 아이라고 보면 됩니까?

선생님 – 귀신의 아이는 아니지만 가짜이지 않습니까? 가짜는 진짜를 기운적으로 완벽하게 대체하기 어려운 것이죠. 그러나 없는 것 보다는 있는 것이 낫겠죠.

화장실에 꼭 생화를 꽂아 놓지 않고 조화를 꽂아 놓아도 그럴싸한 효과는 있지 않습니까? 그러나 진짜를 대체하지는 않는다는 것입니다.

2-1-4A. 年支를 기준으로 桃花殺에 해당하는 流年

> 年支를 기준으로 桃花殺에 해당하는 流年이 오면 일종의 방탕, 방종, 일탈, 관련된 소모, 자기 자신을 치장하는 일등이 일어나는데 연애 행위의 속성과 닮은 것으로 보고 해석한다. 巳生이 午年을 만나는 경우가 도화에 해당하는데 연애사가 다발할 수 있으니 인연 발전의 시기로 채택하다.

時	日	月	年	坤命	甲	乙	丙	丁	戊	大運
壬	己	己	庚		申	酉	戌	亥	子	
申	丑	丑	申		42	32	22	12	2	

庚申生 명조의 같은 경우 작년 丁酉年에 酉 桃花를 만났지 않습니까? 桃花를 만나면서 무슨 변화를 줍니까? 안방에도 무엇인가 연관성을 주지 않습니까? 저런 경우에 실제적인 연애가 진행되는 기운이 더 두드러진다고 보면 됩니다.

남자를 만나면서 자기 침대를 더럽게 해놓고 다니는 사람은 있나 모르겠네요. 하여튼 자기가 있는 안방을 무엇인가 조금 더 다듬고 있거나 꾸미고 있다는 것이죠.

三合은 항상 관계되어 있다고 했지 않습니까? 酉 桃花는 안방과 관계되어 있다. 침대와 관계되어 있다. 그래서 연애를 하는 행위로 桃花가 쓰여 지는 것이죠.

　이 팔자의 직업은? 일반 직장에 인연이 없는 것은 당연한 것이고 주로 자격이나 교육인데 자격은 세월이 많이 걸리지 않습니까? 세월이 많이 걸리는 이유는?

　印星이 기본적으로 강하게 드러나지 못하고, 格의 형태가 雜氣에서 드러난 것이지 않습니까? 이런 경우에 학문성이 많이 요구되는 자격증 분야는 잘 안되고 주로 교육분야로 가는데 庚申 등으로 교육의 별은 드러나 있지 않습니까?

　학위는 천천히 석사, 박사를 해서 교육 분야의 강사활동을 하고 있는데 酉年이 오면 대외적으로 주목을 받을 수 있는 논문이나 업적 이런 것을 만들기는 하는데 그와 동시에 안방과 관련이 있다는 것은 연애사와 그대로 관련성을 가진다는 것입니다.

　작년(丁酉年)에 연애를 했는데 지난달이 7개월째가 되니까 丁酉年 庚戌月 또는 辛亥月에서 天干에서 食傷을 유도하는 것은 자기 재능을 드러내거나 아니면 번식행위와 관련된 것을 대체로 유도해 준다고 이렇게 보면 됩니다.

　그런 것들이 같이 매칭될 때가 되죠. 다른 것과 겹칠 때 그 논리를 비중 있게 연결해서 해석한다고 보시면 됩니다.

2-1-4B. 2-1-4A 케이스를 皆花論의 논리로 확장

> 2-1-4A 케이스를 皆花論의 논리로 확장하여 적용하는 것이다. 예를 들어서 寅生의 경우 卯年이 기본 桃花 논리를 쓸 수 있는 것이 일반인데 寅의 지위를 將星에 두고 戌을 地殺로 삼고 亥를 桃花에 준하여 해석하는 원리가 된다. 기본 神殺보다 작용력이 다소 약하더라도 실제 유년에서는 해석의 기초로 적용한다.

점수화한다면 이것이 65점 정도 기운적으로 작동한다고 봅니다. 皆花論的으로 쓸 때, 桃花로 쓰는 것은 65~70점.

2-1-5A. 年支를 기준으로 亡身殺

> 年支를 기준으로 亡身殺에 해당하는 유년이 오면 인연 발전의 시기로 삼는다. 亡身殺이란 씨름에서 샅바를 빼앗겨 끌려다니는 기운과 흡사한 것을 의미하는데 연애사가 발생한다는 것은 亡身殺과 그 의미가 깊이 통한다. 예를 들어서 巳生이 申年을 만나는 것을 의미한다.
> ■ 子午卯酉생은 淫慾殺과 중복된다.

샅바를 빼앗긴다는 것은 예를 들어서 이런 것이죠. 허리춤을 상대에게 쥠을 당하고 끌려간다는 뜻이지 않습니까? 내가 리드를 하는 것이 아니고 상대방이 나를 끌고 가는 모양이 되기 때문에 子午卯酉生은 무엇과 중복이 됩니까? 이것은 85점 정도 작용한다고 보면 됩니다.

亡身이라고 하는 것은 요즘은 도덕이 없는 세상이 되어서, 미투 metoo같은 것이 나오는 것을 보면 도덕을 도로 되찾는 것 같은 생각이 듭니다.

'얼레리 꼴레리' 나오는 기준이 뭡니까? '누가 누구를 좋아했데요.' 그런데 그것이 본인 입장에서는 "왜 이러세요?" 망신스럽게 이런 것이 되는 것이지 않습니까? 내가 싫은데 왜 자꾸 나를 끌고 가느냐? 이런 것이 되죠.

亡身殺에 해당하는 유년이 오더라도 그 기운이 淫慾殺보다 덜 하더라도 그 기운이 85점에 준할 만큼 상당히 강하다는 것입니다.

2-1-5B. 2-1-5A의 적용을 皆花論으로 확장

> 2-1-5B. 2-1-5A의 적용을 皆花論으로 확장하여 활용하는 것으로 天殺, 六害殺도 준하여 적용하는 것을 말한다. 예를 들어서 未生이 戌을 만나면 天殺을 만나는 것으로 해석하는 것이 표준인데 皆花論에서는 六害殺로 해석한다. 六害殺도 亡身殺과 한통속이므로 亡身殺에 준하여 해석하는 원리가 된다. 또 午生은 巳가 기본적으로 亡身殺에 해당하는데 丑 天殺, 酉 六害殺도 亡身殺에 준하여 해석하는 논리가 된다.

그 힘을 비유한다면 亡身殺보다는 작용력이 약하지만 70점 징도의 작용력이 발생한다고 보시면 됩니다.

2-2. 日干 육친 인연

2-2-1. 日干을 기준으로 正官, 偏官 天干이 들어오는 해

> 日干을 기준으로 正官, 偏官 天干이 들어오는 해에 인연 발전의 흐름이 발생한다. 예를 들어서 丁日干이 壬, 癸의 해를 만나는 것을 의미한다.

주로 天干이 들어올 때에는 점수로 80점 정도 비중을 두고 해석을 하시면 될 것입니다.

2-2-2. 日干을 기준으로 正官, 偏官 地支가 들어오는 해

> 日干을 기준으로 正官, 偏官 地支가 들어오는 해에 인연 발전의 흐름이 발생한다. 예를 들어 丁日干이 亥, 子의 해를 만나는 것을 의미한다.

地支는 현실 속에 실제적으로 기운이 드러난 것을 말하는 것이므로 丁 日干이 亥子의 해를 만나는 것을 말하는데 그 기운의 작용은 90점 정도라고 보면 됩니다.

오기는 오는데 比劫이 冲하고 印星이 冲하고 이래 버리면 결국은 官星이 오기는 왔는데 그것을 冲하는 자의 六親에 의해서 그 관계가 원활하지 못한 그런 작용이 발생하게 되죠.

2-3. 日支 기준

2-3-1. 日支를 기준으로 三合에 해당하는 인자

> 日支를 기준으로 三合에 해당하는 인자가 들어올 때 인연 발전의 기운이 강화된다. 三合이란 사회적인 합으로 우선 해석하는데 자신이 오래 머무르는 공간(日支)에 사회적인 관계가 만들어진다는 것은 연애사가 가장 많음을 의미한다. 예를 들어서 申날에 태어난 사람이 申子辰 년을 만났을 때가 된다.

점수화한다면 이것은 85점. 日支의 변화성 이런 것을 만남의 기준에서 자세히 볼 필요가 있습니다.

2-3-2. 日支를 기준으로 六合이 들어오는 해

> 日支를 기준으로 六合 들어오는 해에 인연 발전의 흐름이 발생한다. 六合이란 부부 陰陽 合으로 우선 해석하는데 자신이 오래 머무르는 공간(日支)에 陰陽 관계가 만들어진다는 것은 연애사, 애정사가 강하게 따름을 의미한다. 예를 들어 申일에 태어난 사람이 巳年을 만났을 때가 된다.

보통 日支를 六合하는 것들은 수태를 유도하는 인자들이 잘 발생을 한다고 보면 되죠.

2-3-3A. 日支를 기준으로 冲에 해당하는 인자

> 日支를 기준으로 冲에 해당하는 인자가 들어올 때 인연 발전의 기운이 강화된다. 자신이 오래 머무르는 공간(日支)에 冲을 가한다는 뜻은 새로운 인연을 만나거나 끌어들이는 힘이 강력하다는 의미가 된다. 예를 들어 日支가 申일에 해당하는 사람이 寅년을 만났을 때가 된다.

時	日	月	年	乾命	壬	辛	庚	己	戊	丁	大運
乙	甲	丙	壬		子	亥	戌	酉	申	未	
亥	午	午	寅		54	44	34	24	14	4	

 이 사람이 그런 예에 속하죠. 戊子年에 기존 배우자와 정리를 하고 새로운 인연을 불러들이더라는 것이죠. 戊申生은 戊子年에 三合을 따라서 왔죠? 지금 현재 짝이지만 짝이 되는 戊申生 여인은 戊子年에 짐을 싸고 왔다는 것이죠.

 三合의 용도라고 하는 것은 궤도수정이라고 하는 일반적인 의미, 공간 이동이라고 하는 의미는 있지만, 그 목적이 사회적이거나 애정 중심적이거나 또는 다른 조건입니까?

 사회적이라고 하는 것은 무엇을 보고 온 것입니까? 돈을 보고 왔는데 금전적인 것이 워낙 원활하지 못하거나 자기가 생각한 만큼의 충족이 없으면 갈등이 생긴다는 것이죠.

 이런 것들을 원리적으로 알면 미리 말을 할 수도 있지만, 가만히 듣고 있으면 "그래, 그래 너의 말이 맞다." 이렇게 되는 것이죠. 戊申生이 壬寅生과 최초에 관계성을 만들어 내게 된 어떤 의도나 목적이나 방향이 사회적인 목적이지 않습니까?

사회적이라고 하는 것은 그 사람이 가진 조건, 경제력 이런 것을 쫓아서 온 사람이기 때문에 거기에 대한 추구성이 계속 있는 것이죠. 그런데 壬寅生의 財星이 드러나 있습니까? 숨어 있습니까? 財星이 숨어 있으면 부인에게 돈을 잘 씁니까, 안 씁니까?

"언젠가는 주겠지! 안 주고 되나? 두고 보자!" 이렇게 되는 것이죠. 그런 것들이 누적되었을 때 戊申生 부인 입장에서는 갑갑증이 쌓이고 쌓이는 것이죠.

실제 상담 내용도 남편이 외국에 있는데 잠깐 들어온 것이에요. 戊申生도 올해 驛馬殺이지 않습니까? 잠깐 들어와 있는데 밖에 누구와도 만나고 싶은 마음이 없는 것이죠.

앞으로 어떻게 가야 되나? 하는데 어차피 己亥年 庚子年에 壬寅生 남편의 입장에서 볼 때 잘 지내게 됩니까? 오히려 갈등이나 새로운 삶의 모양을 짜게 됩니까? 그러니까 갈등과 새로운 모양을 짜게 되지 않습니까?

그동안에 받은 것이 없는 것은 아닌데 기대보다는 부족하다. 또 자기가 기대하는 수준의 사회적인 활동 이런 것을 해주지 않을 때 그런 것이 누적되었다는 것입니다.

본인도 폭발 직전에 들어와 있는데 "내년, 내후년에 자동으로 교통정리가 되기 시작을 할 것이니까 재미나게 놀아라. 한국에 왔을 때!" 했는데 "예 그래야겠네요." 했는데 그렇게까지 되지는 않겠죠.

점수로는 80~85점 정도 됩니다. 冲은 길흉이 혼재되면서 오는데 그 힘은 80점 정도 됩니다. 구체화될 기운이 강하게 있는 것이죠.

2-3-3B. 2-3-3A의 경우에 해당하면서 日支가 사주 내의 다른 地支와 三合 또는 六合에 해당할 경우

> 2-3-3A의 경우에 해당하면서 日支가 사주 내의 다른 지지와 三合 또는 六合에 해당할 경우 더 강력한 작용이 일어난다. 예를 들어서 申일에 해당하는 사람이 巳月 또는 巳年, 巳時로 合이 되어 있는 경우 寅年이 오면 더 강력한 작용이 따르게 되는 경우가 많다.

이 경우에는 寅年이 와서 沖을 하면서 다른 地支와의 合은 아니고 이 경우에는 刑에 해당하죠. 刑에 해당하는데 다른 地支를 刑한다는 것은 전체적으로 재편한다는 에너지가 있다. 이런 뜻입니다.

2-3-4. 日支를 기준으로 刑 (刑 : 三刑, 自刑)

> 日支를 기준으로 刑(刑: 三刑, 自刑)에 해당하는 인자가 들어올 때 인연 발전의 기운이 강화된다. 자신이 오래 머무르는 공간(日支)에 刑을 가한다는 뜻은 새로운 인연을 만나거나 끌어들이기 위한 인위적 노력이 있다는 의미가 된다. 이런 원리로 인연 발전의 기운이 따르게 되는 것이다.

물론 다른 것과 중복이 필요하겠죠. 그 앞에 2-3-3B 같은 경우에 샘플이 예쁘지는 않은데 巳月 또는 巳年보다 亥月, 亥年 같은 것이 있으면 이 텍스트와 부합이 되겠다. 그렇죠?

이런 경우에 점수로 하면 85점정도. 2-3-4도 그 자체 고유 만으로도 70~75점.

2-3-5. 日支를 기준으로 元嗔, 六害, 相破

> 日支를 기준으로 元嗔, 六害, 相破에 해당하는 인자가 들어올 때 인연 발전의 기운이 강약 차이를 두고 발생한다. 자신이 오래 머무르는 공간(日支)에 元嗔, 六害, 相破가 작용한다는 뜻은 새로운 인연을 만나거나 끌어들이기 위한 인위적 노력이 따른다는 의미가 된다. 元嗔은 부족함을 채우기 위한 유혹, 六害는 남들이 모르게 흐트러진 것을 다시 바로 하려는 행위, 相破는 외부적 손상을 주지 않고 내부를 바꾸는 운동으로 해석하기 때문이다. 이런 원리로 인연 발전의 기운이 따르게 되는 것이다.

◈ 元嗔

유리창에 금이 갔는데 금이 간 것을 다시 붙이는 행위 이런 것들이 元嗔에 해당하는 것이죠. 아니면 창문 밖의 차양이 짧은데 차양을 조금 더 늘린다든지 이런 것들이 부족함을 메우려고 하는 것이 되는 것이죠.

六害

六害는 남들이 몰래 흐트러진 것을 바로 하려는 행위가 되는데 원래 六害자체는 일종의 고독성을 조성하는 것이니까 채워진 사람일 경우에 즉 짝이 있는 경우에는 상대방을 크게 한 번 밀쳐내는 행위와 맞물린다고 보시면 됩니다. 六害는 잘 볼 필요가 있습니다.

相破

相破는 외부적 손상을 주지 않고 내부를 바꾸는 운동으로 해석하기 때문이라고 했는데 相破는 어떤 행위와도 맞물리느냐 하면 기도하는 행위와도 맞물립니다. 그래서 목적성을 가진 기도 이런 것들이 "하느님, 저 친구에게 저주를 내려 주십시오." 하는 이런 것이 相破殺입니다.

밖은 뭔가 손상이 되지 않으면서 속으로 뭔가 훼손되기를 바라는 것이니까 전자레인지 효과죠. 밖은 훼손되지 않으면서 속을 흔들어 놓아서 바꾸는 그런 것이니까…

안방에서 기도하고 있다는 것은 이성이 잘 되어서 들어오기를 바라는 목적성을 가진 기도 이런 것이 相破에 해당한다는 것입니다. 그런 것이 들어올 때인데 이때 다 65~70점씩은 기본적으로 주고 시작을 하면 됩니다.

2-4. 六親의 상호작용

2-4-1. 開庫인연: 自庫, 官庫를 冲

> 開庫인연 : 自庫, 財庫를 冲하는 원리를 말한다. 사주 干支 어디에 있든지 自庫가 있는 경우나 財庫가 있는 경우 이를 相冲하는 인자를 만날 때 인연 발전의 기운이 강하게 형성된다. 예를 들어서 丁日干 사주에 (年月日時 위치에 상관이 없이) 丑이 있으면 未年에 인연 발전이 이루어진다. 正官이 入庫인 辰이 있으면 戌年, 偏財 入庫인 未가 있으면 丑年에 인연 발전 기운이 발생한다.

이것도 다 배우자 인연법에 썼던 논리죠. 배우자 인연법에서 했던 논리를 유년에도 풀어서 확장하는 것인데 開庫인연 즉 배우자 인연법으로서는 띠로써 썼지만, 이것은 유년에서 오는 해로써 쓰는 것이죠.

亥, 子年이 六親으로서 인연발전의 기운으로 해석하지만 六親法으로 본다면 亥가 正官, 子가 偏官이지만 未가 있는 경우에는 丑年이 와야 제대로 이성의 출현이라든지 관계성이 만들어지기 시작을 한다. 이렇게 보면 되죠. 이것도 점수화하면 85점.

2-4-2. 사주에 官星이 드러나 있을 때 官星을 合
    (合 : 三合, 六合)하는 자

> 사주에 官星이 드러나 있을 때 官星을 合(합: 三合, 六合)하는 인자가 들어 올 때 인연 발전의 흐름이 발생한다.(地支 중심). 예를 들어서 丙 日干에 子가 있는데 申年이 오면 인연 발전이 이루어진다.

이것은 三合논리와 맞물리죠. 天干에 있는 경우에도 이 논리를 쓰기는 씁니다.

時	日	月	年	坤
癸	丙			命

戊가 오면 본인에게는 食傷의 행위가 되지 않습니까? 食傷의 행위가 癸를 끌어 붙이는 것이 되죠. 원래는 丙과 癸가 사이가 되게 좋지는 않습니다.

癸水가 세력이 없거나 이러면 또 다른 조건에 의해서 隔角이 되어 있거나 이러면 癸水를 잘 쓰지 않습니다. 戊라고 하는 통로작용을 하는 또 官星을 作合한다는 것이죠. 官星을 作合하는 그런 기운이 올 때 인연발전이 잘 이루어지는 원리인데 저런 기운이 올 때 작용하는 것이 85~90점

2-4-3. 사주에 食傷이 드러나 있을 때 食傷을 合 (合: 三合, 六合)하는 인자

> 사주에 食傷이 드러나 있을 때 食傷을 合(合 : 三合, 六合)하는 인자가 들어 올 때 인연 발전의 흐름이 발생한다. (天干 地支 병용). 예를 들어서 丙日干에 辰이 있는데 申年이 오면 인연 발전이 이루어진다. 丙日干에 戊가 있는데 癸가 오는 경우도 해당된다.

이것은 食傷이 있는데 官이 오는 것, 辰이 있는데 申이 오는 것은 무엇입니까?

이것은 돈을 들고 오는 남자 이런 뜻이죠. 돈을 들고 오는 남자인데 財星이 더 위주가 되어 있으면 경제적인 보상이나 충족성에 더 치중된 인연 이런 뜻도 됩니다.

예를 들어서 丙日干에 辰이 食神인데 子가 오면 財가 온 것입니까? 官이 온 것입니까? 官이 왔잖아요. 그것은 자식을 얻으려고 하는 번식의 용도를 채우는 가장 표준적인 만남을 의미하는 것이고 그다음에 申이 와서 결혼하는 것은 "진짜로 돈이 많다고 해서 시집을 갔잖아!" 이렇게 되는 것이죠.

다른 조건이 잘 안 맞아 떨어질 때는 본인이 食神이 合財를 하는 경우에 보통 새로운 여자가 스스로 자영(自營) 즉 스스로 경영을 하는 장사나 사업과 같은 것을 벌리게 되는 것들도 食神에 合財가 될 때입니다. 명 안에 食神에 合財가 되면 뭐라고 합니까? 주로 먹을 것을 다루어서 돈을 벌어들이는 요식업의 행위와 상당히 많이 맞물려서 보게 되는 것이죠.

운에서 올 경우에는 食神을 재물 발전의 용도로 끌어다가 붙이는 그런 행위가 발생한다고 보면 되죠.

여자는 財星을 쳐다봐서 짝을 짓는 경우도 많이 있습니다. 요즘은 여자들이 스스로 경제활동을 활발히 함으로써 그런 비중이 떨어지고 있지만, 옛날에는 남성이 주도하는 사회에 편입될 수밖에 없었던 것이 주로 경제권의 장악 문제였거든요. 그래서 여인이 경제권을 얻는다는 것은 어떤 놈이 재물적인 보상을 해줄 수 있는 환경이 왔다고 보는 것입니다.

번(繁) 이죠. 번거롭다 할 때도 쓰고 번식을 한다고 할 때도 쓰는 것 아닙니까? 繁이 이루어지는 구조를 조금은 생각해 볼 필요가 있는데 이런 것과 같습니다. 동굴생활을 할 때 남녀의 역할이 다르지 않습니까?

문자의 출발도 그렇지 않습니까? '男' 남자가 밭에 가서 힘을 쓰는 사람 여자는 산모의 고통을 象形으로 표현했다고 하는데, 그것이 오래전부터 보편적인 존재 양식이었다는 뜻이지 않습니까?

남자는 밭에 나가서 일해야 되니까 채집, 수렵, 사냥을 통해서 항상 돌 방망이를 들고 맘모스를 때려잡을 마음을 가지고 가는데 잡아 오는 것은 토끼 두 마리라는 것이죠.

그런데 토끼 두 마리를 잡다 보니까 그래도 토끼 한 마리만 먹어도 그날을 살아갈 수 있는 것이고 한 마리는 옆에 있는 다른 여인에게 주니까 그 여인의 입장에서는 참 고맙잖아요.

사냥에서의 능력 차이라고 하는 것이 생기고 그 잉여물을 주다 보니까 2중적인 관계가 형성되는 것인데 여자 입장에서는 이런 것입니다. 맘모스를 잡으러 다니는 놈이나 토끼밖에 못 잡는 놈이나 나한테 주는 놈이 중요한 것이지 않습니까?

그리고 그놈의 새끼가 이놈이든 저놈이든 다 내 새끼이지 않습니까? a이든 b이든 c이든 다 내 새끼이니까 내 새끼를 낳았을 때 지속적으로 뭔가 이 아이를 성체로 만들 때까지 도와줄 수 있는 경제력이 있는가? 이런 것들도 배우자 선택의 요소에서 중요한 요소였다는 것이죠.

학생 – 지금도 당연한 것이죠.

도덕 추구의 세상이 되어서 그렇지만 그것이 어떻게 보면 생태적이었다는 것입니다. 이것은 잘했다 못했다 이런 것은 아닙니다.

여자에게서의 재물이라고 하는 것은 번식의 목적을 안정적으로 이루는 수단이 되고, 거기에 묻어 따라온 남자는 자기가 행동을 했다는 것이죠.

그런 요소 때문에 財를 만난다는 것이 그렇고 어차피 이놈이 나를 좋아하든지 저놈이 나를 좋아하든지 내 새끼가 제대로 자라나는데 도움을 주는 놈이 중요한 것이지 않습니까? 그래서 나이가 들면 들수록 그런 확률을 끌어올리기 위해서 사랑을 주는 오빠보다 돈을 주는 오빠가 훨씬 좋다는 것이죠.

그런 개념에서 왜 財星이 왔는데 끝까지 남자가 온 것으로 보느냐? 이렇게 의구심을 가지고 생각할 수 있기 때문에 제가 이 부분을 비유해서 설명을 해 드린 것입니다.

食傷을 습한다는 것은 즐거운 것입니다. 습이 된다고 하는 것은 또 새로운 것이 생산된다는 뜻이기 때문입니다. 이런 기운이 올 때도 85점입니다.

사랑을 주는 남자보다 돈을 주는 남자가 더 좋더라는 것이죠. 그런데 이게 둘 다 차지하고 살려고 하니까 피곤해지는 것이죠. 상담을 해보면 꼭 둘 중의 하나가 사랑을 주면 돈이 아쉽고 돈을 주면 사랑이 아쉽고 또 돈도 사랑도 주는 놈은 수명이 짧은 것이죠.

한 15년 동안 사랑과 돈을 열정적으로 주고 깨끗하게 보험 들어놓고 굿바이 하면 참 고마운 오빠이기는 한데 자연의 원리라고 하는 것이 다 채워지기 어렵다는 것이죠.

봄에는 가을바람이 잘 불지 않는다는 것입니다. 이런 논리와 같이 한 남자에게서 모든 것을 다 얻는다는 것도 참 어렵다고 하는 것이죠.

그랬거나 말거나 누군가 合을 해 준다는 것은 인연발전의 인자로 의미가 있다. 또는 의미가 크다고 보면 되죠.

2-4-4. 사주에 財星이 드러나 있을 때 財星을 合 (合: 三合, 六合) 하는 인자

> 사주에 財星이 드러나 있을 때 財星을 合(合: 三合, 六合)하는 인자가 들어올 때 인연 발전의 흐름이 발생한다. (地支 중심) 예를 들어서 丙 日干에 申이 있는데 子年이 오면 인연 발전이 이루어진다.

이런 경우에 재물활동을 하는 무대 또 재물이 여러 가지로 형성될 수 있는 인자에 간섭을 하는 자가 동반하는 것이 되는데 보통 이런 경우 다른 조건이 잘 안 맞는 경우에는 직장이나 일에서 무대가 좋아지는 경우도 많이 볼 수 있습니다.

그런 경우에는 진급을 시켜주기는 시켜주었는데 애정적인 요소를 가진 것이 아니고 그 사람이 비즈니스를 놓아 주던지 사회적인 보상을 거들어 주는 그런 형태의 남자인데 애정적인 경우와 별개인 경우도 볼 수가 있죠. 이 경우에도 70점.

학생 – 남자 것이라고 하면 財가 있는데 官도 오기 때문에 그런 경우에 당연히 가족의 형성이 되는 것입니까?

선생님 – 가족의 형성이라고 하는 논리가 되죠. 그런데 여자들도 財星과 官星이 무리를 지으면 그때 인연 발전의 기운으로 봅니다. 참 고마운 오빠가 나타나는 것이거든요.

官星이 오면 그 官星이 훼손된 모양이 아니라면 財星하고 合을 하잖아요? 財星하고 合을 하면 그때 보통 본인이 머무르는 직장, 일터 이런 곳에서 계급장이 새로 만들어집니다. 그런데 그 계급장이 새로 만들어지는 곳에 도움을 주는 오빠야가 있더라는 이런 논리가 되는 것이죠.

2-4-5. 사주에 劫財가 드러나 있을 때 劫財를 合 (合:三合, 六合, 天干合)하는 인자

> 사주에 劫財가 드러나 있을 때 劫財를 合(合: 三合, 六合, 天干 合)하는 인자가 들어올 때 인연 발전의 흐름이 발생한다. (天干 地支 병용) 예를 들어서 丙 日干에 午가 있는데 未, 戌, 寅년이 오거나 丙 日干에 丁이 있는데 壬이 오면 인연 발전이 이루어진다.

午 고유의 역할 즉 劫財 고유의 역할을 제대로 못 하게 만들 경우에 劫財가 떠난 자리에 새로운 인연이 된다는 것이죠. 이것이 六親的으로 正官의 모양, 표준적인 모양이 아닌 경우가 많죠.

그 남자의 입장에서 예를 들어서 丙午에 未가 와 있다고 합시다.

丙
午 ─── 未가 왔다면?

이럴 때 未와 관계성이 발생할 때, 물론 未로서 볼 때도 午하고 作合을 하고 있으니까 서로 밀접한 인간관계나 애정관계가 있다고 볼 수 있지만 '친구(未)의 친구(丙)를 뭐했네?' 이런 노랫말도 있죠. 경험은 없으실지 몰라도 '친구의 친구를 사랑했네!' 가 되니까 남자의 입장에서 보면 이것이 정태적(正態的)인 모양이 아니라는 것이죠.

未 입장에서 보면 丙 正印을 만난 것이지 않습니까? 正印을 만나는 것이니까 정상적이지는 않는데 그래도 일단은 인연의 관계성은 만들어질 수 있다고 보는 것이죠.

丙日干에서는 얼마나 고마운 남자입니까? 劫財 午를 꽉 붙들어서 작동을 못 하게 해 준 것이니까 그렇지 않습니까?

물론 그런 未가 떠나면 어떻게 됩니까? 다시 '메롱' 하면서 午는 "나는 劫財다."하면서 작동을 하게 되죠. 짧은 만남이었지만 그 감동은 또 다른 것 아니겠습니까? 이것도 점수화를 한다면 70점 정도가 됩니다.

2-4-6. 사주에 劫財가 드러나 있을 때 劫財를 冲하는 인자

> 사주에 劫財가 드러나 있을 때 劫財를 冲하는 인자가 들어올 때 인연 발전의 흐름이 발생한다.(地支 중심). 예를 들어서 丙日干에 午가 있는데 子年이 오면 인연 발전이 이루어진다.

時	日	月	年	乾命	壬	辛	庚	己	戊	丁	大運
乙	甲	丙	壬		子	亥	戌	酉	申	未	
亥	午	午	寅		54	44	34	24	14	4	

이 경우에 寅을 冲하는 申年에 인연발전이 이루어지는 것이 됩니다. 그리고 申生을 만나게 되는 것이 因緣法으로 치면 去留法이 되죠? 유년에서는 年冲 그다음에 比劫을 冲해주는 것이니까 그렇죠?

상기 명조의 입장에서는 午中의 己土 두 개의 여인들을 믿을 수가 없는 것입니다. '이상하게 너에게서 느껴지는 남자의 흔적' 이런 것이 보이는 것이죠.

차라리 순서가 내 곁으로 오기 전에 寅이 그 여인을 붙들지 않습니까? 다른 남자가 붙들었던 흔적이 보이는 것이죠. 戊申은 물론 나이 때문에 이미 연령 때로 볼 때 다른 남자가 있었지만 그래도 寅의 흔적이 지워진 모양이라고 하는 것입니다. 남자가 여자들에게 느낌을 받을 때 즉, 감정적인 카운터를 할 때 너에게서 순수가 보인다. 이런 것 하지 않습니까?

사실 동물의 세계로 보면 이런 것입니다. 아까 繁 이야기도 했지만, 繁 이라고 하는 것이, 옛날 이것을 가지고 글을 쓰기도 했는데 사바세계에서 생명이 있는 모든 것의 궁극적인 동작과 행위와 삶을 딱 한 글자로 함축한다면 그것은 繁이라고 하는 것입니다.

번식(繁殖) 확률을 높이기 위해서, 프로이드의 정신 분석학에서도 수많은 의식 무의식을 나누지만, 그것도 거기서 나눈 욕망이 성욕, 수면욕, 식욕 이렇게 나누지만, 번식 확률을 높인다는 것입니다. 그러면 그 번식확률을 높여야 할 때 남자들이 얻고 싶은 것이 무엇이냐 하면 부성불확실성(父性不確實性, 영어: paternal uncertainty)의 제거입니다.

저 여인이 분명히 수태했는데 나의 아이를 가졌을지, 딴 놈의 아이를 가졌을지 불확실하다는 것입니다. 부성불확실성(父性不確實性) 이것을 제거해주는 존재.

그런데 여자는 이놈 것이든 저놈 것이든 어차피 내 것이지 않습니까? 모성은 불확실성이라고 하는 것이 없지 않습니까?

부성불확실성이 남아 있는 것이죠.

그 부성불확실성을 남자들이 제거하기 위해서 토끼 잡아다 주고 그것도 안 되어서 멧돼지까지 썰어서 가져다주고 이렇게 하는 것입니다. 그러면 그때 여인들은 어떻게 하느냐?

토끼도 널어놓고 멧돼지도 널어놓는 것이죠. 서방이 선물을 해주면 그것이 금가락지면 이것을 숨겨야 하지 않습니까? 일부로 꺼내 놓는 것이죠. 만날 때 "가방 바뀌었네." 하는 것이죠.

이것이 나에게 서포팅supporting을 하는 또는 부성불확실성을 극복하기 위해서 애쓰는 놈의 능력이 가방이라는 것입니다. 그래서 일부로 가방을 메고 팔찌, 시계도 있을 것이잖아요. 여러 종류지 않습니까? 그러니까 만나면 부성불확실성을 극복하려는 파트너 컨디션을 여자들끼리 액세서리 보면서 챙긴다니까요.

"가방이 바뀌었네!", "목걸이가 바뀌었네!" 하면서 챙기는 것도 결국은 "야 봐라, 나에게 이렇게 부성불확실성을 극복하려고 애쓰는 놈이 많다. 있다." 이런 것을 보여주기 위한 것이라는 겁니다.

그래서 劫財의 흔적, 比劫의 흔적 이런 것들이 가장 선명하게 없을 것 같은 느낌과 에너지를 줄 때 남자는 집착을 한다는 것입니다.

이 내용은 제가 지은 것이 아니고 사회과학 서적을 여러 분이 많이 보시면 그것만이 옳다고 하는 것은 아니지만 그런 시각에서의 이해가 영 어긋난 시각이 아니고 생태적인 것을 언급하고 있는 것이 맞다고 하는 것이죠. 그래서 왜 劫財를 남자들이 싫어하느냐? 부성불확실성이 깔리기 때문에 그렇다는 겁니다.

여자도 마찬가지로 劫財가 드러나 있을 때 劫財를 合하는 것, 劫財를 冲하는 인자가 오는 이런 것들도 나에게 생존환경을 잘 조성해주어야 되고 官星이 劫財에게 자꾸 기운을 빼앗기는 것을 극복하게 한다는 것이죠.

남자들은 상대적으로 그 부성불확실성을 극복하기 위한 방법으로서 이런 방법도 쓰죠. "이 세상에서 제일 예쁜 여자는 오늘 처음 만난 여자이다."

그 이유가 뭡니까? 어찌되었든 수태 확률을 높여야 되잖아요. 그래서 여자 입장에서 볼 때는 또 다른 여자를 자꾸 쳐다보는 에너지가 깔리면 자기가 보상받을 수 있는 부분이 줄어들지 않습니까?

그래서 또 劫財를 배제할 때가 되는 것이죠. 劫財가 드러나 있을 때 劫財를 제거해 주는 그런 인자가 올 때 인연 발전의 흐름이 발생을 한다는 것입니다.

2-4-7. 사주에 食傷이 드러나 있을 때 食傷을 入墓하는 인자

> 사주에 食傷이 드러나 있을 때 食傷을 入墓하는 인자가 들어 올 때 인연 발전의 흐름이 발생한다.(天干인자와 地支와의 관계). 예를 들어서 甲日干에 丙이 드러나 있다면 戌年에 丁이 드러나 있다면 丑年에 인연 발전이 이루어진다.

특히 傷官이 드러나 있을 때 그런 작용이 많습니다.

時	日	月	年	**坤**
壬	己	己	庚	**命**
申	丑	丑	申	

　이런 형태가 되죠. 傷官이라고 하는 것이 강하게 드러나 있을 때 傷官을 入庫하는 해가 언제입니까? 앞에서 한 샘플 庚申生에 己丑일주의 경우 丑年이지 않습니까?
　이 여인이 庚子年까지 잘 버티지는 않지만 辛丑年에 짝을 짓는 이유는 남자가 서 있을 공간을 약하게 만드는 傷官을 丑에 入庫시키기 때문에 인연발전의 기운이 발생한다.

　학생 – 戊土가 丑土를 보든지 己土가 戌土를 보면 그것도 劫財로 봅니까?

　선생님 – 그것도 일단 劫財입니다.

　학생 – 劫財 入庫가 아니고요?

　선생님 – 그렇죠. 劫財 入庫가 맞습니다. 그래도 그런 경우에는 劫財는 그런 자체에 劫財의 작용이 어느 정도 깔려 있다고 봐야 됩니다. 수많은 케이스를 봐서 알기 때문에 그렇습니다. 그런 경우가 아는 안면인 경우가 많습니다.
　어느 경우에 진짜 형부가 아니고 친한 언니이니까 "형부, 형부!" 이렇게 불렀는데, 이 친한 언니가 세상을 떠난 것이에요.

세상을 떠나게 되고 이 남자 입장에서 "처제, 처제" 불렀는데 그 처제와 다시 결혼해서 살고 있습니다. 그래서 劫財는 劫財더라는 것입니다. 그러한 케이스를 한 번씩 보게 됩니다. 그런데 劫財로서의 작용력보다는 劫財 入庫로서의 작용력이 더 강하다 이렇게 보면 맞습니다.

2-4-8. 사주에 食傷의 투출이 天干, 地支 어디에도 없을 때 流年에서 食傷 인자가 들어 올 때

> 사주에 食傷의 투출이 天干, 地支 어디에도 없을 때 流年에서 食傷 인자가 들어 올 때 인연 발전의 흐름이 발생한다. (地支우세) 예를 들어서 甲午年, 庚午月 庚戌日, 辛巳時의 경우 亥, 子년에 인연 발전이 이루어진다.

이것은 명이 身旺하고 食傷의 소통이 없는 경우에 이런 경우에 많이 발생합니다.

時	日	月	年	命
辛	庚	庚	甲	
巳	戌	午	午	

샘플은 오히려 명이 調候상 쏠려있죠? 이 경우에 身旺으로 보기에는 힘이 들지만, 食傷이 굉장히 무력하지 않습니까? 이런 경우에 食傷이 올 때 "이제 나는 나간다." 이러면서 官星에 갇혀 있다가 食傷을 따라갈 때, 또는 身旺해서 食傷의 소통이

없는 경우에 食傷이 오면 이때 된다는 것이죠.

  이 경우도 결혼에 의지력 발휘 이런 측면에서 85점 정도가 됩니다.

  이런 경우에 명조를 보니까 아시겠죠? 이런 경우에 炎火土燥의 형국에서 土燥하면 번식을 위한 터전으로 잘 쓰지 않는 기운으로 바뀌어 버리는데 갑자기 사막에 비가 오니까 번식의 기운이 동요가 되지 않습니까? 갑자기 안달이 나서 시집간다고 난리가 납니다. 그런 것이 대중가요를 보면 수두룩합니다.

학생 – '야반도주' 이런 노래도 있습니다.

선생님 – 그런 경우도 있습니다. 년하고 冲을 만나거나 驛馬를 만나면서 그렇게 하면 그놈하고 야반도주 이런 식이 되는 것이죠.

학생 – 죽고 못 사는 사람 이런 것입니까?

선생님 – 그렇죠. 이 양반이 샘플에는 子年을 만나서 子가 나를 미치게 하는 케이스이지 않습니까? 傷官이면서 正官을 破官한다는 것입니다. 그러면서 午에 대해서 冲을 일으키지 않습니까? 그러니까 자기만 보면 미치겠다는 것입니다. 무조건 午라고 하는 공간을 움직이자고 하는 것이죠.

2-5. 進神 退神원리: 刑 冲 破 害 인자를 만나서 財星이나 여러 인자가 안정되지 않을 때 (특히 相冲일 경우) 이것을 해소 시키는 시기

> 進神 退神원리: 刑 冲 破 害 인자를 만나서 財星이나 여러 인자가 안정되지 않을 때 (특히 相冲일 경우) 이것을 해소 시키는 시기를 인연 발전의 시기로 삼는 원리이다. 예를 들어 사주 명내에 寅申 相冲이 있을 때 寅의 進神인 卯와 申의 退神인 未가 卯申 合(乙庚 合), 寅未 合(甲己 合)을 유도하여 冲을 진정시키는 작용을 유도하게 되는데, 卯年이나 未年에 인연 발전을 이루게 되는 원리가 된다.

그림 60)

```
            寅    申
①그룹       卯    未
②그룹       亥    巳    (六合을 이루는 자)
③그룹       午戌  子辰  (三合을 이루는 자)
④그룹       丑酉亥
```

이것은 인연법에도 썼었죠. 인연법에도 썼었지만, 이것을 유년법에서도 쓰는데 이때 進神 退神에서 관계성을 따져보면 ① 그룹이 卯와 未 ②그룹이 六合자가 되는 亥와 巳가 되죠. ③그룹은 相冲의 인자를 해소 완화시켜주는 寅申巳亥는 六合자로 들어오죠. 맷돌 기억이 나시죠? 三合을 이루는 자 午戌, 子辰이 되죠.

④그룹에 잘 안 나타나게 되는 그룹들이 깔리게 되는 것이죠. 丑酉亥가 되고 冲에 의해서 불안정성이 이루어지는 것을 안정시켜주는 인자로서 卯未 巳亥가 이렇게 일반적으로 인연법적으로 해석했다면 유년에서도 卯年이나 未年이 왔을 때, 亥年이나 巳年이 왔을 때, 三合도 어느 정도 진정을 시켜주는 작용이 옵니다.

寅申 相冲이 이루어졌을 때 寅이 돌아다녀야 되는 사회적인 궤도이지 않습니까?

"왜 출근을 하지 않느냐?"

寅의 입장에서 "申과 계속 싸우고 싶은데 내가 출근 때문에 참는다." 아니면 이 갈등을 해소하기 위해서 三合에게 전화를 하는 것이죠. 전화를 거는 관계로서 이 三合이 무리 지어 있으니까 "혹시 너 申을 모르나?" 하는 것이죠. 전화해 보니까 전화가 잘 안 되는 것이죠. 申과 연결성이 약하지 않습니까?

이런 식으로 도표화를 한번 해 보세요. 도표도 제가 다 만들어 놨는데, 직접 무엇 때문에 그렇겠다는 것을 스스로 작성을 해보면 관계성이나 이런 것들이 나오는데, 특히 올해 같은 경우에는 卯月의 辛酉일주 같은 경우에 남자라고 합시다.

時	日	月	年	乾命
	辛			
	酉	卯		

이런 경우에 기본적으로 財星과 相冲을 일으키고 있죠? 물론

干與支同이 되어 있어서 배우자를 맞아들이기 어려운 그런 기운이 발생해 있기는 합니다.

　지난 시간에 샘플로서 간단히 언급했습니다. 올해 戊戌년에 六親상 戊 印星, 戊 印星이 되고 羊刃이 붙지 않습니까? 羊刃이 붙는데도 불구하고 무엇을? 相沖의 갈등을 일시적으로 완화시키고 해소 시켜 놓았지 않습니까? 그런데 여기에 六親的으로 누가 역할을 많이 합니까?

　엄마가 "안 갈래?" 그러면 자기도 칼을 빼고 움직이지 않습니까? 그러면 후다닥 가 버립니다.

학생 – 명 내에 沖이 있을 때는 가는데 沖이 없고 合만 있을 때는?

선생님 – 合만 있을 때는 合을 때려 주는 것이 오히려 변동성을 주는 것이죠.

時	日	月	年
	辛		
	酉		

乾命

卯年이 왔을 때

①그룹　辰戌　(進神 退神)
②그룹　子午　(六合)
③그룹　巳丑 亥未 (맷돌중간자. '통관지신을 조금 더 앞세움')
④그룹　나머지

이렇게 있는데 이 사람에게 卯年이 오면 이때 財星의 출현이 발생하는데 이때 卯띠라고 하는 것을 그대로 가져오는 것을 볼 수도 있고 그다음에 進神 退神이 되는 辰生이나 戌生이 오는 것을 볼 수도 있습니다. 辰生 戌生이 ①번이 되죠.

②번 그룹은 맷돌중간자. '통관지신을 조금 더 앞세움'이죠. 그래서 子와 午가 되죠. ③번 그룹은 三合 그룹이 되는 巳와 丑이 되고 그다음에 亥와 未가 되죠. ④번 그룹이 나머지 그룹이 깔리겠죠?

이렇게 보면 ①번과 ②번 그룹 안에서 왔다고 하면 관계성이 농후한 것으로 보고 ③번이나 ④번 그룹은 사회적인 결합이니까 애정적인 결합으로서는 약하죠. 그러나 일단은 ④번 그룹보다는 ③번 그룹이 낫고 ③번 그룹보다 ②번 그룹이 낫다고 보시면 됩니다.

이렇게 해서 표를 정리해 보시면 "이런저런 띠들의 출현이 있겠구나!" 하게 되는 것이죠.

학생 – 卯酉가 地支에 있는데 예를 들어서 상대방이 辰戌을 다 가지고 있으면, 사람끼리 볼 때 상대방이 辰戌을 다 가지고 있고 본인은 卯酉를 다 가지고 있고 하면 좋습니까?

선생님 – 글쎄요. 그런 케이스를 제가 많이 정리해 보지 못했기 때문에 그렇기는 한데 일단 긍정적으로 생각해볼 수 있겠죠? 그나마 이런 인자들의 보완성이 없으면 안정이 잘 안되는 모양이지 않습니까? 그런 것들을 진정시켜주는 작용이 있다고 기본적으로 봐야 되겠죠. 그런데 그것을 제가 케이스로 모아 보지는 않았습니다.

학생 – 그것이 상위 그룹은 아니겠네요.

선생님 – 그것이 전부 다 정태(正態)는 아닙니다. 正態의 반대말은 무엇입니까? 표준을 벗어난 것은 무엇이냐 하면 다 正態가 아니고 약간의 변태(變態)인데 이 變態를 어떻게든 正態에 가까운 모양으로 안정화시켜주는 인자나 띠, 유년 이런 것을 볼 때 여러분이 그것을 꼭 참조할 필요가 있는 것입니다.

寅申 相冲이 있는 경우에도 卯年이나 未年이 오면 그러니까 寅申 相冲은 특히 애정 부분에서 상당히 영향을 끼치는데 寅이 소양지기(小陽之氣)가 되고 申이 相火之氣가 됩니다. 小陽 相火라고 표현을 해야 하나요? 小陽之氣 相火之氣로서 둘 다 渴水之象이 됩니다.

寅은 子丑 寅해서 三陽之氣로 해서 陽氣가 밖으로 터져 나오는 것이고 申은 相火之氣 즉 밖으로 펼쳐져 있는 것입니다.

申은 밖으로 陽의 기운이 터져 나와 있는 것이고 ☷ + ☰ 이렇게 표현이 되지 않습니까? 寅은 陽의 기운이 세 단계 진출해서 ☰ + ☷ 이렇게 표현이 되겠죠?

寅은 陽이 陰을 극복하는 것이니까 正月에 싹이 나듯이 하는 작용이고, 申은 해는 짧아지고 있지만, 밖은 더위가 계속 머물러 있으니 寅申이 둘이 출현하면 渴水를 만든다는 것입니다.

종이에도 물을 뿌리면 원래 친하지 않아도 촉촉하게 둘이서 붙지 않습니까? 그것이 潤濕작용이 오는 것인데 오히려 비에 젖은 책도 드라이기로 살짝 말리면 알아서 쩍쩍 벌어지죠. 실험을 한번 해 보십시오. 상상은 되죠?

渴水之象을 만들어서 애정적으로 가장 조화도가 나쁘게 되는 그런 相沖작용이 됩니다. 그래서 거기에 진정시켜주는 글자들이 올 때 인연을 만나고 다시 자기가 가정적이라든지 애정적인 틀을 만들더라는 것입니다.

학생 – 표를 만드는 틀을 좀 가르쳐 주십시오.

선생님 – 표 만드는 틀은 ①그룹이 進神 退神이 되고 ②그룹이 六合자인데 상기의 경우에는 辰이 進神과 중복이 되어 버리지 않습니까? ③그룹이 맷돌 중간자가 되는데 중간자 중에서도 통관지신(通關之神)을 조금 더 앞세운다고 했죠?

時	日	月	年	乾命
	辛			
	酉			

卯年이 왔을 때

①그룹 辰戌 (進神 退神)
②그룹 子午 (六合)
③그룹 巳丑 亥未 (맷돌중간자. '통관지신을 조금 더 앞세움')
④그룹 나머지

상기 같은 경우에도 巳亥 같은 경우에 亥가 조금 더 앞장을 서고 金(申)生水(亥), 水(亥)生木(寅)이라고 하는 五行的인 인자로서 더 좋지 않습니까? 그런데 오히려 巳가 더 답이라고 하는 것이 보이는 케이스들이 있습니다.

　그다음에 三合, 싸우고 있는 놈을 자꾸 전화를 걸어 주는 놈이 寅이라고 하는 것입니다. 寅이 싸우고 있는데 누가 전화가 오면 "잠깐만 전화 한 통화 하고 싸우자." 이렇게 해서 相冲작용을 진정시키거나 완화시키는 작용을 불러일으키는 三合이 되죠. 그다음이 나머지 인자들인데 나머지도 팔자에서 불러들이는 것이 강하냐, 약하냐? 순서를 매길 수 있습니다.

　팔자의 원국 구성안에 "이 글자를 조금 더 合을 하는 인자가 많구나! 약하구나!" 이런 것들이 있는 것이죠.

　이것을 유년의 원리로도 사용하게 된다는 것입니다. 이것도 점수화한다면 자기 개인의 운명에서는 ①②③④의 글자들이 자주 안 오지 않습니까? 다른 사람보다는 확률이 떨어지지만 자기가 느끼는 농도는 80점 이상입니다. 개인이 얻는 정도가 그렇습니다.

　올해 갑자기 戌年을 만나서 결혼을 급히 하는 이런 경우도 개인의 삶에서는 80점 이상을 느끼고 그러나 '正態는 사실은 아니므로' 뒷날에 조건이 훼손될 때 다시 흔들림이 시작되는 그런 것이 오겠죠?

학생 – 근본적으로 처음부터 끝까지 가지는 않겠죠?

선생님 – 그래서 제가 춘하추동 신사주학에 아무렇게나 말해도 맞는 원리가 어떤 조건을 하나 보고 "가정은 지키고 있나?" 이러면 대답하기에는 참 그렇죠. '한때는 있었는데…'가 되죠.

　결국, 안정적으로 지키지 못하니 그래도 짝이 있을 것이다.

왜냐하면, 유년에서 오니까 짝이 있다고 해도 맞고 없다고 말해도 맞는 원리가 바로 저런 함수관계의 원리 속에 있는 것이라는 겁니다.

앞으로 6년~8년 중에서 '이때 저때 인연 발전의 기미가 있다.' 적어 놓으면 그 사람은 평생 결혼할 뜻이 별로 없었는데 '이때만 마음이 일어날까?' 이런 것이 옵니다.

2-6. 祿인연 : 日干에서 보아 地支에 五行 세력이 무력하여 命이 身弱한 경우

> 祿인연 : 日干에서 보아 地支에 五行 세력이 무력하여 命이 身弱한 경우 배우자 추구성이 떨어지고 행동적 저돌성이 떨어지게 된다. 流年에서 祿의 기운을 얻으면 추구성과 행동력이 강화되게 된다. 소위 용기를 내어 애정을 구하는 작용이 일어나게 된다. 예를 들어 癸日干이 여름의 낮에 태어나 五行의 세력이 무력하다면 癸의 祿이 되는 子年에 인연 발전을 이룩하는 원리가 된다.

命

時	日	月	年
	癸		
未		午	

이럴 때 祿이 되는 子年에 인연발전을 이룩하는 원리가 되는데 배우자 인연법으로도 쓰고 유년법으로도 쓴다는 것입니다. 祿인연은 85점 정도 보면 됩니다.

2-7. 貴人인연 : 天乙貴人이나 각종 貴人의 작용이 있는 시기

> 貴人인연 : 天乙貴人이나 각종 貴人의 작용이 있는 시기에 인연 발전으로 삼는 원리를 뜻한다. 각종 貴人중에 天乙貴人을 가장 우선시하고 기타 貴人도 좋은 작용을 일으키는 流年상 흐름을 보아 인연 발전의 기운으로 해석한다. 天乙貴人, 文昌貴人을 가장 주요한 인자로 채택한다.

貴人은 75점 정도 플러스 정도의 효과를 주게 됩니다.

클럽에 놀러 가더라도 오늘 일진을 보면서 자기 것은 볼 줄 알지 않습니까?

내 명이 身弱한데 오늘 祿이 왔다고 합시다. 그러면 초저녁부터 승부를 빨리 걸어야 된다. 오늘 일진은 별로인데 내일 일진이 좋아진다고 하면 12시 넘어서까지 끝까지 해서 한 번 더 보자. 그러면 정말로 성공을 합니다.

六親으로 오늘은 "財星이 떴네! 官星이 떴네!" 이런 것이 아니고 이런 인연법 원리로서 '祿이 왔다.' 그런 것을 가지고 여러분이 클럽을 갈 때 한번 써 보십시오.

학생 – 선생님 점수를 매긴 것은 일어날 확률을 말한 것입니까?

선생님 – 좋다. 나쁘다. 개념이 아니고 그 기운의 힘 정도로 생각하시면 될 것입니다. 100점이 완전히 퍼펙트하다면 최소

80 이상은 그런 것이 일어날 확률이 거의 다 일어난다고 보면 되죠.

학생 – '2-4-6. 사주에 劫財가 드러나 있을 때 劫財를 冲하는 인자'의 인자는?

선생님 – 이것도 사실은 감동적이지만 지속성이 떨어지는 것인데, 그 자체의 힘을 따진다면 '2-4-6. 사주에 劫財가 드러나 있을 때 劫財를 冲하는 인자'는 75점이 되고, '2-4-7. 사주에 食傷이 드러나 있을 때 食傷을 入墓하는 인자' 이런 것은 85정도까지 올라갑니다.

時	日	月	年	坤命	甲	乙	丙	丁	戊	大運
壬	己	己	庚		申	酉	戌	亥	子	
申	丑	丑	申		42	32	22	12	2	

앞에서 한 이 명조 있었죠? 이 명조 같은 경우가 丑年을 만나면 완전히 꼬리를 내려 버립니다. 이런 명조가 워낙 傷官에 기세가 있지 않습니까?

"시집가라." 이렇게 해도 "왜요?" 이렇게 해 버리는 것이죠. 그렇게 하다가 丑年을 만나면 "왜요?" 소리를 하지 않습니다. 傷官의 기질이 다 숨어들어 버리지 않습니까?

학생 – 自庫도 되고 食傷이 들어가서 그렇습니까?

선생님 – 그렇죠. 그러니까 꼬리 완전히 내려 버리는 것이죠. 꼬리를 세워서 '접근금지' 이렇게 하다가 꼬리를 내리는 것이죠.

학생 – 소띠하고 결혼하면 좋네요?

선생님 – 그런데 본인이 인연법으로는 무엇이 됩니까? 自庫를 開庫하는 자를 기뻐한다고 했지 않습니까? 그래서 未生이 인연법으로는 쉽게 이루어지는 것이죠.

학생 – 自庫를 그대로 쓰는 경우도 있던데요.

선생님 – 自庫도 있습니다. 상기의 명조 같은 경우가 傷官이 丑에 入庫를 하고 月에 있는 丑 즉 숙연(宿緣) 인연을 만나면 申이 이 경우는 丑生의 亡身이지 않습니까? 이것은 자기가 애인으로 살아간다는 것입니다. 애인 정도의 기운을 가지고 부부가 되는 것입니다. 이상적인 조화성을 가진 것이 아니므로 1등이 아니고 2등~3등 속에 인연법으로 쓰인다는 것입니다. 이해되시죠?

학생 – 많이 바라지는 않고 그냥 어느 정도의 것만 줘도 살 수 있지 않습니까?

선생님 – 그렇죠. 그것이 본인이 巳酉丑보다 계급장이 높지 않습니까? 申子辰 계급장이 높으니 나를 확 부여잡고 이끌어갈 에너지가 약하다는 것인데 그런데 이상하게도 저 사람만 보면 내가 마음이 약해진다. 오히려 내가 도와주어야 될 것 같다. 그렇게 되는 것이죠.

학생 – 乙丑이라도 마찬가지입니까?

선생님 – 乙丑일주가 되면 官星 入墓가 되는 것이니까 그렇고 상기 명조의 경우 未生이 확연하게 긍정적인 작용을 하죠. 庚의 入庫 즉 官星의 入庫를 막아주는 인자로 未가 막아주게 되는 것이니까 그렇죠.

그래서 그런 것을 포커싱 focusing을 했을 때, 한두 개 정도로 제한되었을 때 '이 띠 외에는 없다.' 이런 것도 있습니다. "당신은 이번 생에 이 띠 외에는 인연이 없다." 이런 것도 있습니다.

다른 띠들은 안정화가 안 되는 것이죠. 이 무대나 틀에 안정화가 안 되어 버리는 것이죠. 그런 원리로서 확장해서 쓰시면 됩니다. 驛馬를 만나면서 그렇게 가면 이 속에서 기운의 흐름이라든지 논리를 여러분이 잘 훈련을 할 수 있다는 것입니다. 그런 측면에서 이 부분을 우리가 정리해 본다고 생각을 하시면 됩니다.

4-2. 배우자 인연 헤어짐의 시기

1) 남명중심

1-1. 年支 기준의 기운 적용 논리

대중가요의 70%가 다 이별입니다. 거기서 겪는 아픔이나 통증이 누구나 다 정서적으로 공감할 만한 통증이기 때문에 이별이 올 때 괴로움도 느끼고 인생도 생각을 하도록 하게 되는 것이죠.

1-1-1. 攀鞍殺 작용

> 攀鞍殺작용 : 淫慾殺은 자신의 年支를 기준으로 한 해 앞에 해당하는 인자가 왔을 때를 의미하는데 상대방이 적극성을 보이는 애정 관계가 잘 만들어진다. 혼기와 혼기외의 사람도 함께 적용되므로 淫慾殺이라고 하였다. 淫慾殺과 반대편의 위치에 이르는 攀鞍의 위치에 이르면 인연이 해소되거나 완화되는 흐름이 따르게 된다. 예를 들어서 巳生이(년 天干 상관없이) 午年을 만나면 묘하게 애정 관계가 허물어지는 작용이 따르는 것을 말한다.

巳生은 辰이 淫慾殺이지 않습니까? 그러면 辰巳午가 되면 辰과 午 사이에는 어떤 관계가 됩니까? 隔角이죠. 그래서 이 辰의 고유작용이라는 것이 앞에서 설명하기를 생명으로 치면 보자기에 싸여져 있었다고 했지 않습니까?

巳에 엄마의 모태에서 태어나서 얼굴을 내밀어서 이 세상에 자기의 모습을 드러내지 않았습니까?

辰 1
巳 巳 2
午 3

원래 두 번째 칸이 沐浴하고 맞물립니다. 그래서 자기가 벌거벗고 막 뛰어다니기 시작을 하는 것입니다. 그런데 벌거벗고 뛰어다니는데 남이 예쁘다고 한다는 것입니다. 그러면 辰의 기운하고 반대의 기운(午)이 써지기 시작을 한다는 것입니다.

	未4	申5	酉6	
午3				戌7
巳2				亥8
辰1				子9
	卯12	寅11	丑10	

반대의 기운이 되면서 淫慾殺의 해체 작용이 午 이때 시작이 된다는 것입니다. 그리고 午에서 未로 들어가면 거의 4로 넘어가죠. 그래서 여기부터 방향성이 틀어지기 시작을 한다는 것입니다.

"그토록 미더웠던 그 사람! 변할 줄이야! 예전에는 몰랐었네, 진정 난 몰랐네."

원래 자연의 섭리가 만나고 헤어지는 것이죠. 그것을 어제 위대한 분의 생일날 '회자정리(會者定離)'라고 했는데, 만난 것은 반드시 이별이 정해져 있는 것이라고 했지 않습니까?

여기서 攀鞍이라고 하는 것은 사실상 攀鞍殺 그룹이라고 봐도 되는 것이죠. 辰 이놈과 隔角(午)이 될 때 이때부터 방향성이 틀어지기 시작을 한다는 것입니다.

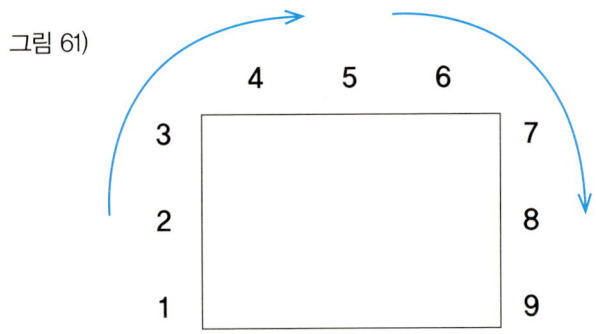

그림 61)

그런데 7부터는 어떻게 됩니까? 7도 무슨 그룹입니까? 戌이 되죠. 辰의 속성으로 유지되어 왔던 것이 7번째 글자에 와서 冲을 맞는다는 것이죠.

또 六親에서도 甲乙丙丁戊己 이렇게 해서 7번째에 부딪히는 그것을 뭐라고 합니까? 무슨 殺이라고 합니까? 그렇게 7부터 바뀐다고 숫자 7을 다 가르쳐 주지 않았습니까? 그것을 또 七冲이라고도 하죠.

그래서 戌이 攀鞍이지 않습니까? 완벽한 것은 攀鞍의 위치에 이르러서 淫慾이 완전히 위축되어 버리고, 변색이나 퇴색은 午 때부터 되는 것이죠.

攀鞍殺 자체는 戌이죠. 그런데 午가 攀鞍과 무리 짓는 것이

니까 그래서 淫慾의 반대편 또는 淫慾 隔角 이렇게 보면 되겠죠.

학생 – 午나 戌에서 攀鞍의 작용이 허물어지는 것입니까?

선생님 – 攀鞍殺이 더 대표적 神殺로 써놓았지 않습니까? 그런데 攀鞍殺과 무리 짓고 있는 午에도 辰의 작용이 서서히 허물어지는 것이죠. 엄마를 자꾸 떠나 버리는 것이죠.

그렇게 해서 7번째에 이르면 "바이바이! 엄마 안녕!" 이러면서 가는 것이죠. "나를 건드리지 마라, 엄마가 누구야?" 하는 그런 변화작용이 확 생기는 것이죠. 껴안은 놈을 확 풀어 제쳐 버린 것입니다.

확장하는 것도 있을 것인데요. 桃花殺과 무리 짓기 때문에 뒤에 다시 또 나옵니다. 攀鞍殺 그 자체에 가지는 것이 -80 그리고 淫慾의 隔角의 위치에 이르는 것은 -75 이 정도로 보면 됩니다.

1-1-2. 年支와 三合을 이루는 해

> 年支와 三合을 이루는 해 : 年支와 三合을 이루면 自意에 의한 인생궤도수정 흐름이 조성되는 것을 의미하는데 인연을 새롭게 하고 묵은 것을 정리, 매듭하는 것은 평상시와 다른 궤도수정 행위에 해당하는 것으로 보기 때문이다. 예를 들어서 午生이 寅午戌년을 만나는 것을 의미한다.

이것은 만남의 논리에도 있었죠? vacant condition(비워진 컨디션) / filling condition(채워진 컨디션) 이것 했었죠?

표현은 어떠하든 다 여러분이 이해했으리라 보고 내가 채우고 사는 것인지 아니면 그 사람이 와서 나에게 채워주었는지 수동태 능동태가 구분되지 않는데 비워진 놈은 채워지고, 채워진 사람은 오히려 떠나게 되거나 변색된다고 보면 됩니다.

三合의 궤도를 만난다는 것은 '변색된다.'는 것입니다. 三合은 -75점.

1-1-3. 年支를 冲하는 해

> 年支를 冲하는 해 : 年支를 冲하는 해는 묵은 것, 오래된 것을 벗어나는 기운이 조성되므로 일상적인 것과의 결별을 의미한다. 冲은 짝과 함께 지내는 일상성을 벗어나 새로운 삶의 방향을 조성하는 기운을 상징하므로 인연 정리의 경우가 잘 발생한다. 예를 들어서 巳生이 亥年을 만나는 경우에 해당한다.

冲은 -75 정도로 보면 됩니다. 冲이 일어난다는 것은 자신의 주도권이 일시적으로 박탈당한다고 생각하시면 됩니다. 애정에 대해서도 주도권을 박탈당하는 것이니까 그 의미를 그대로 새겨도 될 것입니다.

1-1-4A. 年支를 기준으로 桃花殺에 해당하는 유년

> 年支를 기준으로 桃花殺에 해당하는 유년이 오면 일종의 방탕, 방종, 일탈, 관련된 소모, 자기 자신을 치장하는 일 들이 일어나는데 연애 행위의 속성과 닮은 것으로 보고 해석한다. 巳生이 午年을 만나는 경우가 桃花에 해당하는데 인연(짝)이 있는 경우, 기왕의 인연과도 연애 불안사가 다발 할 수 있으니 인연 불안의 시기로 해석한다.

원래는 淫慾殺로부터 떠나는 것이지 않습니까? 짝이 있는 사람이 예쁘게 꾸미고 다니는 행위를 하는 것은 桃花의 속성이 일으켜져 있다고 보는 것입니다. -70점.

1-1-4B. 1-1-4A 케이스를 皆花論의 논리로 확장

> 1-1-4A. 케이스를 皆花論의 논리로 확장하여 적용하는 것이다. 예를 들어서 寅生의 경우 卯年이 기본 桃花 논리를 쓸 수 있는 것이 일반인데 寅의 지위를 將星에 두고 戌을 地殺로 삼고 亥를 桃花에 준하여 해석하는 원리가 된다. 기본 神殺보다 작용력이 다소 약하더라도 실제 유년에서는 해석의 기초로 적용한다.

-70점 내외로 보면 됩니다.
어떤 부부간에 이벤트가 있었는데, 부부간에 백화점에 가서 와이프가 예쁜 옷을 고르고 있으니까 남편이 "사라! 사라!" 하는 것이에요. 그래서 처가 "왜요?" 그러니까 남편이 "너, 나이트 좋아하잖아!"

그것이 여인이 桃花에 걸리고 부부 사이에 갈등이 심화되고 하니까 그런 것이죠. 그러니까 아이가 물어봅니다. "아빠, 나이트가 뭐야?"

淫慾의 해체 이런 것에 비중을 두고 따지면 될 것입니다.

1-1-5A. 年支를 기준으로 亡身殺에 해당하는 유년

> 年支를 기준으로 亡身殺에 해당하는 유년이 오면 인연 발전의 시기로 삼는 것이 일반적이지만 亡身殺이란 씨름에서 샅바를 빼앗겨 끌려다니는 기운과 흡사한 것을 의미하니 인연의 갈등 불안 인자도 동시에 발생한다는 의미를 가진다.

이것이 오히려 -80점 정도로 차지합니다. 짝이 있는데 자꾸 상대방이 적극적으로 접근하는 그런 작용이 발생하는 것입니다.

1-1-5B. 1-1-5A의 적용을 皆花論으로 확장

> 1-1-5A의 적용을 皆花論으로 확장하여 활용하는 것으로 天殺, 六害殺도 준하여 적용하는 것을 말한다. 예를 들어서 未生이 戌을 만나면 天殺로 해석하는 것이 표준인데 皆花論에서는 六害殺로 해석한다. 六害殺도 亡身殺과 한 통속이므로 亡身殺에 준하여 해석하는 원리가 된다. 丑 天殺, 酉 六害殺도 亡身殺에 준하여 해석하는 원리가 된다.

이것도 계급장이 한 계급 높은 유년을 만남으로써 어떤 표현을 해 놓았느냐 하면 "내가 너 때문에 미치겠다." 이런 표현을 두 사람 사이에서 자꾸 하게 되고, 사회적으로는 자꾸 자기에게 애정적인 표현을 하는 사람을 만나게 되는 이중적인 상황이 잘 벌어지게 되는 것이죠.

학생 – 채우고 있는 사람은 "너하고 나하고 미치겠다." 하게 되는 것이고 밖에서는?

선생님 – 그렇죠. 그때 보통 어떤 일이 생기느냐 하면 내 짝과 남의 짝을 자꾸 비교하는 일이 생깁니다. 여자가 남편과 갈등을 하면서 말다툼을 할 때 "철수 아빠 좀 봐라!" 이렇게 비교하는 것이 생기는 것이죠.

학생 – 남의 남편이 더 잘나 보이는 것입니까?

선생님 – 그렇죠. 그것이 亡身 아닙니까? 亡身이라고 하는 것이 가만히 정 위치에 있지 못하고 자꾸 삐져 나가는 것을 말하는 것입니다. 이것도 皆花論이지 않습니까? −75점.

1-2. 日干 六親인연

1-2-1. 日干을 기준으로 比肩 劫財의 天干이 들어오는 해

> 日干을 기준으로 比肩 劫財의 天干이 들어오는 해에 인연 애로와 갈등의 흐름이 발생한다. 예를 들어서 丙日干이 丙, 丁의 해를 만나는 것을 의미한다.

-80점. 天干만 들어오는 경우에는 상대방을 의심하는 그런 것이 많이 발생합니다. 주로 정신적 요소로 작동하니까 그렇습니다. 그래도 상당한 갈등 인자를 불러일으키게 되죠?

1-2-2. 日干을 기준으로 比肩, 劫財의 地支가 들어오는 해

> 日干을 기준으로 比肩, 劫財의 地支가 들어오는 해에 인연 애로와 갈등의 흐름이 발생한다. 예를 들어 丙日干이 巳, 午의 해를 만나는 것을 의미한다.

-85점.

1-2-3. 日干을 기준으로 正財, 偏財에 해당하는(드러난 天干, 가상의 天干 포함) 六親이 地支의 入墓가 들어오는 해

> 日干을 기준으로 正財, 偏財에 해당하는(드러난 天干, 가상의 天干 포함) 六親이 地支의 入墓가 들어오는 해에 인연 애로의 흐름이 발생한다. 예를 들어 丙日干이 正財(辛), 偏財(庚)이 入庫하는 辰, 丑의 해를 만나는 것을 의미한다.

乾命

時	日	月	年
	丁		
	酉		

상기 명조와 같은 경우 偏財를 부득이 正財보다 조금 더 귀하게 쓰고 있는 그런 패턴에 해당하는데 특히 辰운이 대운에서 작용하면 더 큰 작용을 합니다.

이때 세 가지 케이스로 나타나는데 1번, 마누라가 아프다는 것이죠. 주로 건강에 문제가 생깁니다. 2번, 사업적 패망인데 본인이 겪는 경우도 있고 배우자가 사업적으로 패망을 겪는 경우도 있습니다.

자기는 이런 인자를 가지고도 변화가 별로 없는 생활을 하거나 안정적인 일을 하고 있어서 배우자가 패망을 겪는 경우도 있고 아니면 자기 자체가 사업적 패망을 겪게 되는 것이죠. 그다음에 가족 간의 이별 이런 것을 겪는 것이죠. 이런 3가지 형태로 잘 나타나는데 어찌 되었든 안정적이고 좋은 모양으로 지내기는 매우 어렵다는 뜻입니다.

특히 대운에서 오면 그 단위가 10년이지 않습니까? 그중에서 가장 두드러지는 시기가 한 4년 정도가 됩니다. 저런 것이 거듭하여 몰린다든지 比劫이나 印星이 와서 財星을 동요 시키는 그런 세운이 몰릴 때 이런 때에 몸이 아프든지 아니면 부인이나 본인의 사업적인 풍파나 애로를 겪든지 아니면 떨어져 살든지 하는 것이죠.

그런 시기에 이르면 두 사람의 갈등이 쉬운데, 유년에서는 그것만 겪는 것이 아니고 보통 丑寅卯辰 세운을 지나갈 때 財星 자체가 어떻게 됩니까? 養胎絕墓 이렇게 지나가 버리지 않습니까?

이럴 때 세운에서는 이런 상황이 농도에 차이를 두고 이것이 꾸준히 진행되어 버리는 것이죠. 이런 작용이 온다는 것입니다. 저런 경우는 -85 ~ -90점.

지난주에 한 명이 왔었는데 丁일주 남자인데 丑대운 지나면서 마누라가 죽은 분이 있습니다. 正財 入庫가 되어 버리잖아요. 그다음에 寅대운에 들어와서 새 여자를 만났는데 또 재물이 작살이 났습니다. 첫 부인에게서는 아들 하나를 낳았습니다. 그다음에 다가오는 대운은 卯대운입니다.

卯대운에 내가 어떻게 하면 가정을 가질 수 있겠는가, 없겠는가? 하면서 가짜 마누라, 우렁이 각시, 공식화가 되지 않는 마누라는 가질 수 있으되 절대로 안정적인 모양으로 가정을 지킬 여자를 얻기는 어렵다고 하니까 그 손님이 "저도 그렇게 생각을 해요."

안타까운 것이죠. 丁일주가 대운을 丑대운, 寅대운, 卯대운

까지 왔으니까 그랬는데 74년생이었습니다. 제가 샘플을 정리할 때 보여드리겠습니다.

辰대운이 되어야 곁에 조금 안정된 사람이 생겨날 수 있겠죠. 그래 봐야 庚金이 辰에 養地이지 않습니까? 養地라고 하는 것은 "저는 살림도 손에 물 묻히고 하는 것 그런 것 못해요. 그렇지만 당신을 사랑해요." 이렇게 하니까 환장을 하는 것이죠.

학생 – 丁酉일주가 만약에 財星 混雜이면 다른 자리에 正財가 있다고 하면 그런 경우에 辰같은 경우에 六合을 하는 데도 저렇게 合去할 수도 있고 그렇습니까?

선생님 – 그런데 六合의 목적이 자기의 속성을 최소한 유지하지 못하게 하는 것입니다.

酉가 가을 서리입니다. 그런데 辰이 晩春입니다. 봄이 무르익었지 않습니까? 무르익은 봄이 껴안으면 서리의 모양을 유지합니까? 물로 바뀝니까? 그러니까 자기 모양을 지킬 수 없지 않습니까? 그러니까 그럴 때에 부인이 아프거나 사업적으로 힘이 들거나 이별 이런 것이 발생한다는 것입니다.

時	日	月	年	乾命
戊	丁			
申	酉			

그런데 더 비극적인 것은 대문 밖에 正財가 한 명이 있다는 것입니다. 이럴 때는 아양을 떠는 참 괜찮은 여인은 대문 밖에

있고, 그래서 대문 밖을 뭐라고 합니까? '창밖의 여인'

창밖의 여인은 딱 내 마누라라는 느낌이 오는데 辰 養地에 앉아 있으니까 아양만 떨고 "오빠 사랑해!" 하는데 안방에 있는 마누라는 매일 아프다고 하는 것이죠. 그래서 이것을 보고 나온 노래가 '창밖의 여자'입니다. "누가 사랑을 아름답다고 했습니까?"

학생 – 시가 庚子시라서 庚이 괜찮은 것 아닙니까?

선생님 – 庚도 머리가 아픕니다. 申이 더 낫거든요.

時	日	月	年	乾命
庚	丁			
子	酉			

물상으로 보면 庚의 입장에서 酉를 보면 羊刃이 뜨지만, 子를 보면 死地입니다. 死地라고 하는 것이 五行대세는 다 허물어져서 없는 것이지 않습니까?

형상적인 모양은 正財의 모양이되 기능적인 역할이 正財가 되지 않는 것입니다. 그래서 이런 모양도 '누가 사랑을 아름답다고 했는가?' 하는 것이 되는 것이죠.

학생 – 저것을 여자 사주로 바꾸면 그 작용력이 1. 남편이 아프다. 2. 사업적 패망. 3. 이별 등의 작용이 그런 식으로 바뀌어집니까?

선생님 – 마찬가지입니다. 뒷부분에 나옵니다.

時	日	月	年	坤
庚	乙			命
子	酉			

여자가 乙일주의 모양일 때 그 모양이 됩니다. 酉 偏官, 庚 正官이 되지 않습니까? 안방에 들어와 있는 모양은 偏官이고 밖에 있을 때는 庚金인데 이것이 辰을 만나면 어떻게 됩니까? 마찬가지로 훼손되는 것이죠. 그렇죠?

이런 형태가 보면 장병(長病)을 하고 있는 경우도 있고 여러 가지 케이스를 볼 수 있습니다.

1-2-4. 日干을 기준으로 正財, 偏財 地支의 隔角이 들어오는 해

> 日干을 기준으로 正財, 偏財 地支의 隔角이 들어오는 해에 인연 애로와 갈등의 흐름이 발생한다. 예를 들어 丙 日干이 正財, 偏財를 의미하는 酉,申을 隔角하는 亥, 未 또는 午, 戌을 만나면 인연 불안과 갈등이 따르는 것을 의미한다.

이때는 일시적으로 예를 들어서 부인이 아이를 데리고 객지에 나가 있다든지 이러면 이것이 隔角의 사례에 해소 이런 것을 보면 되는 것이죠.

이것은 -65점. 요즘은 떨어져 지낸다고 하니까 희색이 만연

하더라는 것이죠. 전생에 얼마나 좋은 일을 했으면 서방하고 떨어져 사느냐 하죠.

1-3. 日支기준

1-3-1. 日支를 기준으로 沖에 해당하는 인자

日支를 기준으로 沖에 해당하는 인자가 들어올 때 인연 불안과 애로의 기운이 강화된다. 日支는 가정, 침대 등의 의미로 우선 해석하는데 자신이 오래 머무르는 공간(日支)에 충돌이 만들어진다는 것은 인연 불안이 가장 많음을 의미한다. 짝 인연이 없는 경우에는 인연 발전의 기운으로 긍정적인 기운이 많지만 짝 인연이 있는 경우에는 상기 불안 흐름이 두드러지는 흐름이 따를 것을 의미한다. 예를 들어서 申일에 태어난 사람이 寅年을 만났을 때가 된다.

점수로 치면 -80점.

1-3-2. 日支를 기준으로 刑
(刑 : 三刑, 自刑)에 해당하는 인자

日支를 기준으로 刑(刑: 三刑, 自刑)에 해당하는 인자가 들어올 때 인연 불안의 기운이 강화된다. 자신이 오래 머무르는 공간(日支)에 刑을 가한다는 뜻은 기왕의 인연과 부득이 재조정을 해야 되는 부득이한 흐름이 있다는 의미가 된다. 이런 원리로 인연 애로와 갈등, 불안의 기운이 따르게 되는 것이다.

이럴 때 부인이 건강 때문에 의료적인 처치로 수술 그런 것을 하면 그런 것으로 땜을 하는 경우는 볼 수 있고 대부분 다 관계 면에서도 刑이 발생을 하니까 갈등 국면이 잘 발생을 하는 것이죠.

이것을 점수화한다면 −70점.

1-3-3. 日支를 기준으로 元嗔, 六害, 相破에 해당하는 인자가 들어올 때

> 日支를 기준으로 元嗔, 六害, 相破에 해당하는 인자가 들어올 때 인연 애로나 불안의 기운이 강약차이를 두고 발생한다. 자신이 오래 머무르는 공간(日支)에 元嗔, 六害, 相破가 작용한다는 뜻은 기존의 인연에 애로를 만나거나 부득이한 재편 흐름이 따른다는 의미가 된다. 元嗔은 꼴이 완전하지 않아서 다시 채우려는 행위, 相破는 외부적 손상을 주지 않고 내부를 바꾸는 운동으로 해석하기 때문이다. 이런 원리로 인연 불안의 기운이 따르게 되는 것이다.

실제 현상적으로는 六害가 가장 빨리 드러납니다. 六合을 冲하는 자 아닙니까? 六合자를 冲하는 인자가 오면 거기에 고독성을 불러일으키는 것이죠. 그 자리가 휑해지는 것이죠.

추운 공간에 보일러가 돌아가고 이런 것이 六合이 된 상태를 의미하는 것입니다. 그런데 그 보일러를 꺼 버렸다는 것이죠.

노래도 많지 않습니까? '불 꺼진 창', '너의 빈자리' 등등 그것을 처절하게 현실적으로 유도하는 힘이 있는 것이 六害이기 때문에 특히 인연관계 이런 것에서 六害 이런 것은 자세하게 챙길 필요가 있고, 相破殺은 침대에 누워서 기도하지 않습니까? 보험 큰 것 들어 놓고 "병들어 죽어라!"

목적성을 가지고 기도를 하고 있다는 것은 이런 것과 같은 것입니다. 그런 기도를 하면 짝이 압니다.

"너, 나 죽으라고 기도를 했지?"

그것이 희한하게 작동을 한다는 것이죠. 그것을 이상하게 하는 것이에요.

그것을 점수화한다면 -85~-90점으로 굉장히 강합니다. 元嗔이나 相破는 -75~-80점 정도로 됩니다. 元嗔은 눈을 흘기면서 보는 것이지 않습니까?

"눈 똑바로 떠라!" 이렇게 하고 "눈을 보고 말해라!" 그런 표현을 하게 되는 것이 상대의 꼴이 마음에 안 들어서 눈을 맞추지 않거나 흘겨본다. 또는 흘겨보는 행위를 한다는 말입니다.

1-4. 六親의 상호작용

1-4-1. 開庫인연 논리

> 開庫인연 논리 : 명내에 辰戌丑未 入庫자가 하나라도 있는 사람에게 적용한다. 劫財의 入庫자를 冲으로 여는 해, 偏印의 入庫자를 冲으로 여는 해에 이르면 애정의 교란이 발생한다. 劫財 開庫 작용의 논리는 명의 身弱, 身强에 따라 차이가 생기는데 身弱, 身强에 상관없이 애정 교란의 요소로 우선 작용하고 身弱 명은 그것을 극복하는 과정에서 긍정적인 작용으로 전환이 된다.
> 예를 들어서 丁 日干이 사주에 (年月日時 위치에 상관이 없이) 戌(戌: 丙火 劫財의 入庫자)이 있으면 이를 개고하는 辰에 인연 관계에 교란이 발생한다. 또 戊日干의 경우 戌이 偏印 丙의 入庫자가 되는데 辰年 작용을 적용 해석한다. 戊日干이 명 내에 戌이 있고 辰을 만나는 것은 自庫 開庫 논리와도 겹쳐 이중 논리의 적용이 발생한다. 이런 경우에 身弱한 명은 오히려 인연 발전의 기운으로 사용된다.

'戊日干의 경우 戌이 偏印 丙의 入庫자가 되는데 辰年 작용을 적용 해석한다.' 이것은 辰戌 相冲의 작용에 의해서 偏印이 튀어나오는 작용을 하게 되지 않습니까? 偏印이라고 하는 것이 盜食작용을 일으키지 않습니까? 盜食이라고 하는 것이 財星과 소통하는 食傷을 꺾어 내리는 작용을 하는 것이죠.

명이 身弱한 경우에는 옆에서 자꾸 자극을 주는 즉 그동안 잘 놀아주던 친구가 갑자기 짝을 지어 가 버렸다든지 이럴 때는

"만나기만 할 것이 아니라 나도 결혼을 할 것이다." 이런 역동적인 행위로 연결되는 인자로 발생한다는 것입니다.

그래서 開庫를 보실 때 그 부분을 챙겨 보실 필요가 있다는 것이죠. 그러나 일반적인 開庫에서 劫財를 冲하여 끄집어내는 것 이런 것은 전부 다 -85점. 강하게 작용합니다. 偏印도 -80점에서 -85점.

1-4-2. 사주에 財星이 드러나 있을 때 財星을 合 (合 : 三合, 六合)하는 인자가 들어 올 때

> 사주에 財星이 드러나 있을 때 財星을 合(合:三合, 六合)하는 인자가 들어 올 때 인연과 관계의 변화성 흐름이 발생한다.(地支중심). 짝을 만나지 못한 사람은 인연 발전의 인자로 삼지만, 기왕의 교제가 있는 사람은 관계의 변화성, 답보 흐름이 발생하게 된다. 예를 들어서 丙日干에 申이 있는데 子年이 오면 관계에 교란이 발생한다.

'묶인다. 퇴색된다.' 이렇게 보는 것입니다. '丙日干에 申이 있는데 子年이 오면 오히려 관계에 교란이 발생한다.'는 것이 마누라가 자꾸 子를 따라가려고 하는 것입니다.

그냥 집에 가만히 있으면서 "저는 申이에요. 申이에요." 하고 있으면 되는데 "子따라 갈 거야, 子따라 갈 거야." 이러니까 "무슨 소리하노?" 이렇게 하면서 그 본연의 기운이나 기질이 변색된다고 보면 됩니다.

물론 그런 경우에 아이가 태어난다든지 이래 버리면 아주 좋은 모양의 변색이라고 보는 것이죠.

1-4-3. 사주에 官星(官星: 번식 무대)이 드러나 있을 때 官星을 合(합 : 三合, 六合)하는 인자가 들어올 때

> 사주에 官星(官星: 번식 무대)이 드러나 있을 때 官星을 合(합: 三合, 六合)하는 인자가 들어올 때 관계 교란의 흐름이 발생한다.(地支중심). 짝을 만나지 못한 사람은 인연 발전의 인자로 삼지만 기왕의 교제가 있는 사람은 관계의 변화성, 답보 흐름이 발생하게 된다. 예를 들어서 丙 日干에 子가 있는데 申年이 오면 인연 교란이 이루어진다.

둘 다 財星이 변색되는 것 -70점. 官星이 변화되는 것도 -70점.

1-4-4. 사주에 劫財가 드러나 있을 때 劫財를 冲하는 인자

> 사주에 劫財가 드러나 있을 때 劫財를 冲하는 인자가 들어 올 때 인연 교란의 흐름이 발생한다.(地支중심). 짝을 만나지 못한 사람은 인연 발전의 계기로 삼지만 기왕의 교제가 있는 사람은 劫財 작용의 한시적 발동으로 관계의 변화성, 답보 흐름이 일시적 발생하게 된다. 예를 들어서 丙日干에 午가 있는데 子年이 오면 인연 불안이 일시적으로 따르게 된다.

'劫財를 움직이게 한다.' 이런 효과가 생기는 것입니다. 기존에 짝이 있는 사람은 劫財를 움직이게 하는 그런 작용이 생김으로써 인연 불안이 일시적으로 작동한다고 보면 됩니다.

1-5. 羊刃작용 : 日干에서 보아 유년에서 羊刃의 기운

> 羊刃작용 : 日干에서 보아 유년에서 羊刃의 기운이 오면 좋은 것을 깨트리는 작용이 발생하는데 그 힘이 매우 강하다. 예를 들어 癸日干이 여름의 낮에 태어나 五行 세력이 무력하다면 癸의 羊刃이 되는 丑年에 인연 애로가 심하게 발생하는 원리가 된다. 월에 오더라도 상당한 작용이 따른다.

1-6. 三合, 陰陽 大運 작용

三合이나 陰陽은 아시죠? 남자가 寅午戌 亥卯未로 흘러갈 때 陰氣의 덕을 잘 얻지 못하는 이런 작용으로 인해서 전체를 점수화한다면 보통 20~30점 정도 까지 시작을 하는 것이죠.

여자는 申子辰 巳酉丑 운을 지나갈 때 남자의 덕이 제대로 다 채워지지 않는 작용이 옴으로서 여러 가지로 불리함이 지나가는데 거기에도 농도차이는 있다고 했죠? 농도 차이가 발생한다는 뜻이고 명 자체에 이성의 덕을 얻기 어려운 구조를 가지고 있는 경우 전체적으로 아까 우리가 카운트한 점수에서 절대적인 수준을 조금 더 감해주거나 더해준다는 것이죠.

羊刃작용은 -85점. 劫財는 -70점. 일단 劫財를 밀쳐내는 것은 좋은 작용이 되어야 되는데 오히려 劫財가 충동을 해서 움직인다는 것입니다.

2) 여명중심

여자의 명은 거의 케이스가 같다고 보시면 됩니다. 내용에 약간의 차이가 날 수 있는 부분은, 여기는 거의 같은 내용으로 정리했으니까 그 원리는 확장해서 쓰는지는 아시겠죠?

'2-4-4. 사주에 劫財가 드러나 있을 때 劫財를 冲하는 인자가 들어올 때 인연 교란의 흐름이 발생한다.(地支중심)'

다음에 六親작용에서 五行的으로 傷官이 득세를 하는 경우에도 거의 劫財에 준하는 그런 작용을 하기 때문에 여명에서 傷官이 오면 그 자체가 官을 깨는 것 아닙니까? 그래서 그 六親이 하나 빠졌습니다. 원래 노트에는 있는데 제가 단순화를 시키면서 누락된 것으로 보시면 되는데 그 경우에는 -80점 이렇게 보면 됩니다.

일반론적으로 여러분이 알기 때문에 적용을 다 하실 것이라고 보고 챙길 것은 三合에 관련해서 생기는 皆花論的인 변용 그리고 淫慾, 桃花, 攀鞍, 亡身, 進神 退神 논리 이런 것들이 유년에도 그대로 적용해서 쓴다고 보시면 됩니다. 그래서 그 부분을 기준으로 여러분이 조금 더 확장해 보십시오.

학생 - 여자들이 午대운에 잘 쓰는데 羊刃이 되는 사람은 잘 못쓰겠네요?

선생님 - 羊刃인 사람은 陽대운의 속성과 羊刃 두 가지를 다 쓴다고 보면 됩니다. 羊刃인 경우에는 어지간히 사회적인 활동에서 벌어서 주변에 나누어주어야 되는 財분탈 즉 가족이 되었든 주변의 인간관계가 되었든 財분탈 작용이 주로 잘 발생하고 애정적으로도 약간씩 나누어지는 식의 작용이 생깁니다. 그런데 자기가 별 불만이 없는 경우가 많습니다.

서방이 나도 좋다고 하고 다른 여자에게도 "까꿍!"하는데도 그것이 그렇게 본인에게 중요하지 않은 것이죠. 남편이 열 여인을 만나든 말든, 살든지 말든지 일단 나에게 잘하면 된다는 것이죠.

나에게 잘하면서 '까꿍'하고 돌아다니는 것은 그것은 받아들일 수 있다는 것입니다.

물론 명의 특성이라고 제가 마지막에 목차로 달아 놓았지 않습니까? 명의 특성상 편고성이 심하면 그런 일반론적인 기운도 자기가 적극적으로 잘 쓰지 못하는 경우가 많이 생기더라는 것이죠.

여러분이 정리하는데 어느 정도 자료적인 측면에서 도움이 될 것이라 생각을 하고 다음 시간에는 샘플만 가지고 빔프로젝터 중심으로 정리하기로 하고 챕터 5는 6월 달에 시작하도록 하겠습니다.

학생 – 지난번에 立春 立秋를 나눌 때 5년 단위 10년 단위로 끊을 수 있다고 했는데 만약에 5년 단위로 끊으면 60개월이니까 立春 立秋를 똑같이 적용하면 되는 것입니까?

선생님 – 당연하죠. 5년이 60개월 아닙니까? 기준도 마찬가지죠. 본인의 日干과 월의 관계에서 立春 立秋의 기준이 있지 않습니까? 그것의 기준을 그대로 채택을 하면 됩니다.

　예를 들어서 甲寅 甲申이라고 하면 甲寅월 甲申월 이렇게 해서 그대로 적용해서 쓰면 됩니다. 단지 60년 단위에서 쓰는 모양과 월에서 쓰는 것과 속성이 조금 차이가 납니다.

　예를 들어서 월에서 오는 立春은 새로운 것을 만들려고 하는 그런 동작으로 많이 넘어가고 그러나 그 속성은 그대로입니다. 그것을 그대로 하면 됩니다. 다른 立春 立秋가 있는 것이 아닙니다. 立春 立秋 두 가지 키워드를 가지고 立春이나 立秋가 돌아간다.

학생 - 그것을 5년 단위로 끊는 것도 마찬가지이고 10년 단위로 끊어서 보는 것도 마찬가지라는 것입니까?

선생님 - 10년 단위로 도는 것도 2번 도는 것 아닙니까? 60개월 두 개가 되니까 120개월이 되잖아요? 1년이 12개월이니까 60개월이 두 번 돈다고 생각을 하시면 되는 것이죠.

처자인연법 활용 예제 〈빔프로젝트 수업〉

샘플 1

남편 1952년 음력 3월 8일(양력 4월 2일) 巳時生
부인 1963년 음력 7월 1일(양력 8월 19일) 卯時生

時	日	月	年	乾命
丁	戊	癸	壬	
巳	寅	卯	辰	

庚	己	戊	丁	丙	乙	甲	大運
戌	酉	申	未	午	巳	辰	
61	51	41	31	21	11	1	

時	日	月	年	坤命
丁	甲	庚	癸	
卯	午	申	卯	

丁	丙	乙	甲	癸	壬	辛	大運
卯	寅	丑	子	亥	戌	酉	
67	57	47	37	27	17	7	

　오늘은 샘플을 가지고 해 보는데 지금은 인연법 논리가 너무 잘 맞다 안맞다 하는 것에 염두에 두지 마시고 어떤 논리의 우선순위 이런 것들을 감각적으로 익혀본다고 생각해 보시면 될 것 같고 결혼의 시기 문제도 시기가 딱 1번만 있는 것이 아니거든요.

　보통 생애에 배우자 선택의 시기가 6번 정도 가능합니다. 실망하는 눈빛이 있는 분도 계시네요. "6번 중에 나는 왜?" 이런 분도 계신데 6번 정도로 기운이 강하고 약하고 이런 것들을 정리해 보는 시간으로 생각해 보시면 되겠습니다.

　수업용으로 그 논리에 맞춘 샘플을 짝짝 올린 것이 아니고 마구잡이로 뽑아서 논리적용의 정도라든지 어느 정도 기준 속에서 볼 수 있는지를 한번 연습을 해본다고 생각을 하시면 될 것입니다.

명조만 적으시고 유년에서 무슨 대운, 어느 시기 이렇게 간단하게 정리를 해 보시면 될 것입니다. 답은 이미 이루어진 결론이 있지만, 답이 아닌 시기에 미루어서 유추해 보자는 것이죠.

남자 팔자를 먼저 정리를 해 보면 저 모양에서 우리가 인연법 논리를 쓴다면 어떤 것들이 쓰여지겠습니까?

일단은 제일 먼저 나와 있는 透干인 壬辰, 癸卯 그대로 쓰는 방법과 癸水의 祿을 취해오는 방법, 그다음에 시에 있는 祿을 따르는 방법 그다음에 년에 있는 辰을 開庫하는 방법이 있는데 물론 偏財 入庫이기는 하지만 그런 논리들이 적용될 것이고 日支의 논리도 있고 한데 원국자체에서 배우자 인연에서 1등 인연이 잘 만나 집니까, 잘 만나지지 않습니까?

그 이유는 財가 드러나서 五行대세를 갖추지 못하였다는 것이죠. 그나마 癸水가 卯에 長生을 이루고 있는 모양이 되어 있는 것이고 그다음에 아주 조화로운 인연을 만나기 어렵게 만드는 인자는 年에 있는 財星 入庫라고 하는 것이죠. 그다음에 日支에 偏官이 놓여 지도록 되고 그다음에 正財를 기준으로 하여 癸水가 寅을 만나면 浴地에 해당하지 않습니까?

그래서 처음부터 명조 안에서 1등급 인연을 만날 수 있겠는가? 없겠는가? 1등급 인연을 만날 수 있겠다는 것을 어느 정도 가늠을 해 주어야 되고 그래서 처음부터 2등급 또는 3등급 인연이 쉽겠다고 팔자 원국 자체에서 설정해 둘 필요가 있는 것이죠.

그래서 명조 안에서 어느 정도 명조의 순위가 있다는 것은 드러나 있는 것이고 그래서 상기의 남자 팔자에서 時에 있는 祿을 쫓아서, 寅卯辰이 원래 方合을 해 버리지 않습니까?

辰이 五行的으로 土로서의 힘이 강하지 않다고 하는 것이죠. 시의 祿을 일등 인연으로 삼는데 이런 패턴에서는 일등 인연이 잘 안 되는 것이죠.

그다음에 2등급 그룹 속에는 토끼띠 그다음에 癸水의 祿이 되는 쥐띠, 辰을 開庫하는 개띠가 되죠. 그다음에 寅과 巳에서 刑을 균형을 잡아주는 원숭이띠도 2등급 그룹 속에 있는 모양인데 결혼을 빨리하지 않음으로써 운명적으로 여러 가지 어려움을 비켜나간 모양이라고 봅니다.

옛날 1920년대의 책을 보면 이렇게 官이 득세하여 있고 財가 드러나 있으면 일찍 만난다는 뜻인데, 年月에 있다는 것은 일찍 만난다는 것이죠.

일찍 만난 인연은 보통 자식을 얻고 상처(喪妻)를 하고 중혼(重婚)을 하여 안정을 이루었다고 나오죠. 그런데 요즘은 만혼(晩婚)을 하니까 重婚을 하지는 않는데 중간 과정에 여러 사람을 만났다가 헤어지고 헤어지는 사이에 덜렁 아이도 하나씩 생김으로써 땜을 하더라는 것이죠.

땜을 하고 천천히 결혼을 하는데 언제 결혼을 하느냐 하면 89년 己巳年 祿의 해에 이르러서 결혼하게 됩니다. 90년 庚午年에 아들을 얻습니다.

원래는 순서가 딸 힘이 강하잖아요? 늦게 결혼을 하니까 偏官의 기세를 더 많이 따르게 되는 것이거든요. 庚午년으로 오더라는 것입니다.

4. 배우자 인연, 만남의 시기와 헤어짐의 시기 정리

그전에 만났던 인연을 살펴보면 壬戌년 癸亥년 이런 시기에 년을 건드리죠?

辰戌 開庫를 하고 그다음에 日支를 寅하고 戌하고 三合을 하고 이런 시기에 여자들과 여러 가지 관계성이 있었을 것이고, 26살 丁巳년 전후에 최초의 혼인기에 가까웠을 때의 祿운에도 있었을 것이라고 봅니다.

26살(丁巳年), 31~32세(壬戌, 癸亥年) 이런 때 혼인을 놓치고 나니까 세월이 느려져서 다시 祿운에 와서 인연 발전이 이루어지더라는 것이죠.

옛날처럼 겪어야 되는 굴곡이나 풍파는 피했지만 이런 경우도 최선의 짝을 만나기 어려운 그런 인자를 패턴 자체가 가지고 있는 것이죠. 이 분이 나이 차이가 나는 것은 워낙 기초에서 차이가 나는 것이잖아요? 戊日干이 壬水나 癸水를 짝으로 삼으면 戊는 무성하여 다 자란 것을 말하는 것을 아시죠?

壬과 癸는 완전히 한 바퀴 돌고 어린 것이 되돌아온 것인데 연령차이가 많이 날 수 있는 기운을 가지게 되는 것이죠. 그래서 이 모양에 癸卯生 인연이 오더라는 것입니다.

時	日	月	年	乾命	庚	己	戊	丁	丙	乙	甲	大運
丁	戊	癸	壬		戌	酉	申	未	午	巳	辰	
巳	寅	卯	辰		61	51	41	31	21	11	1	

時	日	月	年	坤命	丁	丙	乙	甲	癸	壬	辛	大運
丁	甲	庚	癸		卯	寅	丑	子	亥	戌	酉	
卯	午	申	卯		67	57	47	37	27	17	7	

여자 팔자에서 본다면 이 팔자도 1등 인연이 잘 만나집니까, 만나지지 않습니까?

원래 팔자에 드러난 년의 卯 劫財, 正官 없음, 偏官 뿐임. 日支하고 끌어 붙이는 모양이에요? 隔角입니까? 隔角이죠. 그다음에 시에 卯 劫財까지 있으니 1등 인연을 만나기는 상당히 어려운 모양이라고 보면 되겠죠?

여자 명조에서 안정화를 시켜주는 인자로서 기본적으로 卯 羊刃을 제거해주는 去留法이 있었죠? 羊刃을 冲하는 去留法도 있지만, 卯의 작용을 많이 제어해주는 작용을 하는 것이 무엇입니까? 卯의 六害가 무엇입니까? 辰이죠.

五行的으로 土가 없지 않습니까? 그래서 辰戌丑未 중에 貴人을 취하거나 팔자 내에 방해자를 제대로 작동하지 못하도록 자꾸 방해를 주는 그런 인자들이 조금 더 힘이나 우선순위를 가진다고 보면 됩니다.

운의 흐름을 봅시다. 己巳년이 27살이 되죠. 24살 丙寅年에 天干에 食神이 뜨면서 寅이 淫慾殺 또는 亡身 이런 것이 뜰 때에 기본적으로 애정관계가 발생을 하는데, 寅이 申이라고 하는 배우자의 안정성을 해치는 모양이 되어 있기 때문에 매칭 인자가 약한 것이죠.

27살 己巳年에 땅바닥에 食傷이 내려오죠. 26살~27살 戊辰年 己巳年이 또 空亡에 걸립니다. 이런 시기에 뭔가 새로운 것을 채워 넣으려고 하는 동작이 활발해지는 것이죠.

己巳年에 성혼을 강하게 유도해주는 인자는 戊辰年에 년에다가 년하고 神殺로서 卯와 六害가 발생을 하죠. 그래서 이때는 혼자서 움직여야 되는 그런 기운을 만나면 사람들이 그것을 극복하려고 하는 동작이나 행위가 발생하고 그다음에 辰하고 巳가 申에 대해서 巳申, 申辰 이렇게 合을 함으로서 官星의 세력을 안정시켜 주죠. 官星과 食傷의 세력이 강화되는 흐름이 발생을 하면 배우자 결정이라든지 자녀의 출산 이런 것에 대한 뜻이 강하게 발생함으로써 결혼하고 쉽게 연결이 된다는 것이죠.

그래서 결혼 이후 庚午年에 아이의 출산이 있었는데 유산사가 많았습니다. 아이를 얻고 난 뒤에도 유산(流産)사가 많은 이유가 몇 가지가 있지만, 土라고 하는 것이 착상(着床)입니다. 씨앗의 착상(着床)을 의미합니다.

사주첩경(四柱捷徑)에는 土多하면 자궁 外 姙娠 이런 표현이 나오죠. 水流라고 하는 것이 자연스러운 수태작용인데 수태작용을 오히려 막아서 그렇고 오히려 土가 없으면 어떻게 됩니까? 흘러가 버리지 않습니까? 유산(流産)사가 많이 발생하게 되는 것이죠.

그런 것들이 운명적으로 발생하는 모양인데 만족감을 얻고 말고는 본인들이 가진 가치관, 인생관 문제가 따라 붙으니까 그렇기는 하죠. 하여간 서방님 때문에 행복할 때가 많았다, 속 썩을 때가 많았다? 어느 쪽이겠습니까?

서로 결혼이라고 하는 것이 희생자밖에는 없습니다. 득을 본 사람은 없고 희생자만 있는 것인데 아무튼 인연법에 의해서 만나지더라는 것입니다.

본래 보는 순서에 있어서 원국 자체가 1등을 잘 만날 수 있느냐, 없느냐? 이것을 잘 살펴볼 필요가 있는데 1등을 만나는 팔자는 거의 잘 오지 않습니다. 잘 오지도 않지만, 그것을 인연법으로 잘 맞추었다 해서 그 사람이 그것을 가지고 엄청나게 효용을 얻었다고 생각하지 않습니다.

샘플 2

남편 1965년 음력 8월 22일(양력 9월 17일) 辰時生
부인 1968년 음력 1월 21일(양력 2월 19일) 戌時生

時	日	月	年	乾命
戊	甲	乙	乙	
辰	戌	酉	巳	

己	庚	辛	壬	癸	甲	大運
卯	辰	巳	午	未	申	
53	43	33	23	13	3	

時	日	月	年	坤命
甲	己	甲	戊	
戌	未	寅	申	

戊	己	庚	辛	壬	癸	大運
申	酉	戌	亥	子	丑	
55	45	35	25	15	5	

상기 남자의 팔자에도 1등 인연이 잘 만나질 수 있습니까, 없습니까? 없는 이유는 무엇입니까? 기본적으로 채우고 있는 것이 戌戌辰 偏財에 財星과 짝을 짓는 것은 印星의 조절력이 굉장히 중요하다고 했죠.

그것이 사회적인 비즈니스하고도 맞물리고 배우자 결정의 문제에 있어서도 印星이라고 하는 것은 여러 가지 안정화를 시켜주는 인자로서 작용하거든요.

안정화 시켜주는 인자가 없고, 財星의 구성 성분이 偏財의 중복이 되고 年月의 劫財의 출현 이런 것들이 발생해 있을 때에 1등 인연은 만나기 어렵다고 보죠.

일단 인연법 원리에서 우선 순위를 매겨 본다면 명이 身弱하면 무엇을 1등으로 삼습니까? 祿을 1등으로 삼는다는 것이죠. 寅生이 되죠?

그다음에 乙乙 二字가 合緣하여 끌고 오는 글자는 위로는 庚子生 밑으로는 庚戌生이 되는데 庚戌이 인연법으로서 2등이죠. 그다음에 三合자 巳酉로 끌고 오는 것이 丑이 되죠. 巳酉丑으로 끌고 오는 것이죠.

辰戌 冲을 進神 退神으로 풀어주는 자가 토끼와 닭이죠. 닭은 출현해 있고 그렇죠?

닭이 空亡 그리고 월지가 되고 進神 退神의 해소 인자로서 닭이 이 경우에는 우선적으로 바람직한 인연이 되는데 원래 팔자 자체에 1등 인연이 잘 만나지지 않는 한계성을 가지고 있지 않습니까?

申生 배우자가 온 것은 시의 三合 인자죠. 시에 있는 三合인자를 끌고 오는데 남자 같으면 팔자에 甲과 戊가 있으니까 庚戌생 정도가 인연이 되어서 合緣을 하면 딱 좋은데 아쉽죠.

원래 亡身 有情이라고 하거든요. 亡身殺이 원래 애인 관계를 잘 만듭니다. 亡身 有情의 인자로서 申生을 만났다고 보면 되죠.

여자 팔자에서도 戌 劫財, 未 比肩, 戌 劫財의 중복 출현으로 인해서 1등 배우자 인연은 어렵다고 보는데, 格은 正官으로서 갖추어 놓았는데 傷官에 의하여 충동 동요되어 있고, 比肩 劫財의 중복 출현으로 인해서 일단 이상적 인연을 만나는 것에는 방해가 있다고 보시면 될 것 같고, 官은 마땅히 印星의 소통 인자가 드러나는 것이 좋은데 印星이 드러나지 못했죠.

比劫이 형태상 득세 되어 있으면 원래 사연을 겪은 사람에게 시집을 가야만 운명적으로 땜이 됩니다. 요즘은 결혼을 아주 늦게 함으로써 피해 나가더라 하는 것이죠.

인연법을 한번 챙겨 봅시다. 寅申 相冲이 먼저 드러나 있죠? 그러면 未生 丑生이 寅申 相冲의 동요성을 해소해주는 인자로서 기본적인 키워드가 되고 그다음에 寅申이 맷돌작용에 의해서 巳生 亥生이 되는데 그중에서도 일반적인 소통은 亥生이 우선이기는 한데, 三刑殺 할 때 했었죠?

寅申이 서로 相冲작용을 일으켜서 안정화되지 못했을 때 오히려 보안관이 출현함으로써 寅申을 안정화 시켜주는 그런 작용이 발생하는 것으로서 巳生이 되죠.

물론 巳生도 베스트라는 뜻은 아닙니다. 그러니까 후보군에 올라와 있다고 보는 것이죠. 물론 寅午戌 그 자체를 끌어당기면 좋겠는데 이런 경우에는 하나가 冲을 맞아 있으면 三合을 쫓아가는 힘이 많이 떨어져 버리거든요.

三合을 午生으로 끌어다 쓰려고 해도 寅이 고스톱 정족수를 못 채우는 것입니다. 寅午戌이 만나려 해도 어려운 것이죠.

午生은 잠재적 후보군에 있지만 寅申 相冲 때문에 제대로 작용하기 어렵다 보고, 日支 자체를 가지고 배우자를 삼는 방법이 있지 않습니까?

그런 원리에 의해서 乙巳生 인연을 만났는데 언제 결혼하느냐 하면 95년도 乙巳生 남편이 31살 때 乙亥年에 합니다.

乙亥年에 일어나는 작용은 그전의 甲戌年 작용부터 보면 됩니다. 한 해 또는 두 해전에 작용력을 거치면서 발생하는데 자기 日干과 거의 같은 것을 만나면 전과 후가 삶에 여러 가지 편차가 발생하는 작용이 많이 나오기 때문에 항상 자기 日干과 똑같은 君臣對坐는 더 유심히 볼 필요가 있습니다.

陽干 甲 - 甲(比肩), 乙(劫財), 丙(食神), 丁(傷官)…
陰干 乙 - 甲(劫財), 乙(比肩), 丙(傷官), 丁(食神)…

陰干은 劫財, 比肩, 傷官 食神… 이런 순서로 나가지만 새로운 것을 시작하는 것이 陽干은 比肩 劫財 食神 傷官… 이런 순으로 해서 새로운 것을 만들어내는 흐름으로 들어가죠.

甲戌年이 상기 명조의 시에 있는 戊辰을 많이 건드리는 작용을 한다고 보면 됩니다. 劫財의 入庫를 유도하죠.

남편 이 양반이 항상 느려지는 이유는 무엇입니까? 年月의 劫財때문이죠. 그래서 劫財의 入庫가 유도되는 것이 甲戌年이고 그다음에 乙亥年에 년을 冲하고, 天干에 있는 乙 劫財라고 하는 것은 빨리 움직이려고 하는 것이죠.

冲을 통해서 움직이는 것도 움직임이 열린다고 보시면 되고 劫財는 빨리 움직이려고 하는 그런 속성을 줌으로써 乙亥年에 결혼을 하죠.

合이 되어 있는 것은 冲을 만남으로써 움직임이나 열림이 있다고 생각을 하시면 됩니다.

巳亥 相冲이 乙亥年에 발생을 하고 丙子年에 아들, 戊寅年에 딸 이렇게 자식 인연이 오더라는 것입니다.

여자 입장에서는 결혼이 28살 乙亥年이 되죠. 원래 인연발전의 기운이 언제 주로 잘 발생합니까? 24살 辛未年에 天干에 食神이 들어오고 地支에 淫慾이 발생을 하죠. 그래서 이때 인연발전의 인자가 있었다고 보는데 未 자체가 比肩이 되어 버리죠.

比肩에 羊刃이 뜨면 내가 억지로 가서 취하지 않으면 내 것이 잘 되지 않는 그런 속성이 발생하겠죠.

그다음에 25~26세(壬申年~癸酉年)에 食傷의 세력이 강화됨으로써 자녀 또는 식구발전 이런 것에 대한 의지적인 인자가 발생하고, 甲戌年에 天干에 甲이 오고 戌이 刑을 하면서 안방을 바꿀 수 있는 인자가 기본적으로 열리기 시작을 하죠.

天干에는 正官 偏官의 官星이 무리 지어서 오고 있으니까요.

짝은 巳生을 만났지만 乙亥年에 길한 작용이 있죠. 寅申 相冲을 어떻게 해 줍니까? 進神 退神은 아니지만 寅申 相冲의 작용을 일시적으로 묶어주는 작용이 발생함으로써 저 시기에는 안정적으로 발전을 구할 수 있습니다.

원래 寅申 相冲은 어떤 六親이든지, 어떤 五行이든지 상관없이 명 내에 寅申 相冲이 있는 사람은 애정적인 것으로서 무엇을 얻을 수 없습니까? 살아가면서 애정을 통한 만족이나 보상을 얻기가 매우 어렵다고 보면 됩니다.

寅申이라고 하는 것이 小陽之氣 相火之氣로서 둘 다 불기운을 성하게 함으로써 수분의 조절력이나 조화력을 떨어트리게 되어 있는 모양을 하고 있기 때문에 팔자 내에 寅申 相冲이 있으면 무조건 '애정에 갈증' 이렇게 해놓고 시작을 하면 됩니다.

기억하시는지는 모르겠지만, 여인 申生과 子生은 무엇의 아픔이 있습니까? 애정의 아픔이 있죠. 그런 여러 가지 운명적 인자들 때문인데 본인이 가정의 틀을 지탱해 나가는 힘은 자식 때문입니다.

甲木은 甲寅이라고 하는 正官의 格은 형식상 서로 유정이지만 다정(多情)은 아니라는 것입니다. 오히려 년에 있는 申이 天乙貴人 자식인자가 오히려 유정, 다정입니다.

比肩 劫財의 여러 가지 기운이 무엇으로 소통합니까? 傷官으로 소통을 한다고 보면 되겠죠?

이런 모양에서는 배우자(처)의 직업이 어떤 형태로 가겠습니까? 地支에 일단 형태상 官星이 내려와 있으니까 조직사회 위주의 활동을 하다가도 결국 자기사업 전환의 흐름이 발생을 한다고 이렇게 보죠.

자기 사업은 어떤 인자들이 있습니까? 寅申 相沖이 현대사회에서 제일 직업군이 많습니다. 주로 '의료, 법무, 驛馬, 교육,' 등이 많은데 驛馬殺쪽으로 제일 많기는 많습니다. 직업적으로 가장 많이 분포하고 있는 인자가 범하고 원숭이라는 것입니다.

팔자에 범이 있고 원숭이 있으면 12띠 중에 제일 파워풀한 것들이 출현한 것이기 때문에 직업적으로 남들의 앞에 확 나설 수 있는 힘, 기술, 역량 이런 것들을 충분히 가지고 있다고 보면 되죠. 그 뒤에 未라든지 戌 이런 인자가 官星의 활동력을 방해하지 않습니까?

官星의 활동력이 불안해지는 시기에 이르면 반드시 배우자의 어떤 사업적인 활동, 사회 활동에 굴곡을 만난다는 뜻인데 이런 모양을 가지고 변화가 없는 직장생활을 하는 경우는 가혹 볼 수 있는데 그런 경우에는 큰 굴곡이 없이 지나갈 수 있습니다.

대운의 흐름으로 보면 庚戌, 己酉 그때가 어떻게 되겠습니까? 庚戌대운 넘어서면서부터 戌의 甲木 養地작용 즉 甲木을 길러주는 작용이 이때부터 턴이 되어 버리지 않습니까? 戌대운 부터 남편의 사회적인 활동이나 보상이 기운적으로 불안해진다고 봅니다.

時	日	月	年	乾命	己	庚	辛	壬	癸	甲	大運
戊	甲	乙	乙		卯	辰	巳	午	未	申	
辰	戌	酉	巳		53	43	33	23	13	3	

時	日	月	年	坤命	戊	己	庚	辛	壬	癸	大運
甲	己	甲	戊		申	酉	戌	亥	子	丑	
戌	未	寅	申		55	45	35	25	15	5	

실제 일어난 이벤트에서 보면 남편의 명조를 보면 庚辰대운 46~47세가 되는 庚寅年 辛卯年 이런 시기에 어떤 작용이 발생하겠습니까? 官星이 흔들리게 되어 있지 않습니까?

팔자 자체에 官星이 空亡을 맞은 것을 巳酉 合으로서 해소는 해 놓았는데 庚寅年 辛卯年 상기 시기에 官星에 대해서 元嗔, 冲 이런 것을 맞았다는 것이 官星의 불안 동요가 생기겠죠?

남편 팔자에 官이 비어있으니까 직장 생활을 짧게 하고 나와서 의료인을 고용해서 하는 요양병원 같은 것을 한 것입니다. 요양병원을 하다가 庚寅年 辛卯年 이 시기에 법적인 문제가 발생함으로써 이때 많은 시달림과 희생을 치르고 새로운 모양으로 판짜기를 시작해서 안정화를 취하고는 있는데 배우자의 운을 볼 때에 앞으로도 배우자의 굴곡을 겪으면서 갈 수밖에 없는 그런 구조라고 보면 되겠죠.

부인의 명조에서 대운의 흐름이 官星의 활동력을 활발하게 열어 놓습니까? 열어 놓지 못합니까? 己酉대운 金운동의 누적에 따른 쇠락이 부인 丁未 대운의 시기까지 발생을 해 버리니까 쉽게 안정은 어렵겠죠.

인연법은 논리의 우선순위에서 보이시죠? 이럴 때쯤 이분이 물어보러 왔으면 어떻게 합니까?

부인 팔자에서 己酉대운의 酉자체가 官星의 역할이나 혜택이 굉장히 불안하니까 그런 과정 속에서 내가 직접 나서서 무엇인가를 움직여야 되겠다고 하는 것이죠.

그런 마음이나 기상이 庚戌대운 중 己丑년(42세) 즉 君臣對坐가 되지 않습니까? 그리고 대운의 전환점이 되는 壬辰年(45세) 이런 자리에 이르면 자기가 나서서 사회활동의 역할을 활발하게 하려고 하는 그런 흐름 전환이 발생하는 것이죠. 본인이 적극적으로 활동하는데 酉대운이 桃花대운이지 않습니까?

桃花의 인자를 활용한다고 하는 것은 이런 것입니다. 부인의 팔자에 官星이 3개가 있지 않습니까? 桃花는 내가 예쁘게 거울을 들고 본다는 것이죠.

그다음에 酉대운이 六親으로는 食神이 되죠. 그다음에 甲寅 甲 官星들이 전부 남편의 별만은 아니지 않습니까? 손님이 되는 것이죠. 그래서 여러 손님을 상대하는 것이 되는데 팔자 내에서 주로 명조안에서 傷官을 위주로 쓰기 때문에 커피, 술, 아이스크림 등 기호성이 있는 음식업을 하면서 사람을 상대하는 그런 업종으로 들어간다고 보시면 될 것입니다. 寅申 相冲이 있으니까 어찌 되었든 돈을 열심히 벌기는 법입니다. 직업적으로는 열심히 하고 완성도가 높다고 보는데 배우자의 덕만으로 편안하게 인생을 이어나가는 것은 힘이 든다는 것입니다.

학생 – 여자 팔자에서 戊申대운, 己酉대운이 比劫이 뜨지 않습니까?

선생님 – 이런 경우에 혹간 남편이 비즈니스를 잘하는 경우가 있습니다. 남편이 비즈니스를 잘하는 경우에는 어떠냐 하면 여자 팔자에 食神운이 잘 열려 있지 않습니까? 돈은 가져다주는데 애정은 어디로 가 있습니까? 다른 곳에 가 있다는 것입니다.

사랑을 주면 돈이 부족하고 즉 돈에 굴곡이 있고, 돈을 잘 가져다주면 애정에 굴곡이 있는 식으로 희생을 치르게 되는 것이 이런 식이라는 것입니다. 그런데 보통 돈을 잘 가져다주고 다른 여자를 쫓아다니는 경우는 10케이스 중에 1~2케이스 밖에 없습니다.

대부분 다 비즈니스나 일적으로 풍파를 겪고 본인이 나서서 일하게 되는 이런 쪽으로 가는 것이 대부분이라고 봅니다.

학생 – 그러면 본인이 나서서 장사하면 성공을 하나요?

선생님 – 하기는 하죠. 힘이 들어서 그렇지 잘 합니다. 陰대운에 財星의 밭이 깔리지 않습니까? 그래서 돈을 벌어서 조금 더 키우고 조금 더 키우는 식의 과정을 겪어야 되고 또 내가 나서서 일해야 되고 하는 그런 고달픔은 있지만, 경제적인 부분이나 일적인 측면에서의 성취는 있다는 것입니다.

대신에 남자의 덕이나 남편의 덕을 제대로 볼 수 없으니 결국 고달픔이 따르게 된다는 것이죠.

샘플 3
남편 1971년 음력 8월 28일(양력 10월 16일) 丑時生
부인 1972년 음력 9월 18일(양력 10월 24일) 辰時生

乾命

時	日	月	年
乙	甲	戊	辛
丑	戌	戌	亥

大運

壬	癸	甲	乙	丙	丁
辰	巳	午	未	申	酉
52	42	32	22	12	2

坤命

時	日	月	年
丙	戊	庚	壬
辰	子	戌	子

大運

甲	乙	丙	丁	戊	己
辰	巳	午	未	申	酉
55	45	35	25	15	5

남자 팔자에서 1등 배우자 인연을 쉽게 만납니까? 못 만납니까? 못 만나는 이유는 偏財 雜氣에 偏財格의 형태에 偏財 正財의 혼잡, 戌亥 天羅地網, 日支와 時支에 刑이 작동을 하고 있죠? 그리고 食傷의 투출이 없는 모양에서 가장 일반적인 모양으로는 祿을 배우자로 삼는 것이 기본이지만 祿인연을 만나는 경우가 많지는 않죠. 이런 패턴자체에서 이상적으로 이루어지기가 힘든 모양이죠.

저기서 인연법을 쓴다면 祿은 일단 1등에 준하지만 만나기 어렵다고 보면 될 것이고 丑이 드러난 인자에서 正財에 貴人이지 않습니까? 소띠가 2등 인연으로서 드러난 그 자체를 삼는 것이고 그다음에 戌이 正財 入庫이지 않습니까?

正財 入庫를 열어주는 未가 인연법으로 들어와 있는 것이고 그다음에 日支 戌을 글자 그대로 日支法으로 취해오는 방법이 있죠?

日支의 天殺이 문제입니다. 年月에 있는 天殺까지는 괜찮은데 일이나 시에 있는 天殺같은 경우가 하늘 같은 에너지를 내가 다루려고 하는 그런 기운이 따라다님으로써 사회 활동적인 면으로도 그렇지만 배우자 결정면에서도 상당히 방해를 주는 인자로 작용하게 되는 것이죠.

이런 경우에 1등, 2등도 다 조화를 얻기 어려운 모양으로 되어 있는 데 이런 경우는 "무슨 띠 만났노?" 물어보면 됩니다. 답이 잘 안 나오지 않습니까?

실제로 제가 아는 분이 옛날에 제산 선생님을 찾아갔다고 합니다. 이분이 戊戌生 개띠 甲일주입니다. 제산 선생님이 한 참 들여다보고 있다가 무슨 띠를 만났는지 물어보더랍니다. 돼지띠를 만났다고 하니까 "범띠를 만나야 좋은데…"

제산 선생님이 이야기하시니까 이분도 甲일주들 성격이 있지 않습니까?

"도사님, 제가 지금 집에 가서 마누라를 칼로 찔러 죽여 버리고 범띠 여자를 만나면 내 인생이 잘 풀린다는 말입니까?"

"당신은 살인할 상이 아니다." 하더랍니다.

이런 해프닝도 있는데 이런 모양들이 배우자 인연법을 딱히 하나로 정하기가 어려운 이런 패턴에 속합니다. 수학에서 문제가 있다면 난제 내지는 답이 없음이 걸려들 수 있는 패턴이 이런 모양이라고 보시면 되는 것이죠.

학생 – 어떤 띠를 만나도 그렇다는 말씀이네요?

선생님 – 그렇죠. 결혼을 빨리하면 풍파가 일어나는 것이죠. 偏財가 안방을 차지하고 있고, 시에 正財가 차지하고 있고, 正財위에 乙이 또 劫財이지 않습니까? 劫財는 짝이 있는 사람이라는 뜻입니다. 그러니까 사연을 한번 겪어 버리고 가정을 한번 가졌던 여인이 나에게 오면 그때는 乙丑으로서의 자격을 가진다는 것이지 않습니까?

그러면 그때까지 기다리려면 어떻게 해야 되느냐 이 말입니다. 남의 남자하고 한참을 지내다가 뒤에 늦게 와 주는 것인데 요즘은 있기는 있는 것 같습니다. 그런 인연법 적용이 힘든 케이스에 속하는 것이죠.

학생 – 寅生을 만나면 안 됩니까?

선생님 – 寅生이 1등인데 아까 하지 않았습니까? 아까 戊戌生 남자 분 이야기 하지 않았습니까? 그분은 戊戌生 巳月입니다. 일주가 甲申일주이지 기억에 그렇습니다.

학생 – 寅生이 올 수 있는 여지가 있는 것 아닙니까?

선생님 – 올 수가 있죠. 당연히 충분히 여지가 있습니다. 그것은 寅生이 1등인데 寅生을 끌고 올 수 있는 에너지나 힘이 팔자 원국 자체에 약하지 않습니까?

후보는 다 되죠. 그런데 戌土와 丑土는 土로서의 고유의 기능이 제대로 갖추어지지 않는다고 했지 않습니까? 그래서 이 경우에 가장 이상적인 것은 범띠나 양띠가 됩니다.

그러니까 財庫, 正財의 入庫를 유도하는 丑을 열어젖히는 未生 또는 祿을 쫓아서 짝을 찾는 寅生이 이상적인데 팔자 자체에 기울어짐이 많이 발생해 있으면 그런 1등 그룹에 있는 사람이 잘 만나지지 않는다는 것이죠.

항상 수학적 답이나 이상적인 조건의 사람은 있는데 이것을 문제라고 보세요. 원래 문제 자체가 제대로 답을 내기 어려운 문제를 내놨다고 보면 됩니다. 이상적인 것은 당연히 범띠가 되죠. 범띠, 양띠가 되는데 이 모양과 비슷한 패턴을 보고 제산 선생님도 물어보시더라는 것이죠.

하여튼 그 양반도 대단한 사람인 것이죠.

"칼로 찔러 죽이고 올 테니까 그러면 범띠를 다시 만나라는 말입니까?"

"당신은 살인을 할 상이 아니다." 한 것이죠.

時	日	月	年	乾命	壬	癸	甲	乙	丙	丁	大運
乙	甲	戊	辛		辰	巳	午	未	申	酉	
丑	戌	戌	亥		52	42	32	22	12	2	

時	日	月	年	坤命
丙	戊	庚	壬	
辰	子	戌	子	

甲	乙	丙	丁	戊	己	大運
辰	巳	午	未	申	酉	
55	45	35	25	15	5	

여자 팔자를 봅시다. 이 양반 팔자에 1등 인연이 매칭되겠습니까? 안 되겠습니까? 官星을 좇아서 배우자 인연을 우선 삼는데 官星이 어디에 있습니까? 드러나지 못했고 시에 子와 辰이 수시로 끌어 붙이죠. 그다음에 辰戌 相冲이 수시로 발생하지 않습니까?

늦가을에 辰의 기상이라고 하는 것은 木氣로서 굉장히 약한 것이지 않습니까? 또한 월에 比肩이 자리하고 있죠. 또 官星의 밭이 되는 水는 있는데 官이 쉽게 어우러지지 못하지 않습니까?

이런 경우는 '무조건 시집을 늦게 가라!' 설명하여 주는데 상기의 두 명조 사이에서 묘하게 형성되어 있는 것이 있습니다. 甲戊庚이 형성되어 있지 않습니까?

여자 팔자의 庚戊는 甲을 끼우고 남자 팔자의 甲戊는 庚을 끼움으로써 三奇를 묘하게 형성시키지 않습니까? 이런 만남을 심하게 표현하면 '우주적 조우' 이렇게 표현합니다.

학생 – 양쪽으로 그렇게 다 끼우는 것도 되는 것이네요?

선생님 – 두 개를 다 끼우는 사람도 있습니다. 남자 乙丙이 있는데 여자 팔자에 丁이 있고, 여자 팔자에 甲戊가 있는데 남자 팔자에 庚이 있는 것이죠. 그렇게 두 가지가 끼워진 사람들이 있습니다. 이런 사람들은 다른 어떤 조건이 부실하더라도 그것을 통해서 균형을 갖추고 살아가는 원리로 작동을 하기 때문에 天干에 三奇를 채우는 것은 굉장히 중요합니다. 궁합에서 굉장히 중요히 쓰는 이유가 그 이유입니다.

이 경우에는 인연법하고는 별로 해당 사항이 없지 않습니까? 辛亥생의 辛이 유도해 주는 것은 대체로 번식 유도의 작용이고 亥는 亡身이죠. 그래서 이 인연법 사이에서 기본적으로 酉生이나 卯生이 辰戌 相冲을 해소해주는 것 그다음에 戌 때문에 申子辰이 三合작용을 제대로 못 하지만 그래도 申生이나 子生이나 또는 아주 늦게 辰生이 인연법에서 걸리죠.

원래 亡身을 만나는 것은, 여자 팔자에서 亡身殺 그룹을 만나는 것도 2등 그룹이지만 작은 노력으로 관계 유지를 오래 할 수 있는 띠 그룹으로 보면 됩니다. 亡身殺 그룹에 해당하는 사람이 되죠.

"저 인간 때문에 내 인생 버렸다."

이런 것이 亡身殺을 통해서 이룩되는데 두 사람 사이에는 天干의 묘한 조화성을 가지고 있는 모양이 되는 것이죠. 다른 조건이 다 시원치 않아도 三奇를 채우는 궁합은 잘 볼 필요가 있다는 것입니다. 궁합론 할 때 보신 것 기억을 하시죠?

바로 이런 경우가 그런 경우에 해당하는 것입니다.

학생 – 좋은 것이 아니라고 하지 않습니까? 춘하추동 신사주학에서 설명하는 것은 바보하고 팔푼이하고 만나는 것이라고 하셨습니다.

선생님 – 다른 조건이 부실하면 바보하고 팔푼이하고 만나는데 둘이서는 잘 사는 것이죠. 바보의 짝은 팔푼이가 맞고 팔푼이 짝은 바보가 맞거든요.

학생 – 사회적인 궁합으로 보면 별로라는 뜻 아닙니까?

선생님 – 일반적으로 이상적 표준에서는 둘 다 이탈되어 있지만, 바보하고 팔푼이가 사는 것은 짚신짝론입니다. 짚신은 짚신이 짝이다. 이 말입니다. 짚신이 명품 신발짝을 찾으려고 하면 찾아지지 않는다는 말입니다.

학생 – 운에서 三奇를 채우면 어떻습니까?

선생님 – 일단 三奇를 채우는 작용은 사회적으로 좋은 일이 생겨난다고 보면 되는 것이죠. 제가 제산 선생님을 91년도에 만났을 때 제 명조 안에 丙이 있고 丁이 있거든요. 乙巳대운이 되면 乙이 와서 三奇를 채우지 않습니까? 三奇를 채우면 고시에 합격할 것이라고 하셨습니다.

제 팔자의 天干은 아래와 같습니다.

丁 庚 辛 丙

天干이 이렇게 되어 있는데 대운이 壬寅, 癸卯, 甲辰, 乙巳… 이렇게 갑니다. 대운 수는 3으로 갑니다. 제가 제산 선생님을 처음 만났을 때가 25~26살에 만났는데, 乙巳대운이 들어오면

乙丙丁 三奇를 이루지 않습니까? 乙이 丙辛이 合을 하는 작용을 풀어버리면서 三奇를 이루지 않습니까? 이럴 때 고시성 시험에 합격한다고 보고 "꼭 하고 싶으면 고시를 하라." 이렇게 말씀을 하시더라고요.

학생 – 대운에서 보면 기한이 제한됩니까?

선생님 – 乙운에 초반기는 乙을 쓰고 하반기가 되면 乙의 기운이 떨어진다고 보면 됩니다.

학생 – 만약에 명 내에 있으면 어떻게 됩니까?

선생님 – 명 내에 있는 사람은 이런 것이죠. 헬기로 치면 아파치 헬기가 되는 것이죠. 즉 아주 전투력이 좋거나 안에 편의 사양 장치가 잘되어 있는 헬기라는 것이죠.

학생 – 기간은 무제한입니까?

선생님 – 물론 格이라든지 地支의 구성 성분을 봐야 하겠지만, 헬기는 일단 아파치 헬기가 떴다고 보시면 됩니다.

학생 – 만약에 乙丙丁 3개가 떴다고 했을 때 가지고 있는 의미가 강하다는 의미가 되는데 그 무기를 언제 제일 강하게 쓰게 됩니까?

선생님 – 기본적으로 乙운 중에 쓰게 되는 것이죠. 그냥 일반 헬기보다 조금 나은 헬기가 지나가고 있었는데 갑자기 공중에서 무기 장착을 해주는 것이죠. 그러니까 아파치 헬기로 변신해서 엄청난 전투력을 발휘하더라는 것입니다.

그래서 그것이 사회적인 성과라든지 보상, 성취 이런 것에는 굉장히 중요한데 꼭 여자를 만나는 것은 아니더라는 것입니다. 그리고 제가 세월을 지내보니까 고시보다 더 좋은 것이 된 것 같습니다. 이런 느낌이죠.

학생 – 지금 저렇게 乙巳대운에서 三合를 채우면 대운 기간 동안에 그런 작용을 한다고 보면 됩니까?

선생님 – 네 그렇습니다.

학생 – 명 내에서 三合를 이루면 그 기간에 상관이 없다는 것입니까?

선생님 – 그렇죠. 三合에 관해서 '아베전서' 이런 것을 보면 三合에 대한 설명이 많이 나와 있습니다.

거기에 대해서 제산 선생님과 제가 대담을 나누면서 한 말은 이런 것입니다. 비행기가 가다가 추락을 해도 그래도 거기에서 살아나오는 것인데 옛날에 아시아나 비행기가 전라도 어디에 떨어졌을 때도 살아 나온 사람이 있지 않습니까? 그런 작용을 유도해 줄 만큼 좋은 기운을 깔고 시작하는 것이 三合의 채움이라고 하는 것입니다.

三奇는 드러나 있으면 처음부터 장착된 것이고 운에서 채우면 그때 무기를 채워서 쓰게 된다고 보시면 되고 보통 그런 기운이 있으면 군에서는 삼성장군 이상의 별자리에 이른다고 표현합니다.

물론 헬기는 아파치가 떴는데 땅바닥에는 지게 작대기밖에 없다는 것이죠. 오히려 그런 사람들은 "아무리 생각해도 나는 아파치 설계가 되어 있는 인생인데 왜 현실은 지게하고 작대기밖에 없지?" 이렇게 해서 三奇를 가지고도 무능하게 살거나 반쯤 건달처럼 사는 사람도 있습니다.

학생 – 空亡이 되어도 그렇겠네요?

선생님 – 空亡은 空亡의 의미대로 해석하면 되는 것이고 그것은 무늬만 있는 것인데 일단 三奇는 空亡작용을 하지 않습니다. 三奇 자체는 空亡적용을 안 하는데, 空亡은 六親的인 것에서 해석을 적용하는 것이죠.

그래서 삼성장군 그리고 비행기에서 떨어져도 살아날 수 있는 균형 잡힌 기운 이런 것이 있는데, 地支기운이 매끄럽지 못하면 오히려 이상은 엄청나게 높은데 현실은 받쳐주지 못하는 것이죠.

학생 – 地支기운 즉 地支작대기라고 하신 기운을 12운성으로 보시는 것인지, 아니면 간명지에 나오는 日干기준으로 표시하는 12운성의 기운을 말하는 것인지, 아니면 日干이 아니라 三奇의 기준으로 12운성의 기운을 말하는 것인지요?

선생님 — 그것은 五行의 강약 문제이고 地支의 구성이라고 하는 것은 예를 들어서 成格의 유무라든지 팔자 안에 天羅地網, 刑 이런 것이 있으면 물건은 좋은데 뭔가 훼손이 되거나 용도가 특수한 쪽으로 쏠려 버린 것이지 않습니까? 이런 것을 格의 훼손으로 보는 것입니다.

成格이라든지 전체적인 地支의 구성 이런 것들이 그렇다는 것이죠. 아파치 헬기는 가는데 땅바닥에는 항공모함이라면 이것은 죽이는 것이죠.

학생 — 甲戌庚이 뭡니까?

선생님 — 이런 것을 물어보시면 다시 춘하추동 신사주학 편으로 돌아가 버리는 것인데 그냥 균형이라고 생각을 하시면 됩니다.

甲戌庚

甲은 甲乙丙丁의 첫 번째 관문이 되고 戌는 陽운동과 陰운동을 넘겨주는 관문이 되고 庚은 辛壬癸를 열어주는 관문이라는 것입니다.

甲戌庚은 모든 기운을 중재하고 열어젖히는 관문끼리 서로 모였다는 말은 합참의장 이런 것이라는 겁니다. 삼군사령관 이런 것을 의미합니다.

乙丙丁

그다음에 乙丙丁은 丙이 태양, 丁이 별, 乙이 월입니다. 그래서 日月星이 되는 것이죠.

그래서 乙丙丁이 모이면 甲이 오면 甲乙丙丁이 모여서 해가 지지 않고 乙丙丁이 지나가도 戊나 己가 구름 작용을 하거든요. 埋光작용 즉 빛을 묻어 버리지 않습니까? 乙木이 戊己를 억제해서 구름이 가리지 않도록 해주는 그것이 청풍명월이라는 것입니다.

庚辛이 오더라도 丙이 丁이 庚辛의 작용을 막고 壬癸가 오더라도 庚辛이 꺼지지 않는 것이죠.

辛壬癸

辛壬癸는 霜雨露가 됩니다. 그래서 이 경우에는 서리와 비와 이슬이 계속 있으니 무엇을 얻는 것입니까? 潤下를 얻는다는 것입니다. 그래서 이미 천상에서 潤下를 얻었으니 모든 것을 재생성하고 만들어낸다는 것입니다.

다른 글자들이 간섭해도 통일성과 틀이 잡혀 있는 모양이라는 것입니다. 대신에 여자는 辛壬癸를 힘들게 쓴다는 것입니다. 왜냐하면 몸이 陰에 속하니까 힘들게 쓴다는 것입니다. 일단 힘은 들어도 메이크업이 되었다는 것입니다. 이게 중요한 것입니다.

전투기로 치면 F-16, F-22... 이런 것 있지 않습니까? '랩터'라는 이런 전투기 하나가 나머지 전투기와 전력 비대칭이

117대와 이 '랩터' 한 대와 안 바꾸는 것입니다. 전투를 실제로 시뮬레이션 시키니까 '랩터' 한 대가 117대를 다 부수더라는 것이죠. 똑같은 F 기종입니다.

그런 것처럼 하나가 초강력 틀을 갖추게 되면 다른 것과는 게임이 안 된다는 것이죠.

학생 — 궁합에 좋다고 했지 않습니까?

선생님 — 그렇죠. 좋죠. 평범한 팬텀기를 갑자기 '랩터'로 바꾸어주는 것인데 랩터가 움직이는 것은 이런 식으로 움직인다고 합니다. 비행기가 활주로를 떠서 달려야 되지 않습니까? 그것이 아니고 조금 가다가 바로 위로 뜬답니다. 그래서 떠서 멈추어서 바로 돈다고 합니다.

지구위의 일반적인 항공기의 모션을 뛰어넘어 버리는 것이죠. UFO 버전으로 순식간에 날아가 버리는 것이죠. 그러니까 나머지 일반 전투기 백몇십대 띄어놔 봐야 안 되는 것이죠. 이것은 미국에서 안 팔잖아요. 하여간 三奇이러면 랩터, 아파치 이런 것 생각을 하시면 됩니다.

저 경우에는 저렇게 조화도 인자가 약함에도 불구하고 三奇를 채움으로써 가정의 틀을 이루고 결혼은 96년도 丙子年에 합니다. 보통 그 한 해 전의 작용을 보면 됩니다.

乙亥年에 여자는 亡身, 남자는 地殺 이렇게 궤도수정, 궤도이탈 이런 속성을 좇아서 가게 되는데, 남자 팔자에 丙子年에 丙辛 合을 하죠. 팔자의 官星 辛과 운에서 온 丙 食傷하고 合을 하는 자체가 보통 번식적인 행위와 맞물린다고 하지 않습니까?

그다음에 여자는 집을 나오는 모양이죠. 皆花論的으로 보면 子가 子를 만나면 '밖으로 움직임이 시작된다.' '움직이려고 한다.', '地殺작용으로서 집을 떠난다.'

그다음에 辰이 合을 이룸으로써 생산 행위에 가담한다고 볼 수 있는 것이죠. 그래서 戊寅年에 딸을 얻었고 庚辰年에 아들을 얻었습니다. 甲戊庚을 묘하게 채우고 있죠?

샘플 4
남편 1963년 음력 9월 13일(양력 10월 29일) 酉時生
부인 1965년 음력 4월 1일(양력 5월 1일) 巳時生

乾命

時	日	月	年
乙	乙	壬	癸
酉	巳	戌	卯

大運

丙	丁	戊	己	庚	辛
辰	巳	午	未	申	酉
57	47	37	27	17	7

坤命

時	日	月	年
辛	乙	庚	乙
巳	卯	辰	巳

大運

丙	乙	甲	癸	壬	辛
戌	酉	申	未	午	巳
52	42	32	22	12	2

이런 경우는 형태상 日支論으로 바로 들어가 버리잖아요. 남자 팔자에 卯酉 相冲이 멀리 있기는 한데 이정도 冲은 進神 退神의 적용을 별로 안 받더라는 것입니다.

형태상으로 보면 개 戌자가 正財로서 배우자 인연요소가 되는데 戌生이 위로 5살, 아래로 7살 이렇게 터울이 나버리니까 인연매칭의 인자가 약한 모양이죠.

그다음에 巳酉丑 즉 丑生 인자가 올 수 있는데 이 경우에는 1등과 2등의 경계에 보통 배우자 인연법이 열려 있는 모양이죠. 그래서 1등은 제일 표준적인 것, 2등은 표준을 조금 벗어나서 올 수 있는 것인데 1등과 2등 사이 정도 되는데 正財가 딱 하나죠.

그다음에 印星이 조절하고 있고, 巳戌 元嗔이 깔려 있고, 乙乙卯로 木氣가 모여 있고, 戌 중에 傷官 入庫작용이 있는데 그것을 밖으로 삐져내어 놓는 모양이죠. 그래서 日支 巳生인자가 인연법으로는 평이한 모양이라는 것입니다.

결혼을 언제 하느냐 하면 28살 庚午年에 합니다. 연애는 24살 丙寅年에 했는데 최초로 연애의 기회는 20살(壬戌年)~21살(癸亥年) 있었겠죠?

그것은 年과 卯戌 合, 그다음에 戌이 巳에 대해서 元嗔작용, 巳亥 相冲, 亥와 卯의 합작용으로 일상적인 연애 운이 있었을 것이고, 24살(丙寅年)이 조금 더 액티브한 이유가 뭡니까? 寅巳 日支 刑, 財星 合이 되고 그다음에 卯에서 보면 寅이 淫慾殺이 되는데 이때 만나서 교제의 과정을 거치고 짝으로 되었을 것이라고 보면 되죠. 그래서 庚午年에 결혼까지 이어진 모양이 되는 것이죠.

乙庚이 合을 하는 모양이 되죠. 남자가 官星을 만난다는 것은 번식작용을 쫓아가려는 인자가 발생한다고 보면 됩니다.

여자 팔자에서도 庚辰이 透干해 있어서 透干인연법이 되고,

시 三合이 되는 丑生, 巳生, 卯生, 辰生 거의 비슷한 작용인데 乙 天干의 중복 때문에 庚辰을 취해오는 것은 방해가 있다고 보는 것입니다.

庚午年 26살에 地支에 食神이 깔리면서 乙庚 合을 해서 '남편을 만난다.', '번식행위를 강화한다.' 이런 흐름 속에 결혼이 이루어진 것이라고 보죠.

이런 경우는 굉장히 평범하고 평이한 인연법을 가지고 있는데 그래도 卯와 巳 사이에 인생관 차이가 있으므로 살아가면서 정신적인 갈등 이런 것들은 어느 정도 감당을 하면서 가야 된다고 보는 것이죠.

자식은 壬申生 아들을 낳았습니다. 巳申 合 작용이죠. 庚이 땅에 내려오면서 巳申 합작용이 이루어진 것이죠.

남자의 팔자에서도 巳申 합작용이 이루어지죠. 보통 六合者는 아들로 잘 유도된다고 봅니다. 팔자 내에도 巳중의 庚金, 시에 있는 酉金이 딸과 아들 유도인자가 되어서 그렇죠. 이것은 평범한 인자가 되어서 그렇게 설명할 것이 많지는 않습니다.

학생 – 일찍 결혼하면 안 될 것 같은데요? 比肩도 있고 해서 일찍 결혼하면 안 되잖아요?

선생님 – 이 경우는 오히려 戌이 막아 버린 것이니까 괜찮습니다. 戌이 正財 入庫 아닙니까? 正財 入庫를 卯戌이 끌고 가 버린 것이죠. 끌고 가지 않아서 戌이 활발하게 쓰지 않는 이유가 그것입니다. 六合이 되어 있는 것은 冲을 해도 開庫에 한계가 있습니다.

학생 – 일과 시의 二天二地는 큰 작용을 하지 않나요?

선생님 – 일시의 二天二地도 약간은 작용력이 있죠. 옛날식으로 보면 '외방 자식이 있다.' 이렇게도 보는데 요즘은 그 정도는 아니고 조절을 하더라는 것이죠. 辛金이 巳에 오면 死地가 되지 않습니까?

그럼으로써 아이가 밖에 생기기는 생기는데 안방으로 끌고 들어오지는 않더라는 것이죠. 옛날에는 작첩(作妾)을 두는 것을 허물로 삼지 않았기 때문에 이렇게 하는 것이죠.

이런 경우는 평이한 샘플이기 때문에 그냥 눈으로 익혀 두셨다가 이런 인연법이구나 하는 정도로 익혀 두시면 될 것 같습니다.

샘플 5

남편 1973년 음력 2월 7일(양력 3월 11일) 亥時生
부인 1977년 음력 7월 9일(양력 8월 23일) 辰時生

時	日	月	年	乾命
己	丙	乙	癸	
亥	午	卯	丑	

己	庚	辛	壬	癸	甲	大運
酉	戌	亥	子	丑	寅	
52	42	32	22	12	2	

時	日	月	年	坤命
甲	壬	戊	丁	
辰	子	申	巳	

甲	癸	壬	辛	庚	己	大運
寅	丑	子	亥	戌	酉	
55	45	35	25	15	5	

남자 팔자에서 인연법을 한번 살펴봅시다. 財星의 투출이 있다 없다? 財星의 투출이 없죠. 그다음에 辰戌丑未의 성분에서 丑이 있는데 偏財의 入庫죠. 偏財의 入庫는 우선순위에서 빠지는 것이죠.

월 正印의 格은 갖추었는데 월 空亡입니다. 官星은 년과 시에 벌어져 있고 日支에 劫財가 있으니까 이런 경우에도 1등 인연을 쉽게 만납니까, 어렵겠습니까? 1등 인연은 쉽게 만나기가 어려운 케이스에 해당이 됩니다.

여자팔자에서도 官星의 성분이 戊 偏官, 辰 偏官 위주로 되어 있고 日支에 劫財 이런 것이 드러남으로써 1등으로서의 조화력이 높은 인연을 만나는 것에는 한계가 있다는 것입니다.

우리가 알고 있는 여러 가지 인연법 논리를 한 번 정리해 보시죠. 남자 팔자에 財星의 入庫자가 되는 소띠 말고 양띠, 日支에 있는 午生, 그리고 亥卯가 未를 유도하기는 하는데 三合을 유도하는 힘은 떨어지죠. 開庫작용으로서 未가 의미가 있는 것이죠. 그래서 午生, 未生이 되죠.

그다음에 年의 丑에서 三合자를 불러들이는 巳生이 되는데 물론 인연법에서는 身旺해도 씁니다. 이런 모양은 약간 身旺으로 치죠? 祿은 자신이 약간 身旺해도 어찌 되었든 자기가 자기 존재를 세우는 터전으로서 잘 끌어다 씁니다.

그다음에 三合 巳祿, 亥 天乙貴人 이런 정도가 인연법 속에 있겠죠? 배우자 인연으로서 1등은 잘 안 되는 것이고, 2등으로서 巳生을 취해왔다고 보면 되겠죠.

여자 팔자에서도 戊 偏官, 辰 偏官, 子 劫財로서 1등 배우자 인연이 어렵지 않습니까? 이런 경우에 보통 인연논리로서 쓸 수 있는 것이 무엇이 되겠습니까? 透干된 것 戊申에서 申 그렇죠? 그다음에 辰, 日支 子, 三合者 巳酉丑 이런 정도가 발생하는데 이 丑이 주는 긍정적인 작용이 하나 있기는 있습니다.

丑이 주는 긍정적인 작용이 무엇이겠습니까? 偏印의 入庫 이런 것들이 되죠. 월지 申이 庚이지 않습니까? 庚이 丑을 만나면 入墓가 되는데 특히 偏印의 간섭이 무리 지어서 三合을 하고 있는 경우에도 그중에 하나를 冲을 해서 걷어 내거나 아니면 入庫시키거나 이런 작용이 발생할 때에 일종의 약간 去留요소가 들어가는 것이죠.

서로 만족감을 가지고 살기에는 한계가 있겠죠?

이 여자 팔자에서 天干을 한 번 보세요. 무엇을 채우고 있습니까? 乙丙丁을 채우죠. 三奇를 채우고 있는 그런 것들이 그 사람들 사이에 강한 견인력을 발생시키는 작용력이 된다고 보면 되고 언제 결혼을 하느냐 하면 甲申年에 결혼을 합니다. 甲申年이 32살이 될 때죠.

물론 남자 팔자에 서른 살을 넘기는 것이 바람직하다는 뜻이고 31살 癸未年에 무엇이 이루어집니까? 丑을 여는 작용이 일어나죠. 丑을 여는 작용이 발생하고 그다음에 申酉 이 시기에 財星이 세력을 가지게 되는 그런 작용이 발생함으로써 申酉년에 성혼, 가정의 정립 이런 것들이 이루어지더라는 것입니다.

여자의 팔자에서는 未年의 작용을 잘 보세요. 甲申年 한 해전이 癸未年이죠. 癸未年에 무엇이 이루어집니까? 食神이 入庫하는 작용이 있죠?

官星의 움직임을 제어해 버리는 甲木이 入庫함으로써 무엇을 할 수 있는 채비가 되었다는 것입니까? 남자를 맞아들일 수 있는 채비가 되어 있는 것이죠.

子未 元嗔 그다음에 巳가 未를 만나면 皆花論에 의해서 驛馬 작용이 이루어짐으로써 말에 올라타려고 하는 그런 작용이 발생하는 것이죠. 여인이 꼬리를 내리고 말에 올라타는 것은 고개를 숙이거나 자기가 기세를 부리는 것을 접고 따라간다는 말입니다. 가마에 올라타는 행위도 되고, 申年에 이르러서 申子辰 三合, 申 亡身이 되는데 여자들은 이 亡身의 시기에 인연을 만나서 가정을 이루고 하는 것이 굉장히 많습니다.

학생 – 남자의 명조에 시에 亥가 偏官이지 않습니까? 자식을 天乙貴人으로서 자식을 둘 수가 있습니까?

선생님 – 자식이 貴人 자식을 얻는다는 뜻입니다. 貴人 자식을 얻는데 옛날처럼 혼인이 빨랐던 시절에는 이것을 외방 자식으로 처리하고 요즘 현대처럼 晩婚의 시절에는 늦게 얻는 자식 또는 늦게 낳는 아들 이렇게 처리를 하죠.

실제로 아이는 굉장히 늦었습니다. 甲申年 2004년도에 결혼을 했는데 아이는 辛卯年에 낳았습니다. 辛卯生 딸이 옵니다. 여자 팔자가 기본적으로 食傷이 있기는 한데 시에 있음으로써 자식의 유도인자가 기본적으로 늦다 또는 약하다 이렇게 보면 되겠죠?

이런 모양은 보통 년 三合이 있죠. 년 三合 宮合은 동업자 궁합하고 비슷합니다. 서로가 동업자처럼 살아가는 그런 요소가 잘 발생하는 것이죠. 팔자 자체로 보면 둘 다 日支에 劫財를 가지고 있음으로써 배우자와의 조화력이 안정되지 못한 형태이지 않습니까?

子午 相冲이 있는 샘플을 한번 해 볼까요?

샘플 6
남편 1963년 음력 11월 14일(양력 12월 29일) 申時生
부인 1965년 음력 9월 13일(양력 10월 07일) 申時生

乾命

時	日	月	年
丙	丙	甲	癸
申	午	子	卯

大運

戊	己	庚	辛	壬	癸
午	未	申	酉	戌	亥
57	47	37	27	17	7

坤命

時	日	月	年
壬	甲	乙	乙
申	午	酉	巳

大運

辛	庚	己	戊	丁	丙
卯	寅	丑	子	亥	戌
51	41	31	21	11	1

남자 팔자에 子午 相冲, 시에 財星이 있는데 偏財가 드러나 있고 比劫이 드러나 있죠? 이런 경우에 1등 배우자 인연법을 쓰기가 조금 어려운 모양인데 子午 相冲에 進神 退神 巳生 亥生 그렇죠? 그런데 巳生을 얻었죠?
여자에게서 인연법을 챙겨 봅시다. 이 경우도 官殺 혼잡의

모양이죠. 官殺 혼잡의 모양에서 일종의 去留法이죠. 원래는 인연법으로 치면 二字合緣이죠. 월 正官에 宿緣인연이 됩니다. 그 다음에 巳酉丑 三合인연, 日支 인연의 순서로 나가는 것이죠.

申과 酉가 혼잡이 되어 있는데 혼잡을 우선하여 해소하는 자가 되는데 酉 묶여있는 正官을 卯가 푼다는 의미도 되고 그래서 寅生이나 卯生이 去留 즉 正官이나 偏官 둘 중 하나를 남기게 되는 것이지 않습니까?

어차피 남자 팔자의 입장에서도 進神 退神은 쓰더라도 偏財를 끌어다가 써야 되는 것이니까, 남자에게서 偏財를 끌어다 쓴다는 말은 무슨 말입니까? 여자에게서는 偏官을 끌어다 쓰기 쉬운 조건에 들어가 버리는 것이죠. 그래서 寅生 또는 卯生 2등 인연으로서 去留法으로 쓰일 수 있다고 보면 되겠죠?

日干을 기준으로 남자의 天干이나 地支에 比肩이나 劫財가 허다할 때를 설명한 것 기억이 납니까? 평생 내 것을 나누어 먹을 존재를 만나는 것이 배우자 인연을 만나는 것이기 때문에 그런 인연법이 이 경우에 들어가는 것이죠. 이 여자분의 팔자도 1등 인연을 만나기 어려운 패턴이고 남자도 그렇죠.

결혼을 언제 했느냐 하면 92년도 壬申年에 했습니다. 이때 들어오는 인자가 여자에게 亡身, 地支 官星이 되는데, 운에서 官星을 쓰는 이유는 팔자에 食傷이 충분히 드러나 있기 때문이죠. 즉 食傷이 드러나 있는 사람은 官星운에, 官星이 드러나 있는 사람은 食傷운에 그때 보통 가정정립이 됩니다.

그전에도 辛未年이지 않습니까? 辛未年에 天乙貴人, 日支合, 驛馬 이런 것들이 발동하게 되는 것이죠. 그래서 아이는 甲戌生 아들을 낳았고 한참 있다가 庚辰生 아들을 낳았습니다.

학생 – 淫慾殺에 만난 배우자 인연은 그렇게 좋은 것은 아닙니까?

선생님 – 그것을 무조건 나쁘다고 보지는 않고 내가 극복하기에 피곤하고 힘든 상대라는 것을 의미합니다. 그것을 무조건 나쁘다는 개념은 아니고 淫慾이라고 하는 것이 天殺과 무리 지은 또는 亡身과 무리 지은 것이기 때문에 하늘처럼 내가 잘 떠받들어서 덕을 볼 요소도 있고 대신에 내가 만만하게 다루기에는 힘든 대상 이런 의미가 같이 깔려 있는 것이죠.
　운명이라고 하는 것이 그런 속성이지 않습니까? 어떻게 극복해 보기에는 한계가 있는 것이 운명이니까요.

학생 – 등급으로 1등급부터 몇 등급까지 거기에 포함시키기에는 조금 부족합니까?

선생님 – 淫慾殺은 1등급은 잘 안 쓰이고 2등급 정도에 주로 많이 쓰인다고 보면 됩니다. 제일 만만하고 편하게 득보는 이런 것은 아니기 때문에 1등은 아니라고 보면 됩니다.

학생 – 여자는 淫慾이 낫고 남자들은 조금 힘들게 쓰는 것입니까?

선생님 – 그렇죠. 계급장이 높으니까 결혼을 통해서 희생을 많이 감당한다고 생각한다면 여자는 그래도 淫慾을 만나도 1등과 2등 사이의 1.5등 이렇게 볼 수 있는데 남자는 대부분 다 2

등입니다.
　도저히 내가 어떻게 해 볼 도리가 없이 떠받들고 사는 존재가 되는 것이죠. 그런데 저 여인을 만나고 내가 잘못된 것도 없으니 버릴 수도 없는 이런 식의 관계가 되는 것이죠.

샘플 7
남편 1967년 음력 4월 16일(양력 5월 24일) 未時生
부인 1970년 음력 11월 3일(양력 12월 01일) 辰時生

時	日	月	年	乾命
己	戊	乙	丁	
未	子	巳	未	

己	庚	辛	壬	癸	甲	大運
亥	子	丑	寅	卯	辰	
56	46	36	26	16	6	

時	日	月	年	坤命
庚	乙	丁	庚	
辰	卯	亥	戌	

辛	壬	癸	甲	乙	丙	大運
巳	午	未	申	酉	戌	
58	48	38	28	18	8	

　남자 팔자에서 년 空亡 劫財, 시 空亡 劫財, 子 財星이 달랑 하나 있기는 한데 丁과 巳 印星은 있어도 食傷으로서 안정화 시키는 인자는 약하죠?
　여자 팔자에서는 官星이 있기는 한데 시에 나가 있는 것, 년에 있는 것, 日支 比肩 이런 모양이 있음으로써 1등의 조화력으로서는 약한 모양이죠.
　남자의 팔자에서 庚戌生을 만나는 것은 인연법을 쓰면 어떻게 되겠습니까? 팔자에 五行이 없으면서 日支와 무리 짓는 자 申, 그다음에 子, 그다음에 未가 되죠. 未가 뭡니까? 劫財이기는 劫財인데 즉 평생 내 돈을 가져갈 여자인데 天乙貴人이라는 것이죠. 그리고 또 空亡 그렇죠?

乙 官星을 붙드는 인자가 무엇이냐 하면 庚이 붙들거든요. 天干에 庚이 붙은 자, 그다음에 乙丙丁할 때 丙이 붙은 자, 이런 사람들이 대체로 인연법 속에 들어와 있는 사람들이라고 보는 것이죠.

여자 팔자의 경우에 자녀를 유도해 주는 인자로서 庚을 가지고 있는 사람이 오기는 왔는데, 그룹으로 보면 戌띠라고 하는 것이 남자에게서는 天殺이 되죠.

앞 시간에 설명한 여자 팔자에서도 偏印 入庫가 있었죠?

남자 팔자에서도 巳 偏印 祿이 있는데 이 경우에는 五行的인 대세가 강하지 않습니까? 祿의 긍정적인 부분보다 偏印을 入庫 시켜주는 작용이 여자 팔자의 戌띠에 의해서 巳戌이 유도됨으로써, 계모 같은 엄마의 간섭을 꺾어주는 작용이 오는 것이죠. 그래야 '모자멸자(母慈滅子)' 아시죠? 偏印을 入庫 시키는 작용을 유도함으로써 관계성이 발생이 되어서 짝이 될 수 있는 사람이라고 보죠. 그러나 평생 떠받들고 모시고 잘해야 되는 것이죠.

여자 팔자에서는 인연법이 辰戌 相冲이 있어서 進神 退神을 쓸 수 있지만, 이것이 너무 년과 시에 간격이 되어 있잖아요. 떨어져 있는 경우에 庚戌을 그대로 취하거나 하면 되는데 실제 庚戌生 남자가 있었다니까요.

오늘 수업주제가 아니라서 더 깊이 터치를 하지 않는 것은 엇갈리니까 깊이 다루지는 않겠습니다. 실제로 庚戌生 자기 동창이 있었다는 것입니다.

이런 모양이 옛날 책에는 이렇게 표현이 되어 있습니다. '시집이 어렸을 때 살았던 동네에서 보이는 곳에 있다.' 이렇게 표현을 합니다. 그래서 동창 중에 庚戌生 남자가 있었다는 것입니다.

왜냐하면, 드러나지는 않았지만 傷官이 入庫하고 그다음에 내가 또 入庫를 하지 않습니까? 내가 入庫하는 것은 '그대 앞에만 서면 나는 왜 작아지는가?' 이것도 러브스토리이기 때문에 그렇습니다.

그 인연이 있는데 이 인연이 무엇에 의해서 간섭을 받습니까? 돼지 亥자 印星에 의해서 간섭을 받지 않습니까? 그래서 뒷날에 이 辰을 좇아가면 좋기는 하겠는데 日支 卯 祿, 시지 羊刃을 에워싸고 있어서 祿과 羊刃의 경쟁요소를 극복하고 늦게 만나는 사람이라야 辰生 인연이 매끄러운 인연이 된다는 것입니다.

거기서 자연스럽게 유도해 오는 인자는 무엇입니까? 亥卯가 未를 끌어옴으로써 현찰을 들고 오지 않습니까? 乙의 입장에서 보면 未가 무엇입니까? '偏財를 대동하여 오는 사람.', '건물을 완성시켜주는 사람.' 이 亥卯未라는 것이죠? 그렇게 함으로써 참 편리한 攀鞍이지 않습니까? 참 편리한 삶의 도구, 안전망 이런 것이 되기는 되는데, 양띠 입장에서는 떠받들고 살아야 되니까 피곤함이 발생해 있는 관계다 이렇게 보면 되겠죠.

결혼은 여자는 나이 26살, 남자는 29살 乙亥年에 했고, 보통

戌年을 보면 됩니다. 한 해 전에 戌과 未가 년을 刑하면 배가 가는데 누가 옆에서 떠밀고 와 버렸다는 뜻입니다. 각도는 아시지 않습니까? 떠밀고 와 버린 변화성이 戌年에 이미 발생해 있는 것이고, 亥年에 偏印 巳를 꺾어버리고 그다음에 양 未자가 돼지 亥자를 쫓아가지 않습니까? '집을 떠난다.'는 것이죠.

여자 팔자에서 乙亥年이라고 하는 것은 戌年에 이미 日支 合이죠. 그다음에 戌年에 地殺작용, 乙亥年에 劫殺작용이 생기죠. 주먹을 불끈 쥐고 머리를 숙여서 밀고 들어간다. 이런 작용이 乙亥年에 발생을 하는 것이죠. 물론 日支 合도 당연히 있는 것이 되는 것이죠.

학생 – 甲戌년이 되면 天干에 劫財가 뜨면 무슨 뜻이 됩니까?

선생님 – 天干에 오는 甲戌은 조급성이 생긴다고 안 했습니까? 天干에 劫財가 뜬다는 것은 내가 지금 이것을 하지 않으면 '뭔가 결과가 안 나올 수도 있겠구나!' 하는 조급성을 주게 되죠.

학생 – 六親的으로는 해석을 해주지 않고요?

선생님 – 아니죠. 저 남자를 다른 여자가 자꾸 무엇인가 다른 여자와 경쟁하고 있는 것 같다는 것이죠. 그 경쟁 대상을 만나는 것이 아니라도 그렇기 때문에 조급성이 생기고 그 조급성 속에서 약간의 실수가 잘 발생한다.

학생 – 있을 수도 있고 없을 수도 있습니까?

선생님 – 실제로 있어요. 왜냐하면 이렇게 劫財가 떠 있을 때 상대는 그 상대를 좋아하는 여자들이 수시로 혼담 같은 것이 잘 만들어집니다. 그래서 地支에 있는 것은 행동적으로 벼락치기, 天干에 있는 것은 정신적인 조급증 이런 것으로서 짝을 관계로 만들고 결혼까지 가 버리고 그럽니다.
 노래 가사에도 나와 있지 않습니까? '결혼은 미친 짓'이라고 하지 않습니까? 제정신에 하는 것은 아닙니다.

학생 – 1등 배우자를 만나면 배우자 덕을 정말 많이 보나요?

선생님 – 배우자 덕을 경제적 현실적 덕을 많이 본다고 생각을 하시면 안 되고, 배우자 부분에서는 큰 문제 없이, 갈등 없이 가정적인 안정을 이룬다고 이렇게 보면 되죠.

학생 – 그것이 보통 身弱할 때 혼잡 되지 않아도 身弱해서 祿을 만나면 劫財의 인연을 만나는 것보다는 祿띠라도 손재수가 똑같이 들어오고 그렇지는 않나요?

선생님 – 祿도 일단은 나누어 먹어야 되잖아요? 나누어 먹는데 劫財보다는 훨씬 덜 하죠. 劫財는 거의 내 것을 빼앗아가는 과정이나 동작이 있는 것이고 祿은 같이 가서 나누어 먹자는 것이잖아요. 그렇지 않나요?

4. 배우자 인연, 만남의 시기와 헤어짐의 시기 정리

여러분이 이런 기준으로 감명을 자꾸 하다가 보면, 적어도 그 사람이 만나고 언제정도 하고 이런 것들이 70~80% 정도가 그림으로 그려집니다. 그려지면 "이때 저때 누구, 누구를 만났을 것인데 어떻게 했느냐?" 체크를 하면 다 나옵니다.

그래서 그것을 자꾸 훈련해 보시라는 것입니다. 그것이 훈련되다 보면 그것이 유년법에도 이런 인연법 원리가 적용됨으로써 六親의 논리, 神殺의 논리와 별도로 놀고 있는 길작용, 흉작용 이런 것을 동시에 볼 수가 있는 것이죠.

샘플 8

남편 1985년 음력 10월 26일(양력 12월 7일) 불명時生
부인 1986년 음력 4월 23일(양력 5월 31일) 午時生

時	日	月	年	乾命
	庚	丁	乙	
	辰	亥	丑	

辛	壬	癸	甲	乙	丙	大運
巳	午	未	申	酉	戌	
60	50	40	30	20	10	

時	日	月	年	坤命
壬	乙	癸	丙	
午	亥	巳	寅	

丁	戊	己	庚	辛	壬	大運
亥	子	丑	寅	卯	辰	
58	48	38	28	18	8	

학생 – 이 두 명이 올해 결혼을 했는데 맞는가 싶어서 여쭈어 봅니다.

선생님 – 남자 팔자는 안방을 시급히 치운다는 것이지 않습니까?

기본적으로 인연법 요소를 감안한다면 년에 乙 正財가 하나 드러나 있고 丑 天乙貴人이 있죠. 월 亥중에 甲木 偏財가 숨어 있고 日支에 偏印 魁罡 이런 것들이 몰려 있는 모양이죠.

이런 모양에 물론 시따라 차이는 있지만 보통 自庫를 여는 자 즉 未가 기본적으로 1등이죠. 그다음에 乙이 그대로 내려오는 卯가 되죠. 그다음에 日支의 辰이 寅生을 만났다는 말은 아마 시에 寅午戌과 맞물려 있을 것입니다.

乙木도 기본적으로 丑에는 무세(無勢)하거든요. 세력이 없는 모양이라 결혼 자체가 늦게 이루어지는 그런 모양입니다.

여자 팔자에서는 결혼이 빠른 모양입니까? 늦는 모양입니까? 당연히 官星의 투출이 없고 五行的으로 土의 투출이 없죠? 食傷이나 이런 것은 잘 펼쳐져 있는데 이 경우에도 巳亥 相冲작용에서 進神 退神으로 午生, 子生이 원래 1등 인연인데, 1등을 만나기에는 힘든 이런 구성이 되어 있잖아요?

년의 寅 劫財, 傷官 득세가 되어 있죠? 그리고 日支 印星도 원래 여자 팔자에서는 엄마가 안방에 자꾸 들어온다는 말은 남편이나 남자를 쉽게 내가 두기 어렵다는 뜻이죠. 그래서 보통 결혼의 지연요소로 많이 보게 됩니다.

여러분이 케이스를 잘 봐보세요. 보통 傷官하고 三合을 하는 자들도 인연법으로 잘 쓰는데 보통 닭띠, 소띠 이런 것들이 부득불 차선의 인연으로 많이 씁니다.

이 경우에 '巳酉丑과 무리 지어서' 라는 것인데, 이게 巳亥 相冲을 하면 子午가 1차 그룹, 寅申이 2차 그룹, 卯未 酉丑이 3차 그룹이라고 했죠? 거기에서 주로 傷官을 주로 껴안는 자는 누구입니까? 傷官을 껴안는다는 것은 무슨 말이냐 하면 번식행위를 무엇인가 合으로서 구현하는 존재라는 뜻이기 때문에 그래서 닭띠 소띠가 인연이 되고 그다음에 여자 운에서 天殺인연은 마주치면 소위 애인 관계처럼 상당히 오랫동안 이끌리어 가게 되는 것입니다.

거기에 乙丙丁이 이루어지고 서로 어우러지게 되어 있죠? 이런 경우 의기투합이 되었다 이렇게 보면 되겠죠? 팔자에 말 잘 듣는 패턴도 아니지 않습니까?

"인생은 소신껏 잘 살아야 되는 것 아니냐?"

작년 丁酉년에 官星과 食傷이 무리 짓잖아요. 그리고 空亡이 들어와서 무엇인가 시급히 채우려고 하는 동작이 발생해 있죠.

남자도 작년과 재작년이 空亡에 들어가 있죠? 거기에 官星, 官星이 무엇이냐 하면 자식을 유도하는 인자로서 무엇을 채우려고 하는 동작이 쌓여 있다가 冲이 남아 있을 때 冲이 오면 '후다닥' 하는 것이죠.

丑이 뱃머리고, 뱃머리에 丑戌 刑이 가해지고, 辰戌 冲이 가해지고 그리고 뱃머리에 乙 財星이 머물러 있으니 여자와의 관계성에서 중요한 변화가 일어난다고 하는 것이고, 日支 冲은 후다닥 시급히 진행한다는 뜻이 되는 것이죠.

여자 팔자에서도 戊戌年에 傷官이 入庫를 하죠? 傷官이 入庫하는 것은 무슨 작용입니까? '꼬리를 내린다.', '손톱을 깎는다.'는 뜻이거든요.

손톱을 食神이나 傷官으로 봐도 되는데 손톱이 조금 길면 傷官, 짧으면 食神 이렇게 보면 됩니다. 食神을 冲하거나 刑하는

날 손톱을 깎습니다. 여러분 日辰이나 時辰을 보세요.
　올해 戌年이 들어오니까 食傷이 入庫되니까 꼬리를 내리죠. "결국 너뿐이다." 하는 것이 乙과 丙, 丁이 그렇죠? 저런 三奇가 채워질 때 이루어지는 것이죠. 그리고 집을 떠난다고 하는 것이죠.

　丑生 인연에게는 어떤 작용이 있습니까? 傷官을 묶어주는 작용도 있지만, 수시로 合으로 끌고 가는 작용도 있지만 食神을 入庫 시키지 않습니까? 이것도 이상하게 끌려가고 따라가게 되는 작용이 생기죠. 食神入庫도 그런 작용이 생기거든요.

샘플 9

남편 1972년 음력 12월 21일(73년 양력 1월 25일) 寅時生
부인 1986년 음력 12월 21일(87년 양력 1월 20일) 甲子時生

乾命

時	日	月	年
庚	辛	癸	壬
寅	酉	丑	子

己	戊	丁	丙	乙	甲	大運
未	午	巳	辰	卯	寅	
53	43	33	23	13	3	

坤命

時	日	月	年
甲	己	辛	丙
子	巳	丑	寅

乙	丙	丁	戊	己	庚	大運
未	申	酉	戌	亥	子	
55	45	35	25	15	5	

이 경우에는 年月이 空亡, 食傷 空亡, 日支 比肩, 干與支同이 되어 있는데 시에 庚寅시의 寅하나가 그나마 매우 반가운 모양이지 않습니까? 그래서 보통 이런 경우에 合을 풀어주는 卯 또는 未 이런 띠를 차선책으로 삼는 것이죠.

더 이상적인 것은 시에 있는 正財가 비록 酉 比肩, 庚 劫財에 에워싸여 있지만, 시에 있는 寅 正財이면서 天乙貴人이 되죠. 天乙貴人은 양보가 안된다는 것이죠. '天乙貴人은 일단 좇아가야 됨' 이런 뜻입니다.

天乙貴人이 얼마나 유의미하냐고 하면 이 역술업으로 돈을 벌 때도 본인 띠 있지 않습니까? 본인 띠를 기준으로 손님 日干이 정해진다는 것입니다.

김밥 옆구리 이야기입니다. 왜냐하면, 인연법이니까 그렇다는 것입니다. 손님 인연법으로 쓴다는 것이죠. 예를 들어서 제가 말띠이지 않습니까? 그러면 午를 기준으로 天乙貴人이 뭐가 됩니까? 辛이죠? 寅午를 쓰는 것이 天干 辛이지 않습니까?

天干 辛이 굉장히 중요한 손님으로 온다는 것입니다. 고객의 日干이 辛일주 일 때는 이 사람이 나를 만나러 온 것은 貴人을 만나러 온 것 아닙니까?

貴人을 만나러 왔기 때문에 이 사람이 나를 貴人으로서 정보를 얻어가고 대우를 하게 된다는 것입니다.

제가 "성공하면 뭘 해 줄 건데요?" 해서 그 손님들이 차를 다 사주었으면 이 주변이 주차장이 되었지 않습니까? 한 사람도 약속을 지키지 않았는데 유일하게 사준 사람이 辛일주입니다. 그분은 화학업을 하시는 분이었습니다.

그리고 자기 태어난 달이 있죠? 자기 태어난 달의 貴人日干들이 있습니다. 저한테는 丑月이 되는데 丑같으면 甲戊庚 이 日干들이 고객으로서 저에게 있는 세컨드리 에리어 secondary area 즉 필드 field가 되죠. 거기에 貴人으로 활용해 가는 것입니다. 그래서 년하고 월이 주가 되고 일은 작용력이 있는데 조금 약하고 년하고 월에 貴人에 해당하는 고객이 오면 이 사람은 나를 貴人으로 활용하고 대우하게 된다. 이렇게 보면 됩니다.

학생 – 辛일주가 월에 午가 있고?

선생님 – 그것은 자기 팔자 안에 貴人이 있는 것이죠.

학생 – 대운에서 寅이 오면 그때는 잘 된다고 봐야 됩니까?

선생님 – 그것은 陰貴 陽貴의 채움인데 그것은 작용이 복잡합니다. 陰貴 陽貴를 다 채우는 것은 오히려 이런 것입니다. 청탁을 하는데 회장님에게도 청탁을 넣고 실무자에게도 청탁을 넣으면 잘못하면 꼬일 수가 있죠?

실무자에게만 청탁을 넣어서 잘해보려고 하면 괜찮은데 두 군데 다 넣은 것이라는 말입니다. 그래서 그것이 팔자 내에 아예 두 개가 다 드러나 버리는 사람은 "내가 회장도 알고 실무자도 아는데 내가 무엇 때문에 움직이노?" 이렇게 하면서 현실적인 문제를 풀어나가는 것에는 무능함으로 넘어갈 수 있습니다.

운에서도 회장을 만나거나 실무자를 만나면 貴人작용이 貴人은 맞거든요. 그런데 두 군데가 다 엮여 버리면 그 貴人작용이 반감되는 효과가 생겨 버린다는 것이죠. 그래서 관계성만 만들어지고 오히려 무력하게 넘어가기도 한다는 것입니다.

학생 – 앞에서 설명하신 선생님을 貴人으로 삼게 되는 그분도 그분의 명조에 天乙貴人이 없습니까?
팔자에 있는 사람들이 貴人으로 쓰지 아무나 그렇게 된다는 것입니까?

선생님 – 없는 사람도 쓰는데 그 관계성이 농후하려면 그 사람에게도 貴人이 있으면 되죠. 그 사람이 午月 辛일주입니다. 그러면서 午가 六害가 됩니다.
계급장도 높지, 天乙貴人이지, 자기에게 成格이지 그러니까 얼마나 午生에게 덕을 많이 보았겠습니까? 사실은 아파트를 하나 사주려고 했는데 그것은 평생 빚이 될 것 같아서 사 달라고는 못했고, 차도 필요 없다고 했습니다. 이분이 의지적으로 자기가 차를 사 주시던데 그런 것처럼 貴人의 작용이라고 하는 것은 굉장히 의미가 있는 것입니다.

乾命

時	日	月	年
庚	辛	癸	壬
寅	酉	丑	子

大運

己	戊	丁	丙	乙	甲
未	午	巳	辰	卯	寅
53	43	33	23	13	3

坤命

時	日	月	年
甲	己	辛	丙
子	巳	丑	寅

大運

乙	丙	丁	戊	己	庚
未	申	酉	戌	亥	子
55	45	35	25	15	5

남자 팔자의 경우는 子丑이 空亡을 맞은데다가 祿과 합을 했지. 이것이 짝짓기가 굉장히 어렵지 않습니까? 이럴 때 寅이 너무 반갑다고 하는 것이죠. 調候的으로 봐도 그렇지 않습니까?

거기에 여자 팔자의 丙寅에서 물론 天干 丙도 의미는 있습니다. 寅生이 天乙貴人이 되는 것이고, 여자 팔자에서도 월에 丑이 형태상 比肩, 日支의 正印, 물론 偏印보다는 덜하지만 正印도 엄마가 자꾸 배우자 자리에 간섭을 하면 짝을 빨리 못 짓거든요. 늦게 짝 지울 수 있는 그런 인자가 발생을 하죠.

인연법 透干法으로 보면 寅生과 그리고 甲이 있는 甲子생인데 寅生은 丑寅으로 묶여 있지 않습니까? 丙이 무엇입니까? 남자의 번식 에너지가 되는데 번식 에너지가 丙辛 합으로 食傷에 의해 묶여지고 하필 比肩 丑이 갈라먹고 있지 않습니까?

丑寅 사이에는 굉장히 강한 暗合 작용이 있습니다. 寅중의 甲木, 丑중의 己土, 寅중의 丙火 丑중의 辛金, 이렇게 강하게 견인작용을 가진 것인데 거의 甲己 합 정도의 강력한 힘이 있다고 보면 됩니다.

학생 – 저럴 때는 양다리 걸치는 것이 아닙니까?

선생님 – 본인이 양다리가 아니지 않습니까? 여자 팔자에서 寅(正官) 남자를 안방으로 끌고 들어오려고 하니까 丑 比劫이 항상 방해를 하고 있지 않습니까?

比劫이 巳와 寅 사이에서 걸치고 있으면서 "무슨 소리를 하노?" 이렇게 되는 것이죠. 그러니까 내 것으로 빨리 끌어다 쓰기 어렵다는 말이죠. 그래서 하는 수 없이 뒤에 있는 것을 끌어다 짝을 삼는데 결국은 시에 甲 正官이 만들어져 있으니까 正官이 입고 있는 치마는 子라는 것입니다. 子이면서 또 天乙貴人이 되죠.

남자 팔자에 辛壬癸 다 드러나 있는데 여자 팔자에 辛이 더 거들고 있는 모양을 하고 있음으로써, 이 경우에 두 명 다 결혼을 빨리하기 어렵지만 인연법 요소로서는 충분하다는 것입니다. 다른 선택이 별로 없다.
  남자가 40살 전후부터 사회적 경제적인 힘을 쓰기 시작을 했을 것이니까 보통 전문직이나 자격이나 교육이 활동분야가 되는데 전문직 쪽으로 가서 경제적인 번영을 40세 전후부터 이루기 시작을 했고 지금 한 참 달리고 있는 중이라는 것이죠. 조건 중심의 여자를 만나는데 여력이 되니까 이런 사람을 만나는 것이죠.

학생 – 인연법적으로는 점수가 높다고 봐야 되겠습니까?

선생님 – 인연법적으로는 점수가 높은데, 올해 戌이 六害이지 않습니까? 戌이라고 하는 것이 六害殺로서, 羊刃으로서 이것이 고독성을 진하게 느끼다가 확 지르는 그런 모양이 됩니다.
  戌年 이런 때 즉 羊刃의 운에 무엇인가를 이룩한다는 것은 벼락치기로 밀어붙여서 무엇인가를 이룩한다는 이런 뜻이 되는 것이죠. 남자의 입장에서는 벼락치기로 하려고 할 것입니다.

학생 – 가능성이 높다고 봐야 됩니까?

선생님 – 남자 입장에서는 다른 선택이 별로 없지 않습니까? 그리고 이 정도 나이 차이의 개입이라고 하는 것이 어느 정도입니까? 14살 정도이니까 거의 유괴라고 봐야죠. 20살 때 6~7살 정도 되니까 딱 유괴이지 않습니까? 인연법은 와 있지 않습니까?

인연법이 늦게 만나는 寅生인데 이 처녀도 결국은 늦게 함으로써 운명적으로 약점을 많이 해소했다고 보면 되는 것이죠. 올해와 내년인데 여자 입장에서는 언제 하려고 하겠습니까? 방청소 언제 하고 있습니까? 내년이 되고 남자는 羊刃이 떴으니까 칼을 들고 하자고 조르고 있고 "외로워 죽겠다." 하고 있죠.

여자 입장에서는 巳戌 元嗔이니까 "하기는 해야 되는데…" 고민하고 있죠. 여러 가지 조건을 고민하고 있는데 자기 인연법에 결국은 子生이 天乙貴人, 늦게 만나는 남자로 인연법이 짜져 있지 않습니까?

학생 – 소실로 들어가는 팔자는 아닌가요?

선생님 – 이 여자 팔자가 시집을 일찍 간다고 한다면? 20살 넘자 말자 시집을 가던 시절에는 소실로 갔다가 남모르는 사람을 두게 된다는 것입니다. 그것보다는 늦게 가는 것이 낫지 않습니까?

이렇게 보면 됩니다. 결혼이라고 하는 운은 조건이라고 하는 것이 몇 가지가 채워져서 90점이 되었다 이렇게 생각을 하시면 되고 그다음에 연애운으로 질질 끌다가 흐트러지고 깨어진 것을 조건이 2~3개 밖에 없어서 충족하지 못하여 흐트러졌다 이렇게 보면 됩니다.

그래서 "이때, 저때 연애운이 오는데 어떻게 했노?" 물어보면 됩니다. 그런데 본인이 거기에 대해서 절대 안 맞다는 소리를 못하는 이유가 있었다는 것입니다. 있었는데 이것저것 조건이 흡족하지 못해서 짝이 안 된 것이라는 것입니다. 그래서 결혼운이 70점짜리, 75점, 85점, 90점짜리로 가는데 보통 90점 정도에 이르도록 농후하게 논리가 겹치면 그때는 무조건 가죠.

그렇게 여러분이 기준을 삼으시고 그것을 찾으시면 된다는 것입니다. 지금은 헤어짐은 놔두시고 만남으로만 연구를 해 보세요.

샘플 10

남편 1957년 음력 3월 9일(양력 4월 8일) 未時生
부인 1960년 음력 8월 28일(양력 10월 18일) 亥時生

時	日	月	年	乾命
癸	庚	甲	丁	
未	戌	辰	酉	

戊	己	庚	辛	壬	癸	大運
戌	亥	子	丑	寅	卯	
51	41	31	21	11	1	

時	日	月	年	坤命
乙	己	丙	庚	
亥	卯	戌	子	

庚	辛	壬	癸	甲	乙	大運
辰	巳	午	未	申	酉	
53	43	33	23	13	3	

남자 팔자에서 財星은 偏財 하나, 그다음에 辰 偏印, 戌 偏印으로서 배우자 인연의 조화도는 조금 불량입니다. 酉 羊刃 劫財까지 되어 있으니까 더 그렇죠. 그다음에 財星이 있는 것하고 隔角이 되어 있지 않습니까? 財星 隔角으로서 불량함이 있다는 것입니다.

이 경우에 辰戌 冲에서 進神 退神 논리로 보면 토끼띠 닭띠가 우선인데, 토끼와 닭 다음으로는 偏財 入庫 또는 正財 入庫를 하는 辰생이나 丑生인데 辰丑을 쓰기가 애매하게 되어 있죠?

이것을 三合으로 다시 거두어들이는 午生이나 寅生이 되고 그다음에 子生이나 申生이 되는데 그중에서 寅이나 午나 子나 申에서 제일 유정한 것은 土旺 金旺에 旺者喜洩이니까 水를 유도해 주는 인자가 가장 잘 쓰이는데 배우자 인연이 子生이 와있지 않습니까? 子生부인이 와서 旺者喜洩을 열어주는 그런 입장의 인연이 와 있다고 보면 되겠죠?

여명에서는 기본적으로 戌 劫財, 乙 偏官, 卯 偏官이 와 있죠.

이것도 조화도 높은 인연을 만나는 것에는 방해와 한계성이 있다 이렇게 보여지는 것이죠. 이 경우에 인연법은 亥卯未 三合인자가 되죠. 년에 傷官이 놓여 있는 기둥과 合을 하는 申生, 戌 正財 入庫를 여는 辰生 이런 식으로 대체로 1.5등급 정도가 되겠죠.

부득이 2등쯤 되는 것이 卯와 戌 六合을 깨트려주는 것이 되는데 이게 乙木이 戌로 자꾸 잡혀 들어가는 것이지 않습니까?

이것을 깨어주는 辰 또는 酉 이것이 되는 것이죠. 그리고 酉는 두 가지 合을 다 깨어주지 않습니까? 亥卯 合과 卯戌 合 두 가지를 다 깨어 주어서 卯의 고유의 기능을 찾게 하는 것이죠.

두 사람의 명조에서 乙丙丁이 갖추어지죠. 乙丙丁이 숨어서 끼어서 그 짝이 가진 에너지 때문에 자기가 갑자기 일반 헬기에서 아파치 헬기로 업그레이드가 되는 그런 것을 유도해 주는 작용이 三奇작용에 의해서 丁을 끌어다 쓰니까 그렇죠.

결혼은 언제 했느냐? 丁卯年에 했습니다. 여자 팔자에서는 丁卯年이 무슨 작용을 하죠? 日支에 官星의 작용을 유도하고 그다음에 子卯 刑이라고 하는 일반적인 작용은 당연히 있는 것이고 그다음에 乙丙丁도 채우죠? 이것을 하나의 神殺, 길사(吉事) 즉 좋은 일이 생겨나는 인자로 三奇를 채우는 것으로 보셔도 된다는 것이죠.

남자 입장에서 보면 丁卯는 進神 退神에서 辰戌 相冲을 안정시켜주는 작용을 하죠. 그다음에 年支 冲 즉 年支를 冲해주고 日支를 合해주고 그다음에 辰戌 相冲을 進神 退神으로 안정화시키죠.

그전의 해가 丙寅年, 丁卯年 空亡입니다. 空亡인데 官星 空亡에는 무엇입니까? 자식을 얻으려고 하는 즉 채우려고 하는 동작 행위가 되죠. 나이가 들었을 때의 官星 空亡은 무엇입니까? 명예를 또는 감투를 얻으려고 하는 동작이나 행위 발생 이렇게 보면 되는 것이죠. 그런 인연법으로 채웠다는 것입니다.

남자 이 양반은 그 전에 어떤 여인들하고 애정관계 이런 것이 있었을까요? 월의 甲辰을 한 번 해소하고 가야 되거든요. 젊은 날에 반드시 偏財星을 한 번 써먹어야 되는 것이니까 偏財星을 무엇으로? 풍류의 인자로 써먹게 되는 과정이 언제 발생하느냐?

나이 20대 중반이나 초반 때가 되겠죠? 申年이 있었겠죠? 庚申年에 淫慾, 祿, 亡身 이것이 쏠리죠? 이때 어지간히 마음에 드는 여자를 만나기는 만났었는데 어떤 관계에 있다는 것입니까? 比劫이 에워싸고 있으므로 그 여자를 따라다니는 사람이 줄줄이 있었다는 것이죠. 이럴 때 애정의 아픔 이렇게 보는 것입니다.

학생 – 빼앗기는 겁니까?

선생님 – 무조건 빼앗기죠. 빼앗길 수 있는 것이 아니고 무조건 빼앗기는 것이죠.

왜냐하면 운명적 설계도면 안에 羊刃 酉가 즉 辰酉 六合은 沖 맞아도 六合을 하잖아요. 그렇기 때문에 丁卯年에 결혼을 하는 이유는? 토끼가 오면 이 沖을 안정을 시킨다고 했지 않습니까? 沖을 안정시켜주는 인자로 쓰니까…

그래서 辰酉 合은 수시로 강하게 일어나고 있는 작용인데 偏財 甲이 天干에 드러나 있지 않습니까? 드러나 있다는 것은 생긴 것이 예쁘게 생긴 것이죠. 그러면 키는 클 것이다, 작을 것이다? 甲이 늘씬한 것이지 않습니까? 늘씬하게 생긴 미인을 내가 어떻게 되었든 짝으로 삼아 보려고 했는데, 甲의 입장에서도 庚이 훨씬 더 감동적이거든요.

다른 日干들이 正官을 조금 더 기뻐하고 偏官을 조금 더 꺼

려하더라도, 甲木은 오히려 庚金을 더 기뻐한다는 것입니다. 오히려 正官을 더 "참 괜찮은데 이상하게 확 끌리지 않는다."하는 것이죠.

그래서 이 여자가 양다리를 걸치면서 나를 인생 공부를 시키는 과정을 운명적 각본 속에서 실현하는데, 그 운명적 시기는 24살 시기가 됩니다.

그다음에 26살 壬戌年 丁壬 合을 할 때 壬이 食神이고 丁이 官星이지 않습니까? 그래서 官星과 食神이 어우러지면 번식 행위를 하려고 하는 것이 발생해 있을 때라고 하는 것이죠.

그렇게 하다가 땡 치우라고 하고 세월을 보내고 있다가 丙寅年 丁卯年에 정말 갈 것이라고 했는데, 정말로 戌 偏印의 작용을 卯가 끌고 가면서 辰戌 相冲을 달래주게 되는 것이죠.

이 사람이 결혼 전까지 형성되는 마인드는 무엇입니까? 나는 여자를 안 믿는다는 것입니다. 왜냐하면, 甲에게 배신을 당했기 때문에 그렇습니다. 보입니까? 그래서 그런 것을 축으로 대화를 살살 유도하면 여인들은 자꾸 우니까 안 좋습니다.

"그때 그놈은 말입니다." 하면서 이야기를 하면 진도가 안 나가는 것이죠. 답을 보시라는 것이 아니고 어떻게 접근을 해서 해석을 하는지 논리를 보시라는 것이죠.

庚申 辛酉년의 아픔을 결국 어디에 가서? 丁卯年에 가서 해소를 했다고 이렇게 보면 되겠죠? 戊辰년에 辰戌 相冲이 중복이 되죠? 조금 있다가 전셋집을 옮기면서 작은 집을 사든지 이런 식으로 안방을 새로 꾸미는 것이니까 젊은 날 신혼살림을 새로 꾸민다고 하는 것은 마누라가 "비좁아서 못 살겠다." 戊辰年에 방을 또 새로 고친다고 하는 것이죠.

그 인자가 왔을 때 어느 정도의 이벤트가 올 수 있느냐 하는 것을 여러분이 머릿속에 가지고 있으면 대화를 뚝 던지면 그 대화의 1, 2, 3 케이스를 정리를 해 줄 수 있다는 것이죠.

결국은 우리가 이런 데이터를 가지고 지금 와 있는 운에서 현재와 가까운 미래의 상황들을 예측해 주어야 하지 않습니까? 예측될 수 있는 케이스 1, 2, 3을 여러분이 가지고 있어야 된다는 것입니다.

학생 – 戊辰년에 와서 이혼할 수 있습니까?

선생님 – 이혼은 안 하죠. 왜냐하면 애정의 아픔을 겪었기 때문에 그렇습니다. 썩을 그년에 비하면 훨씬 낫잖아요?

학생 – 시에 未가 있어서…

선생님 – 未중에 偏財 入庫의 자리가 되고, 正財는 형태상 있다고 해도 갇혀 있는 것이 되지 않습니까? 이것은 자기가 말년에 재물을 부동산 형태로 묶어둔다는 것이죠. 그런 모양으로 가는 것이죠. 부동산의 취득도 되고 묶어 두는 것도 되죠. 그런 동작이나 행위적인 면으로 보시면 되는 것이죠.

그렇게 하나씩 연습을 하다 보면 자연적으로 논리가 확장될 것입니다.

4. 배우자 인연, 만남의 시기와 헤어짐의 시기 정리

時	日	月	年	乾命
癸	庚	甲	丁	
未	戌	辰	酉	

戊	己	庚	辛	壬	癸	大運
戌	亥	子	丑	寅	卯	
51	41	31	21	11	1	

時	日	月	年	坤命
乙	己	丙	庚	
亥	卯	戌	子	

庚	辛	壬	癸	甲	乙	大運
辰	巳	午	未	申	酉	
53	43	33	23	13	3	

여자 팔자에서 戊辰년이 害에 해당됩니다. '안방이 불편하다.' 불편함을 극복하려고 하는 동작이 子에서 辰을 따라가지 않습니까? 三合을 따라간다는 말은 궤도나 공간을 옮긴다는 말이거든요. 그다음에 戌도 冲하지 않습니까?

부모 자리에 친정에서 그 동작이나 행위에 가담한다는 말은 친정에서 돈을 융통하든지 도움을 받든지 이런 식으로 해서 안방을 자꾸 고치게 된다고 보면 되는 것이죠.

남자의 운에서 다손(多孫)은 아니지 않습니까? 官星이 많거나 세력이 강하지는 않잖아요? 壬申年에 딸을 하나 두었습니다. 여자 팔자에서 申子가 보이죠? 남자 팔자에서 申辰이 되는데 남자에게서 대체로 亡身은 딸로 봅니다. 三合과 亡身은 대체로 딸로 봅니다.

중요한 것은 일단 인연 발전의 논리, 기준, 시기 이런 것이니까 그런 것을 기준으로 보면 될 것 같습니다. 질문 있습니까?

뒤에는 한 사람 것을 가지고 인생 전체를 분석해 보도록 하겠습니다.

이런 것입니다. 상기의 명조는 30살 넘었으니까 빠른 것은 아닌데, 이 사람이 빨리 결혼을 해서 애정에 갈등을 겪어서 다른 여자를 바라보는 것인데 己亥대운 바뀔 때 이런 운이 불안합니다. 庚子대운에서 己亥대운으로 바뀔 때 丁丑年의 丑이 未를 건드리면 드디어 잠자고 있던 偏財가 또 발동하지 않습니까? 丑未를 건드리고 丑戌하고 하면 마누라는 자꾸 아프다고 하든지 자꾸 나를 밀어내고 그다음에 丑이 다시 酉丑으로 三合을 하지 않습니까? 이런 것이 올 때에 자꾸 마누라가 거부를 하면 "내가 딴마음 한번 먹어볼까?" 이런 것이 발생했을 때 이 丑未 相冲이 창문, 대문, 도로, 밖이지 않습니까? 그러니까 밖에서 어느 여인을 하나 접하게 되었는데 이 丑未에 걸리는 논리가 있지 않습니까?

丑未에 걸리는 進神 退神이 뭡니까? 범띠가 되고 원숭이띠는 進神 退神에 안 걸리잖아요? 그다음에 맷돌에 걸리는 것? 개띠, 용띠 그다음에 운에서 오는 三合띠, 이런 순서로 해서 그런 인연이나 인간관계가 발생해서 그 사람하고 한때 지내게 되는 그런 것이 발생한다는 것입니다. 이것은 결혼 이후에 애프터 웨딩이 되는 것입니다.

오늘은 제일 간단한 훈련을 했다고 생각을 하시면 되고, 뒤에 이런 샘플을 모아서 한 사람 것을 더 정밀하고 정세하게 다루는 시간을 가질 것이니까, 오늘 제가 설명해 드린 여러 가지 기준을 가지고 연습을 많이 해 보시기 바랍니다.

안동에 권약사 이러면 권약사가 아니고 권도사라고 합니다. 이 처자 인연법을 얼마나 잘하는지 제가 가르쳤지만 "이렇게 잘할 수 있나?" 할 정도로 이름이 났는데, 거의 백발백중이라고 해도 과언이 아닐 정도로 논리가 딱 짜져서 정리해서 쓰더라는 것입니다.

몇 년에 한 번씩 부산에 오면 만나서 소주를 한 잔씩 하는데, 본인이 봤던 논리하고 이 논리가 연결 고리가 맞는지 물어보거든요. 그러면 우리가 생각할 수 있는데 놓친 것들도 본인이 저런 기준을 통해서 정리하고 있더라는 것입니다.

약사에서 도사로 변신할 마음이 앞으로 있다고 하는데 여러분이 이 논리를 가지고 자꾸 주변 사람들의 것을 가지고 연습을 해 보십시오. 결국 저 양반의 힘이 '양떼기'라는 것입니다.

한 천명 정도 보면 '이것은 무엇! 1등급 누구! 2등급 누구! 이 여자는 어떻게!' 이것이 보인다는 것입니다. 이 양반은 그것 하나만 집중을 했거든요. 여러분이 사례를 많이 보시면 저절로 눈이 뜨일 것이니까 하여튼 열심히 해 보십시오.

박청화의 실전강의 시리즈
무엇이든 물어보세요 2

초판인쇄   2020. 2. 28
초판발행   2020. 2. 28

강   의   박청화
편   저   홍익TV
펴 낸 곳   청화학술원
주   소   부산광역시 부산진구 양성로 93-1(양정동, 초암빌딩 3층)
전   화   051-866-6217 / 팩스 051-866-6218
출판등록   제329-2013-000014호

값   35,000원
ISBN 979-11-86483-17-6
ISBN 979-11-86483-15-2(전6권)

ⓒ 박청화, 2020
www.hongiktv.com

* 무단 복제 및 무단 전재를 금합니다.
* 잘못 만들어진 책은 구입처 및 본사에서 교환하여 드립니다.

이 도서의 국립중앙도서관 출판예정도서목록(CIP)은 서지정보유통지원시스템 홈페이지(http://seoji.nl.go.kr)와 국가자료종합목록 구축시스템(http://kolis-net.nl.go.kr)에서 이용하실 수 있습니다. (CIP제어번호 : CIP2020004291)